時効取得の裁判と登記

事例を通じて探る実務指針

早稲田大学教授
大場浩之

司法書士
梅垣晃一

司法書士
三浦直美

司法書士
石川　亮

司法書士
新丸和博

著

発行　民事法研究会

は し が き

　本書は、法律実務家、特に司法書士にとってなじみの深い不動産の取得時効とこれに基づく登記に関して、民法上の理論と近時の判例を体系的に整理して解説するとともに、実務上のヒントを多く盛り込んだ書籍である。実務に至便な意欲的な書籍となっていると自負している。

　取得時効に関しては、実務研修会などでたびたび扱われることがあるものの、民法上の理論や近時の判例の変遷との整合性を踏まえて丁寧に解説した書籍や研修資料は意外に少ないようである。加えて、そもそも時効取得が原始取得であるにもかかわらず、登記法上は所有権移転登記を経由することとなっており、さらに、第三者との関係においては登記が対抗要件となる場合があることから、その理論と登記実務の狭間で悩む法律実務家は非常に多いと思われる。そこで、本書が、取得時効に悩む法律実務家にとって、よき道標となることを執筆者一同願っている。

　本書は、3章構成をとっており、「第1章　取得時効と登記をめぐる理論」においては、取得時効に基づく不動産物権変動に関して、近時の判例と主要な学説について、研究者の立場から詳細な検討を加えている。また、補論として、取得時効の反射的効果としての権利の消滅とその登記との関係を論じている。続く「第2章　時効取得の裁判・登記の論点整理と実務のポイント」においては、時効取得訴訟に関する事件を受託し業務を遂行するうえでヒントとなる事項について、実務経験を踏まえて網羅的に解説している。最後に、「第3章　事例にみる時効取得の裁判・登記の実務」においては、具体的な事例を設定のうえ、その事例ごとに問題の所在並びに裁判実務および登記実務のポイントを整理した。

　執筆者の経験では、近時、所有者不明または管理の放棄された不動産の有効利用を図るため、時効取得訴訟によらざるを得ないケースが増加していると感じている。それゆえに、法律実務家にとって、取得時効の手続について

はしがき

精通することがますます求められる時代となっているといえよう。本書の主要な読者たる法律実務家とともに、この分野について研鑽を深め、さらに、取得時効制度の理論的または実務的な改善を図るために問題意識の共有を図ることができれば幸いである。

　平成27年11月

執筆者一同

『時効取得の裁判と登記』

● 目　次 ●

第1章　取得時効と登記をめぐる理論

- Ⅰ　はじめに …………………………………………………………… 2
  - 1　問題意識 ……………………………………………………… 2
  - 2　課題の設定 …………………………………………………… 3
  - 3　本章の構成 …………………………………………………… 5
- Ⅱ　登記法の観点からの時効理論 …………………………………… 6
  - 1　序 ……………………………………………………………… 6
  - 2　取得時効の法的性質 ………………………………………… 7
    - (1)　実体法説 ………………………………………………… 7
    - (2)　訴訟法説 ………………………………………………… 8
    - (3)　多元説 …………………………………………………… 9
  - 3　取得時効と登記手続 ………………………………………… 10
    - (1)　原始取得と承継取得 …………………………………… 10
    - (2)　移転登記による手続 …………………………………… 11
- Ⅲ　裁判例 ……………………………………………………………… 13
  - 1　序 ……………………………………………………………… 13
    - ［図1］　時効取得における当事者／13
  - 2　時効取得前の第三者 ………………………………………… 14
    - (1)　判　例 …………………………………………………… 14
    - ［図2］　時効取得前の第三者／14
    - (2)　裁判例 …………………………………………………… 16
      - ㋐　時効完成のタイミング／16

3

目　次

　　　(イ)　主観的態様／18
　3　時効取得後の第三者……………………………………………… 20
　　(1)　判　例 ……………………………………………………………… 20
　　　［図3］　時効取得後の第三者／21
　　(2)　分　析 ……………………………………………………………… 21
　4　再度の時効取得 …………………………………………………… 23
　　(1)　判　例 ……………………………………………………………… 23
　　(2)　分　析 ……………………………………………………………… 24
　5　時効の起算点 ……………………………………………………… 25
　　(1)　判　例 ……………………………………………………………… 25
　　　(ア)　準　則／25
　　　(イ)　当事者間／25
　　　(ウ)　第三者間／26
　　　(エ)　準則の適用例①／26
　　　(オ)　準則の適用例②／29
　　(2)　分　析 ……………………………………………………………… 30
　　　［図4］　起算点の逆算／31
　6　立　証 ……………………………………………………………… 32
　　(1)　自主占有 …………………………………………………………… 32
　　　(ア)　民法186条／32
　　　［図5］　自主占有の立証責任／32
　　　(イ)　判断基準の一例／33
　　　(ウ)　肯定例／36
　　　(エ)　否定例／38
　　(2)　無過失 ……………………………………………………………… 40
　　　(ア)　具体例①／40
　　　(イ)　具体例②／41

　　　　〔図 6〕　民法188条による無過失の推定／ 42
　　(3)　前主占有の承継 …………………………………………… 42
　　　(ア)　具体例①／ 42
　　　(イ)　具体例②／ 43
　7　相続による承継 ……………………………………………… 44
　　(1)　相　続 …………………………………………………… 44
　　　(ア)　判　例／ 44
　　　(イ)　他主占有から自主占有への転換／ 45
　　　(ウ)　事実上の支配／ 46
　　(2)　新権原 …………………………………………………… 49
　　　(ア)　前　提／ 49
　　　〔図 7〕　相続による他主占有から自主占有への転換／ 49
　　　(イ)　相続と新権原／ 50
Ⅳ　学　説 …………………………………………………………… 54
　1　登記尊重説 …………………………………………………… 54
　　〔図 8〕　登記尊重説／ 54
　2　占有尊重説 …………………………………………………… 56
　　〔図 9〕　占有尊重説／ 56
　3　類型論 ………………………………………………………… 59
　　〔図10〕　二重譲渡ケース／ 59
　　〔図11〕　境界紛争ケース／ 60
Ⅴ　近時の判例の傾向 ……………………………………………… 63
　1　事　案 ………………………………………………………… 63
　　(1)　平成10年判決 …………………………………………… 63
　　　〔図12〕　平成10年判決／ 64
　　(2)　平成18年判決 …………………………………………… 65
　　　〔図13〕　平成18年判決／ 66

目　次

　　(3)　判例の影響 …………………………………………… 68
　2　分　析 ………………………………………………………… 70
　3　批判的検討 …………………………………………………… 71
Ⅵ　おわりに ………………………………………………………… 73
　1　結　論 ………………………………………………………… 73
　2　今後の課題 …………………………………………………… 75
Ⅶ　補論──権利の消滅と登記 ……………………………………… 76
　1　はじめに ……………………………………………………… 76
　2　所有権 ………………………………………………………… 76
　　(1)　消滅時効の対象外 …………………………………… 76
　　　［図14］　所有権の反射的消滅／77
　　(2)　登記手続との関係 …………………………………… 77
　3　所有権以外の物権 …………………………………………… 78
　　(1)　序 ……………………………………………………… 78
　　(2)　地役権 ………………………………………………… 78
　　(3)　入会権 ………………………………………………… 79
　　(4)　抵当権 ………………………………………………… 79
　4　債　権 ………………………………………………………… 80
　　(1)　仮登記との関係 ……………………………………… 80
　　　［図15］　仮登記と被保全請求権／80
　　(2)　物権債権峻別論との関係 …………………………… 80
　　　［図16］　物権行為と債権行為／81
　5　おわりに ……………………………………………………… 82

第2章　時効取得の裁判・登記の論点整理と実務のポイント

Ⅰ　はじめに ………………………………………………………………… 84
Ⅱ　所有権の取得時効の要件事実 ………………………………………… 85
　1　長期取得時効 ………………………………………………………… 85
　　(1)　平穏に、かつ、公然と ………………………………………… 85
　　(2)　他人の物 ………………………………………………………… 86
　　(3)　所有の意思をもって …………………………………………… 86
　　(4)　20年間の占有 …………………………………………………… 86
　2　短期取得時効 ………………………………………………………… 87
　　(1)　その占有の開始の時に、善意であり、かつ、過失がなかったとき ………………………………………………………………… 87
　　《コラム》　無過失の立証／87
　　(2)　10年間の占有 …………………………………………………… 88
Ⅲ　占有に関する論点整理 ………………………………………………… 89
　1　占有に関する民法の条文 …………………………………………… 89
　　(1)　占有の性質の変更（民法185条） …………………………… 89
　　　(ア)　所有の意思の表示／89
　　　(イ)　新権原による占有の開始／90
　　(2)　占有の態様等に関する推定（民法186条） ………………… 90
　　(3)　占有の承継（民法187条） …………………………………… 91
　2　占有していることの立証 …………………………………………… 91
　　(1)　自宅の敷地の場合 ……………………………………………… 92
　　(2)　自宅の敷地に隣接する土地（庭、駐車場など）の場合 …… 92
　　(3)　田、畑等の農地の場合 ………………………………………… 92

目 次

  (4) 山林の場合 ··· 93
  (5) 建物の場合 ··· 93
  《コラム》 建物の時効取得／93
 3 自主占有 ··· 93
  (1) 意義と訴訟手続上の考え方 ··· 93
  (2) 共同相続人の一人による他の相続人に対する主張 ················ 94
  《コラム》 持分についての自主占有と性質の変更／95
 4 取得時効の起算点 ·· 96
  (1) 判例の準則 ··· 96
  (2) 登記の先例との関係 ·· 97
Ⅳ 送達に関する諸問題 ··· 99
 1 送達に関する民事訴訟法の条文 ··· 99
  (1) 職権送達の原則等 ·· 99
  (2) 送達実施機関 ·· 100
  (3) 裁判所書記官による送達 ·· 100
  (4) 交付送達の原則 ·· 101
  (5) 訴訟無能力者等に対する送達 ······································ 101
  (6) 送達場所 ·· 102
  (7) 送達場所等の届出 ·· 103
  (8) 出会送達 ·· 104
  (9) 補充送達および差置送達 ·· 105
  (10) 書留郵便等に付する送達 ·· 106
  (11) 外国における送達 ·· 107
  (12) 送達報告書 ··· 108
  (13) 公示送達の要件 ·· 108
  (14) 公示送達の方法 ·· 110
  (15) 公示送達の効力発生の時期 ·· 110

⒃　公示送達による意思表示の到達 …………………………………110
　2　送達の方法 ……………………………………………………………111
　　⑴　休日送達 ……………………………………………………………111
　　⑵　就業場所送達 ………………………………………………………111
　　　【書式１】　就業場所への再送達の上申書／112
　　⑶　付郵便送達 …………………………………………………………113
　　　㈠　付郵便送達の要件／113
　　　【書式２】　書留郵便に付する送達の上申書／113
　　　㈡　調査報告書／115
　　⑷　公示送達 ……………………………………………………………115
　　　【書式３】　公示送達の申立書／116
　　　《コラム》　公示送達か不在者財産管理人か／117
　　　《コラム》　民事訴訟法上の特別代理人／118
　3　擬制自白 ………………………………………………………………118
Ⅴ　請求の趣旨に関する諸問題 ………………………………………………120
　1　基本的な請求の趣旨 …………………………………………………120
　2　持分移転の場合の請求の趣旨 ………………………………………120
　3　所有権登記名義人の共同相続人に対して請求する場合の請求
　　の趣旨 ……………………………………………………………………121
　　⑴　時効の起算点が、相続開始後である場合 ………………………121
　　⑵　時効の起算点が、相続開始前である場合 ………………………121
　4　所有権登記名義人の共同相続人に対して、原告の被相続人に
　　対する所有権移転登記を請求する場合の請求の趣旨 ………………122
　　⑴　占有者（被相続人）が時効を援用していた場合 ………………122
　　⑵　占有者（被相続人）が時効を援用していなかった場合 ………123
　　　《コラム》　占有者・時効援用者と登記権利者（相続がかかわ
　　　　る場合）／124

9

目　次

Ⅵ　時効の援用に関する諸問題 ……………………………………125
Ⅶ　事件の受任にあたって……………………………………………127
　1　事件の受任時から登記完了までのスケジュールを考える …………127
　　〔図17〕　事件の受任時から登記完了までのスケジュール／127
　2　必要な手続費用を考える ……………………………………………128
　　(1)　着手金 ……………………………………………………………129
　　(2)　不動産の登記事項証明書、公図の取得費用……………………129
　　(3)　戸籍謄本、附票の取得費用 ……………………………………129
　　(4)　対象不動産の調査（占有状態に関する調査）に係る費用 ………129
　　(5)　証拠の収集に係る費用 …………………………………………130
　　(6)　訴訟提起前に差し出す手紙（裁判外の文書）の発送、送達
　　　　先の調査に係る費用………………………………………………130
　　(7)　公示送達または不在者財産管理人選任の審判申立てに要す
　　　　る費用 ………………………………………………………………131
　　(8)　特別代理人選任の申立てに要する費用…………………………131
　　(9)　訴訟費用（印紙代、切手代）……………………………………131
　　(10)　登記印紙代（登録免許税）………………………………………131
　　(11)　訴訟提起に係る報酬 ……………………………………………132
　　(12)　登記申請に係る報酬 ……………………………………………132
　3　事件の受任時に依頼者に説明しておくべきこと………………………132
　　(1)　訴訟代理と裁判書類作成の区別並びに本人出頭の要否 …………132
　　(2)　スケジュールと費用……………………………………………132
　　《コラム》　時効取得訴訟の簡素化／133
　　(3)　時効取得した場合の税金 ………………………………………133
　　(4)　本人尋問・証人尋問の可能性 …………………………………134
　　(5)　敗訴後の対応……………………………………………………134
Ⅷ　時効取得訴訟の手続と留意点 …………………………………135

目　次

1 訴訟提起準備における実務上の留意点 ……………………135
  (1) 戸籍謄本等の必要部数 …………………………………135
  (2) 請求の趣旨における訴訟費用の負担の記載方法 ……135
2 訴訟提起前における実務上の留意点 ………………………136
  (1) 訴訟提起前に差し出す手紙（裁判外の文書）………136
  (2) 処分禁止の仮処分 ………………………………………137
3 訴訟提起から判決までにおける実務上の留意点……………137
  (1) 訴訟提起 …………………………………………………137
    ㋐ 事　例／137
    ㋑ 訴状（記載例）／139
    【書式4】 訴状（記載例）／139
  (2) 占有に関する尋問（当事者尋問、証人尋問）…………149
    《コラム》 尋問の技術／149
4 判決確定・登記申請における実務上の留意点………………150
  (1) 更正決定の要否……………………………………………150
    《コラム》 債務名義の書き間違い／150
  (2) 敗訴後の対応………………………………………………151
    ㋐ 被告の側に十分な理由があるケース／151
    ㋑ 原告の側の立証が不十分であるケース／151
    《コラム》 敗訴後の購入等／153
    《コラム》 持分放棄を登記原因とする共有持分移転登記の
             申請／153

目 次

第3章 事例にみる時効取得の裁判・登記の実務

Ⅰ 当事者間の関係 …………………………………………………156
 1 概 説 ……………………………………………………156
 2 時効完成時の原所有者との関係 …………………………156
 事例1 時効完成時の原所有者との関係 …………………156
  (1) 検討課題 ………………………………………………157
  (2) 依頼者からの聞き取り ………………………………158
  (3) 裁判実務 ………………………………………………159
  《コラム》 登記名義の変更と固定資産税の負担／165
  (4) 登記実務 ………………………………………………166
  【書式5】 登記申請書（共同申請の場合）／167
  【書式6】 登記申請書（判決による場合）／169
Ⅱ 第三者との関係 …………………………………………………170
第1 時効完成前の第三者 …………………………………………170
 1 概 説 ……………………………………………………170
 2 時効完成前の第三者との関係 ……………………………170
 事例2-1 時効完成前の第三者との関係 ………………170
  (1) 検討課題 ………………………………………………171
  (2) 依頼者からの聞き取り ………………………………172
  (3) 裁判実務 ………………………………………………172
  (4) 登記実務 ………………………………………………174
 3 時効完成前の複数の第三者との関係 ……………………174
 事例2-2 時効完成前の複数の第三者との関係 ………174
  (1) 検討課題 ………………………………………………175

(2)　依頼者からの聞き取り ……………………………………175
　　(3)　裁判実務 ……………………………………………………176
　　(4)　登記実務 ……………………………………………………176
　4　時効完成前の第三者から買主の地位の移転を受けた者との関係 …177
　事例2－3　時効完成前の第三者から買主の地位の移転を受け
　　　　　　た者との関係 …………………………………………177
　　(1)　検討課題 ……………………………………………………177
　　(2)　依頼者からの聞き取り ……………………………………180
　　(3)　裁判実務 ……………………………………………………181
　　(4)　登記実務 ……………………………………………………182
　　【書式7】　登記申請書（所有権移転請求権仮登記に基づいた共
　　　　　　同申請による本登記の場合）／183
第2　時効完成後の第三者 ……………………………………………184
　1　概　説 …………………………………………………………184
　2　時効完成後の第三者との関係 ………………………………184
　事例2－4　時効完成後の第三者との関係 …………………………184
　　(1)　検討課題 ……………………………………………………185
　　(2)　依頼者からの聞き取り ……………………………………186
　　(3)　裁判実務 ……………………………………………………187
　　(4)　登記実務 ……………………………………………………188
　　【書式8】　登記申請書（代位による所有権移転登記の抹消の場
　　　　　　合）／189
第3　背信的悪意者の認定判断 ………………………………………190
　1　概　説 …………………………………………………………190
　　(1)　問題の所在 …………………………………………………190
　　(2)　第三者の範囲 ………………………………………………191
　　(3)　背信的悪意者の認定 ………………………………………191

目次

　2　民法177条の第三者の範囲 …………………………………193
　事例2-5　民法177条の第三者の範囲 …………………………193
　　(1)　検討課題 ……………………………………………………194
　　(2)　依頼者からの聞き取り ……………………………………195
　　(3)　裁判実務 ……………………………………………………196
　　(4)　登記実務 ……………………………………………………198

　　【書式9】　登記申請書（地役権設定）／198

　3　背信的悪意者の認定 ……………………………………………199
　事例2-6　背信的悪意者の認定 …………………………………199
　　(1)　検討課題 ……………………………………………………200
　　(2)　依頼者からの聞き取り ……………………………………201
　　(3)　裁判実務 ……………………………………………………202
　　(4)　登記実務 ……………………………………………………202

Ⅲ　時効の起算点 …………………………………………………………203
　1　概　説 ……………………………………………………………203
　2　境界紛争型の場合における時効の起算点 ……………………203
　事例3-1　境界紛争型の場合における時効の起算点 …………203
　　(1)　検討課題 ……………………………………………………204
　　(2)　依頼者からの聞き取り ……………………………………205
　　(3)　裁判実務 ……………………………………………………206
　　(4)　登記実務 ……………………………………………………209
　3　二重譲渡型の場合における時効の起算点 ……………………210
　事例3-2　二重譲渡型の場合における時効の起算点 …………210
　　(1)　検討課題 ……………………………………………………211
　　(2)　依頼者からの聞き取り ……………………………………212
　　(3)　裁判実務 ……………………………………………………212
　　(4)　登記実務 ……………………………………………………213

　4　第三者が抵当権者である場合における時効の起算点 ………………213
事例3－3　第三者が抵当権者である場合における時効の起算点 …213
　　(1)　検討課題 ……………………………………………………………214
　　(2)　依頼者からの聞き取り ……………………………………………215
　　(3)　裁判実務 ……………………………………………………………215
　　(4)　登記実務 ……………………………………………………………216
Ⅳ　再度の時効取得 ………………………………………………………………218
　1　概　説 …………………………………………………………………………218
　2　第三者が所有権者である場合における再度の時効取得 ………………218
事例4－1　第三者が所有権者である場合における再度の時効
　　　　　　取得 …………………………………………………………………218
　　(1)　検討課題 ……………………………………………………………219
　　(2)　依頼者からの聞き取り ……………………………………………220
　　(3)　裁判実務 ……………………………………………………………220
　　(4)　登記実務 ……………………………………………………………221
　3　第三者が抵当権者である場合における再度の時効取得 ………………221
事例4－2　第三者が抵当権者である場合における再度の時効
　　　　　　取得 …………………………………………………………………221
　　(1)　検討課題 ……………………………………………………………221
　　(2)　依頼者からの聞き取り ……………………………………………223
　　(3)　裁判実務 ……………………………………………………………223
　　(4)　登記実務 ……………………………………………………………224
【書式10】　登記原因証明情報（抵当権抹消登記）／225
Ⅴ　占有・自主占有・善意無過失の立証 …………………………………………227
第1　占有の立証 ……………………………………………………………………227
　1　概　説 …………………………………………………………………………227
　2　山林の占有の立証 ……………………………………………………………227

目 次

| 事例5-1　山林の占有の立証 ……………………………227
　(1)　検討課題 …………………………………………228
　(2)　依頼者からの聞き取り …………………………228
　(3)　裁判実務 …………………………………………229
　(4)　登記実務 …………………………………………230
　　【書式11】　登記原因証明情報（長期取得時効の場合）／231
　　【書式12】　登記原因証明情報（短期取得時効の場合）／231
　3　農地の占有の立証 ………………………………………232
　事例5-2　農地の占有の立証 ………………………………232
　(1)　検討課題 …………………………………………233
　(2)　依頼者からの聞き取り …………………………233
　(3)　裁判実務 …………………………………………234
　(4)　登記実務 …………………………………………234
　4　一筆の土地の一部の占有の立証 ………………………234
　事例5-3　一筆の土地の一部の占有の立証 ………………234
　(1)　検討課題 …………………………………………235
　(2)　依頼者からの聞き取り …………………………236
　(3)　裁判実務 …………………………………………236
　(4)　登記実務 …………………………………………237
第2　自主占有の立証 …………………………………………238
　1　概　説 ……………………………………………………238
　2　所有の意思の立証責任 …………………………………238
　事例5-4　所有の意思の立証責任 …………………………238
　(1)　検討課題 …………………………………………239
　(2)　依頼者からの聞き取り …………………………239
　(3)　裁判実務 …………………………………………240
　(4)　登記実務 …………………………………………241

3　境界紛争型の場合における自主占有の立証 ……………………241
　　事例5−5　境界紛争型の場合における自主占有の立証 ………241
　　　(1)　検討課題 ……………………………………………………242
　　　(2)　依頼者からの聞き取り ……………………………………242
　　　(3)　裁判実務 ……………………………………………………243
　　　(4)　登記実務 ……………………………………………………243
　　4　公有地の場合における対応 ………………………………………244
　　事例5−6　公有地の場合における対応 ………………………244
　　　(1)　検討課題 ……………………………………………………244
　　　(2)　依頼者からの聞き取り ……………………………………245
　　　(3)　裁判実務 ……………………………………………………245
　　　(4)　登記実務 ……………………………………………………246
　第3　善意無過失の立証 ………………………………………………247
　　1　概　説 …………………………………………………………247
　　2　善意無過失の立証責任 ……………………………………………247
　　事例5−7　善意無過失の立証責任 ……………………………247
　　　(1)　検討課題 ……………………………………………………248
　　　(2)　依頼者からの聞き取り ……………………………………248
　　　(3)　裁判実務 ……………………………………………………249
　　　(4)　登記実務 ……………………………………………………250
　　3　善意無過失の基準時 ………………………………………………250
　　事例5−8　善意無過失の基準時 ………………………………250
　　　(1)　検討課題 ……………………………………………………251
　　　(2)　依頼者からの聞き取り ……………………………………251
　　　(3)　裁判実務 ……………………………………………………251
　　　(4)　登記実務 ……………………………………………………252
Ⅵ　占有の承継、他主占有から自主占有への転換 ……………………253

目　次

第1　前主の占有の承継……………………………………………253
1　概　説……………………………………………………253
2　占有の承継の主張・立証………………………………253
事例6-1　占有の承継の主張・立証……………………253
  (1) 検討課題………………………………………………254
  (2) 依頼者からの聞き取り………………………………254
  (3) 裁判実務………………………………………………255
  (4) 登記実務………………………………………………256
3　善意無過失の前主の占有の承継………………………257
事例6-2　善意無過失の前主の占有の承継……………257
  (1) 検討課題………………………………………………257
  (2) 依頼者からの聞き取り………………………………258
  (3) 裁判実務………………………………………………258
  (4) 登記実務………………………………………………258

第2　他主占有から自主占有への転換……………………………259
1　概　説……………………………………………………259
2　所有の意思の表示………………………………………259
事例6-3　所有の意思の表示……………………………259
  (1) 検討課題………………………………………………260
  (2) 依頼者からの聞き取り………………………………260
  (3) 裁判実務………………………………………………261
  (4) 登記実務………………………………………………262
3　新権原……………………………………………………262
事例6-4　新権原…………………………………………262
  (1) 検討課題………………………………………………263
  (2) 依頼者からの聞き取り………………………………264
  (3) 裁判実務………………………………………………264

| (4) 登記実務 ……………………………………………………………265
| 4 相続と新権原① ………………………………………………………266
| **事例6-5** 相続と新権原① ……………………………………266
| (1) 検討課題 ……………………………………………………………267
| (2) 依頼者からの聞き取り ……………………………………………269
| (3) 裁判実務 ……………………………………………………………269
| (4) 登記実務 ……………………………………………………………271
| 5 相続と新権原② ………………………………………………………271
| **事例6-6** 相続と新権原② ……………………………………271
| (1) 検討課題 ……………………………………………………………272
| (2) 依頼者からの聞き取り ……………………………………………273
| (3) 裁判実務 ……………………………………………………………273
| (4) 登記実務 ……………………………………………………………273
| 6 相続と新権原③ ………………………………………………………273
| **事例6-7** 相続と新権原③ ……………………………………273
| (1) 検討課題 ……………………………………………………………274
| (2) 依頼者からの聞き取り ……………………………………………275
| (3) 裁判実務 ……………………………………………………………275
| (4) 登記実務 ……………………………………………………………275

・判例索引／276
・執筆者紹介／279

● 凡　　例 ●

| 民録 | 大審院民事判決録 |
| 民集 | 最高裁判所民事判例集／大審院民事判例集 |

凡　例

集民	最高裁判所裁判集民事
訟月	訟務月報
家月	家庭裁判月報
判解民	最高裁判所判例解説・民事篇
判時	判例時報
判タ	判例タイムズ
曹時	法曹時報
新聞	法律新聞
金商	金融・商事判例
判決全集	大審院判決全集（法律新報付録）
先例集	登記関係先例集
法政	法政研究（九州大学法政学会）
立教	立教法学（立教法学会）
神院	神戸学院法学（神戸学院大学法学会）

第1章
取得時効と登記をめぐる理論

I　はじめに

1　問題意識

　不動産物権変動において、売買契約をはじめとした法律行為がその最も重要な原因であることは、いうまでもない。民法および民法学も、主として法律行為に基づく不動産物権変動を念頭に、不動産物権変動理論を構築してきたといえる。

　しかし、法律行為以外にも、不動産物権変動を発生させる原因となる要素は多い。相続や時効がその典型例である。特に、取得時効に基づく不動産物権変動は、実務上極めて重要である。また、理論的にも非常に興味深い素材を提供しているといえる[1]。

　時効による不動産物権変動は、占有を基礎とするものであるため、さまざまな事案で適用される可能性を有している。すなわち、法律行為に基づく不動産物権変動が元々存在していたが、それに重なる形で取得時効の要件も満たされたケース、または、当事者間で特に法律関係が存在しなかったところ、時効による不動産物権変動が認められるケースなどである。

　このように、時効による不動産物権変動の発生といっても、その内実はさまざまであって、必ずしも一元的な問題に還元されうるわけではない。それでもあえて、時効取得を原因とする不動産物権変動として一元的な把握を試みるべきなのか、それとも、事案類型ごとに整理をしたうえで、それぞれのケースに応じた理論構成をめざすべきなのか。判例と学説は、このような根

1　日本法においては登記に公信力が認められていないため、所有権の所在を完全に確定させるためには、最終的には取得時効の完成について立証する必要がある。ただ、そこには、そもそもなぜ時効による物権の取得が認められるのかという、理論上の難問が横たわっている。

本的な問題から対立している[2]。

さらに、不動産の公示方法である登記との関連でも、時効による不動産物権変動は悩ましい課題を提供する。登記は対抗要件であり（民法177条）、不動産物権変動にあたって重要な役割を有していることは、一般的にも広く認識されている。しかし、登記がなされる機運となるのは、その基礎である不動産物権変動自体が当事者の意思に基づいて求められる場合に限られる。すなわち、当事者が知らない間に不動産物権変動が生じてしまっている場合には、登記がなされるきっかけを見出すことはできないのである[3]。取得時効のみによって不動産物権変動が生じているケースは、その典型例といえる。

2　課題の設定

時効と登記の問題につき、判例は時効の完成と第三者の出現のタイミングに応じて、理論構成を異にする見解を採用しており、これとの関連で、時効の起算点を確定させることを前提にしている[4]。また、立証責任の問題や占有承継の問題などについても、いくつかの重要な規範を提示している。

これに対して、学説においては、時効完成と第三者が現れる時期を重視することなく、登記を基準とした解釈論に一元化する試み[5]や、占有を基準として問題を把握し、登記を関連づけない解釈論[6]が提示されている。さらには、時効と登記が問題となる事案を類型ごとに整序し、それぞれに応じて異なる解釈論を展開するべきであると主張する見解[7]もある。

2　後述するように、判例は、時効による権利取得を一元的に把握し、時効と登記に関するあらゆる事案に対応するものとして、理論構成を図っている。
3　境界紛争型の事例を念頭におけば、このことはよく理解できるであろう。
4　時効の起算点を確定させなければ、時効の完成のタイミングもずらすことが可能となり、判例理論は崩壊してしまうからである。
5　我妻榮（有泉亨補訂）『新訂　物権法（民法講義Ⅱ）』（岩波書店・1983）116頁以下などを参照。
6　川島武宜『新版　所有権法の理論』（岩波書店・1987）239頁などを参照。

第1章　I　はじめに

　また、理論構成に着目した分析だけではなく、実際の事案の解決がどのように異なってくるのかという観点から、判例を含めた各見解を精査する試みもありうる。とりわけ、判例は、時効完成と第三者出現時期という、判例自らがつくり出した基準によっては妥当な結論を導き出すことができない場合の是正措置として、背信的悪意者の認定判断において、特徴のある独自性を示している[8]。

　さらには、不動産登記の観点からも、時効による不動産物権変動は興味深い問題を提示している。本来であれば、時効制度の本質は、承継取得ではなく原始取得にあると思われる。それにもかかわらず、時効による所有権の取得に際しては、移転登記が認められているのである[9]。これは、実体法上の判例理論が反映されたものなのか、あるいは、登記法上の手続的な問題が実体法上の理論構成に影響を与えたのか。

　以上のように、登記と時効をめぐる問題は錯綜しており、問題を整序することがそもそも困難になるほどの状況である。そこで、本章においては、この問題に関する判例と主要な学説の見解を正確に紹介し、整理することを課題とする。そして、あわせて、登記法の観点から時効による不動産物権変動の分析を試みる。

　特に、後者の分析は、時効と不動産物権変動の問題として意識的に扱われてこなかった視点ではないか。法律行為に基づく不動産物権変動と取得時効による不動産物権変動とでは、実際に生じる事案が大きく異なるために、その解釈論の視座も異なるといえる。したがって、不動産公示制度の一態様としての登記の観点から時効による物権変動を把握することにより、この問題

7　星野英一「取得時効と登記」竹内昭夫編『現代商法学の課題(中)』（岩波書店・1985）847頁などを参照。
8　最判平18・1・17民集60巻1号27頁を参照。
9　登記を行うためには、不動産登記法上、時効により権利を反射的に失う者による同意または判決が必要となる（不動産登記法60条・63条）。

についての新たな示唆を得ることができると考えられる。

3 本章の構成

　以上の問題意識と課題の設定に基づき、最初に、登記法の観点から時効の一般理論について整理を行う。とりわけ、登記手続において取得時効による不動産物権変動がどのように扱われているのかが、中心的な課題となる。

　そして、取得時効に基づく不動産物権変動に関する判例と主要な学説の検討を行う。そこでは、それぞれの見解の理論的要点と実際の事案に対する適用の差異に注目する。各見解の理論的整合性と実際にもたらされることになる結論の問題点を、洗い出すことにしたい。したがって、裁判例の事案を正確に理解するため、その詳細な検討が必要となる。なお、紹介する裁判例の判決文中の当事者や①②などの表示については、解説の便宜上変更を加えている。

　最後に、学説からの反論への対応と目される、判例が提示した背信的悪意者認定の手法について、批判的検討を行う。判例の見解には、抽象レベルでの理論枠組みを変更することなく、実際の結論を妥当なものへと導こうとする姿勢が垣間見えるが、このことは、もはや判例の理論構成自体の崩壊を表しているのではないか。

　以上の構成を経て、今後の登記法の展開にも寄与する形で、取得時効に基づく不動産物権変動と登記の関係性について、分析を行うことが可能になると思われる。

II　登記法の観点からの時効理論

1　序

　登記法の観点から民法の時効理論を検討するにあたって、まず、時効制度の基本概念をおさえておく必要がある[10]。

　まず、所有権は消滅時効にかからない（民法167条2項の反対解釈）。したがって、不動産所有権の変動が対象になっている場合、消滅時効は問題とならない。取得時効によって所有権の変動が発生する場合（同法162条）、時効取得者のもとで所有権の原始取得が生じ、従前の所有者は所有権を失うが、その所有権の喪失は他人による時効取得の反射的効果であって、消滅時効の適用があったわけではない。

　確かに、所有権以外の物権が対象とされている場合には、当該物権の時効による消滅も考えられる（民法167条2項。抵当権の消滅時効については民法396条）。しかし、多くの場合、時効と登記の関連で問題となってくるのは不動産所有権である。そこで、ここでは、不動産所有権の時効取得の場面に問題を限定して、以下の考察を進めることにする。

　なお、時効によって所有権を取得するためには、所有の意思をもって、平穏かつ公然に対象物を一定期間占有（20年。善意無過失の場合には10年。民法162条）しなければならないだけではなく、時効を援用する必要がある（同法145条）。当事者が時効を援用しなければならず[11]、所定の期間占有した

10　民法典における時効に関する規定は、民法（債権関係）の改正により大きな影響を受ける。しかし、本稿では、現行規定に即した検討を行う。この検討は、民法典中の関係規定が改正された後も、基礎理論の考察として意義を有すると考えられる。

11　時効の援用権者の範囲については、以前から争いがある。詳細については、森田宏樹「時効援用権者の画定基準について(1)(2・完)」曹時54巻6号1頁以下・同7号1頁以下（2002）などを参照。

だけでは足りない。また、請求、差押え、仮差押え、仮処分または承認があると、時効は中断される（同法147条）。不動産所有権の取得時効に際しても、これらの時効中断事由は重要な問題を提供する。

2 取得時効の法的性質

(1) 実体法説

そもそも時効とはどのような制度であるか、言い換えれば、どのような法的性質を有するのかということについては、さまざまな見解が主張されてきている。

この点につき、最初に取り上げられるべき見解は、実体法説である。これによれば、時効とは、真の権利者がその権利を失い、それまで権利者ではなかった者が新たに権利を取得することを認める制度であると位置づけられる[12]。まさに、実体法上の権利関係が改められることになるので、実体法説と称される。

実体法説の根拠として、かなりの長期間にわたって継続している事実状態を保護すべきということがあげられる。取得時効が成立するためには少なくとも10年以上の占有期間が要求されるわけであり、その間に、その事実関係に基づいてつくり出されている生活状況は、すでに保護されるべき法的状況としてとらえることが可能である。これに対して、真の権利関係に即して、現在の事実状態を覆滅させるということになれば、経済的な観点からも損失は大きいといえる。

また、以上に加えて、真の権利者が長期間にわたって真実の権利関係とは異なる事実状態を放置し、目的不動産を占有する権原を有しない者に対して自らの権利主張を行ってこなかったことを指摘することも考えられる。いわゆる、権利の上に眠る者は保護に値しないという考え方である。

12　我妻榮『新訂　民法総則（民法講義Ⅰ）』（岩波書店・1965）430頁以下などを参照。

しかし、実体法説があげるこれらの根拠に対しては、反論がありうる。まず、少なくとも民法上、取得時効の成立のためには、事実状態に基づく新たな生活実体が築かれていることまでは要求されていない。このことは、事実状態の保護の重視に対する批判となりうる。対象となっている不動産を生活の基盤として現実に具体的に利用することまでは、取得時効の要件とされていない。

さらに、権利の上に眠る者は保護されないといっても、現行の民法典においては、消滅時効に関してではあるが、一般の時効期間だけではなく、短期の時効期間を認める多くの特則が定められている（同法169条～174条）。たとえば、飲食料の債権は1年で時効消滅すると規定されているが（同法174条4号）、その程度の期間のみ権利主張しなかったにすぎない者が、はたして権利の上に眠る者と評価されるべきであろうか。

(2)　訴訟法説

以上の実体法説に対して、時効とは真の権利者であるにもかかわらず自らの権原を立証することができない者のために機能する制度であると解する見解がある[13]。実際にも、Aから正当に土地甲の譲渡を受けたBが長期間にわたり甲を占有し続けていたところ、登記はA名義のままになっていた場合において、新たにCが現れAから甲の譲渡を受けたと主張してくることがありうる。Bは移転登記を経由していなかったため、ここでAから譲渡を受けたことについてのほかの立証資料を提出することができなければ、Bは甲を占有し続けることができなくなってしまう。そこで機能するのが、取得時効制度であると考えるのである。

このように、元々真の権利者である者が、自らの権利の存在を立証するために時効制度が存在するという点をとらえて、この見解は訴訟法説と称される。時効制度は、実体法上の権利変動を新たにもたらすための制度ではない

13　川島武宜『民法総則』（有斐閣・1965）428頁以下などを参照。

というのである。その根拠は、ある程度の期間にわたって存続した事実状態は、真の権利関係を反映している可能性が高いということに見出される。

しかし、この見解にも疑問は残る。まず、取得時効制度が、真の権利者からその権利を剝奪し、占有権原を有していない者に対して新たに権利を与えることに寄与するのは、避けられない。長期間の占有継続状態の背後に占有権原があるというのは、あくまで蓋然性にすぎない。

さらに、訴訟法説は明文規定の内容と反している。たとえば、民法162条1項は「所有権を取得する」とし、同法167条1項は「債権は……消滅する」と明確に定めている。時効によって実体法上の物権変動が発生すると規定されているとみるのが、素直な解釈論であろう。

(3) 多元説

以上の議論を受け、今日においては、時効の法的性質について一元的に理解しようとする見解はほとんどない。実体法説の根拠とされている、一定期間にわたる占有事実関係の尊重と、権利の上に眠る者を保護しないとの理解とともに、訴訟法説において主張された、立証が困難になっている真の権利者の救済のいずれもが、時効制度の存在理由として、ほぼ一般的に認められているといってよい[14]。

実際にも、占有権原がない者が目的物を占有し続け、時効により新たに権利を取得する場合と、すでに別の法律関係に基づいて権利を取得していたが、その事実を立証することができない場合がありうる。前者は実体法説が前提とする場合であり、後者は訴訟法説が念頭においている場合である。

いずれのケースも、時効がその効果を発揮する場面であることにつき、否定することはできない。すなわち、実体法説と訴訟法説とでは、それぞれが前提としているケースを異にしているため、お互いに反駁の対象となっていないのである[15]。それゆえ、両見解はいずれも両立するものであるといえ

---

14 山本敬三『民法講義Ⅰ総則〔第3版〕』（有斐閣・2011）543頁などを参照。

る。

したがって、取得時効と登記の問題を検討するにあたっても、時効の多元的な存在理由を認めたうえで、各ケースに適した分析を試みる必要がある。

3　取得時効と登記手続

(1)　原始取得と承継取得

それでは、時効による権利取得とはそもそもどのような性質を有するのであろうか。Aが所有する土地甲をBが占有し続け、取得時効の要件を充足したとする。この場合、Bが甲の所有権を取得し、Aは甲の所有権を失うことになるが、ここでいうところのBの所有権取得は原始取得なのか、それとも、承継取得なのか。

判例は、原始取得と解している[16]。確かに、AB間には何らの契約関係もないので、法律行為に基づく所有権の移転があったとはいえない。また、相続が発生したわけでもない。基礎となる法律関係が当事者間に存在しないにもかかわらず権利の得喪が発生するのであるから、承継取得と解するのは無理があるといわざるを得ない。

また、取得時効を通じて権利を新たに手に入れた者は、それまで権利を有していた者に関連づけられていた法律関係を無視することができる。厳密にいえば、時効によって権利を失う者と取得する者の法律関係は、切断される

---

[15] 取得時効との関連でいえば、自身も相手方も知らない間に土地を越境した占有が継続され、時効の要件を満たした結果、占有者が新たに権利を取得するケースと、元々売買契約を通じて土地所有権の譲渡を受けていた者がその土地を占有し続けていたが、登記を経由しておらず、かつ、売買契約を立証するための証憑を有していなかったところ、時効の要件を充足したケースをあげることができる。また、消滅時効との関連でいえば、未履行の貸金債務につき時効を援用して、債務の消滅という効果を新たに導き出すケースと、実際にはすでに履行済みの貸金債務について、履行したことを立証することができない場合に時効を援用するケースをあげることができる。どの場合においても、時効が機能することに異論はみられない。

[16] 大判大13・10・7民集3巻509頁を参照。

のである。このため、取得時効の成立により、それまで存在していた抵当権などは消滅する。たとえば、上記設例において、CがAに対する貸金債権を担保するために甲に抵当権を有していた場合、同抵当権も消滅する。このことも、時効による権利取得を原始取得と解するにあたっての有力な根拠となる。

(2) 移転登記による手続

このように、承継取得と原始取得は、その法的性質からしても、要件と効果の面からしても、大きく異なっているといえる。それでは、その手続面での反映である登記手続上は、取得時効による所有権取得はどのように扱われているのであろうか。

この点につき、判例[17]および先例[18]は、既登記不動産の所有権の時効取得に関して、所有権移転登記手続が行われるべきであるとしている。まさに、承継取得の場合と同じ手続がなされるべきであると解されているのである。

この場合にも、確かに取得時効を原因とすることが明記されたうえで手続がなされることになるので、登記上も取得時効に基づく所有権取得であることがわかる。しかし、実体法上の時効取得の効果は原始取得である以上、消滅する所有権を前提として存在していた制限物権もまた消滅する。このことを端的に表すことができるのは、上記の例におけるAの所有権登記の抹消とBのもとでの所有権の保存登記ではないだろうか。そうすることによって、登記手続上も、Aの所有権を前提として存在していたCの抵当権も抹消されることになる[19]。

後述する時効と登記についての判例理論との関連において、取得時効を原因とする物権変動も民法177条の物権変動の範囲に該当するとされていること

---

17 大判昭2・10・10民集6巻558頁を参照。
18 民事局長回民414明44・6・22先例集上308を参照。
19 ただし、それでもなお、不動産登記実務においては移転登記の形式がとられている。

とから、そのほかの法律行為に基づく物権変動と同様に、登記手続上も取得時効に基づく物権変動を移転登記として処理することには、一定の理由がある。しかし、このことは、実体法上の処理についての判例の見解を肯定し、実体法と手続法の有機的結合の結果として初めて是認される、異例の手続手法であると理解するべきであろう。

Ⅲ　裁判例

1　序

　続いて、取得時効と登記に関する裁判例について分析を行う。時効と登記が関連する問題は、事案の理解が極めて重要である。このため、ここでは、実際に紛争となった事案を詳細に紹介することにしたい。

　まず、Aが所有する土地甲をBが占有し続け、取得時効の要件を充足した場合、AB間は対抗関係に立つか（〔図1〕参照）。言い換えれば、民法177条の適用があり、Bが時効による所有権取得をAに対して主張するために登記は必要であろうか。判例は、ここでのAとBを当事者間の関係であるとして、登記は不要であるとしている[20]。

　したがって、AとBそれぞれまたは一方のみに相続が発生した場合にも、当事者間の関係であることに変わりはなく、登記が基準となることはない。

　問題は、第三者との関係である。ここに、対抗問題が発生する基礎があるのであって、取得時効を原因とする物権変動も民法177条の適用のある物権

〔図1〕　時効取得における当事者

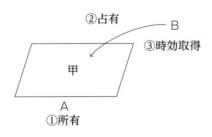

---

[20]　大判大7・3・2民録24輯423頁を参照。

変動なのかどうかという形で、問題が提起されることになる。

2 時効取得前の第三者

(1) 判 例

それでは、第三者Cが現れた場合はどうか。とりわけ、Aから法律行為に基づいて土地甲の所有権を取得したCと時効取得者Bとの関係が問題となる。判例は、Cの登場時期がBの取得時効完成の前か後かで理論構成を変え、それぞれで異なる結論を与えている。

まず、Bの時効完成前にCが現れた場合（〔図2〕参照）には、BC間の関係は当事者間のそれであるとされる[21]。それゆえ、BがCに対して自らの所有権を主張するにあたって、登記は要求されない。確かに、AからCに甲の所有権は移転している（民法176条）が、その後にBが時効により同所有権を取得しており、その時点での相手方がAからCになっただけである。厳密にいえば、Bからみた場合の相手方当事者がその時点でAではなくCであったというにすぎない。これが、本事例についての判例理論による見立てである。

なお、判断基準となるのは、CがAから甲所有権の譲渡を受けた時点であって、Cが同所有権移転登記を経由した時点ではない。したがって、Cの登

〔図2〕 時効取得前の第三者

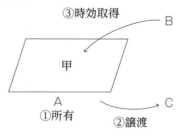

---

21 大判大9・7・16民録26輯1108頁を参照。

記経由がBの時効期間満了後であっても、Bの時効完成前にCがAから同所有権の譲渡を受けていれば、Bは登記がなくてもCに対して自らの所有権を主張することができる22。つまり、C名義の登記の抹消を請求することができるのである。

　理論的に考えれば、判例の見解にも一理ある。時効に基づく権利取得は承継取得ではなく原始取得であり、時効取得において問題となるのは、占有者B自身の原始取得のみであるといえる。すなわち、BはAまたはCから甲の所有権を承継取得するわけではないので、前主が誰であるかを確定させる必要はないのである。Bの原始取得を認定することによって、反射的にその時点での権利者AまたはCは、その権利を失うことになる。重要なのは、Bの取得時効が完成した時点で、Bの原始取得とAまたはCの権利の反射的消滅が生じるという事実そのものであるので、BA間の関係とBC間の関係は法的に差異がない23。

22　最判昭42・7・21民集21巻6号1643頁を参照。事案とその判断は以下のとおりである。「原判決の確定した事実によると、Xは本件土地の占有により昭和33年3月21日に20年の取得時効完成したところ、Yは、本件土地の前主Aから昭和33年2月本件土地を買い受けてその所有者となり、同年12月8日所有権取得登記を経由したというのである。されば、Xの取得時効完成当時の本件土地の所有者はYであり、したがって、Yは本件土地所有権の得喪のいわば当事者の立場に立つのであるから、Xはその時効取得を登記なくしてYに対抗できる筋合であり、このことはYがその後所有権取得登記を経由することによって消長を来さないものというべきである」。

23　そこには、単に原始取得者と権利を失う者の関係があるのみであり、それはまさに、当事者の関係にほかならないというわけである。しかし、民法144条によれば、時効の効力はその起算日にさかのぼって発生する。そうであれば、占有開始時点の権利者のみが相手方当事者になるようにも考えられる。時効完成前であっても、目的となる権利の譲渡がなされれば、譲受人は当事者ではないのではないか。この点につき、広中俊雄『物権法〔第2版補訂版〕』（創文社・1987）156頁を参照。ただし、登記手続上は、AまたはCの所有権登記の抹消とBの所有権保存登記ではなく、AまたはCからBへの移転登記という形式をとるため、その限りにおいて、登記義務者が誰であるかを確定させる必要はある。

しかし、取得時効による権利取得も、不動産物権変動の一態様である以上、登記がなくても権利取得を主張することができると解するためには、より積極的な根拠が必要ではないだろうか。この点につき、とりわけ、Bの占有開始後に、AからCが目的物の権利の譲渡を受けている場合には、Cを第三者として位置づけることも十分に可能であることから、判例の理論構成に対する異論の余地がある。

(2) 裁判例

㋐ 時効完成のタイミング

ここで、時効取得前の第三者が問題となった裁判例について、具体的にさらに検討してみたい。事案とその判断は以下のとおりである[24]。

まず、二つのケースが区別される。ケース①は、「A所有の不動産についてEの取得時効が完成した後、B、C、Dが、Aから、右不動産の各3分の1の共有持分権の譲渡を受け、その旨の登記を同日に経由し、B、C、Dの右登記後に、Eが、なお引き続き時効取得に要する期間占有を継続した場合、Bが、C、Dから、右再度の取得時効完成前に右不動産の各3分の1の共有持分権の譲渡を受け、右再度の取得時効完成後にその旨の登記を経由したとき、Eは、Bに対し、登記を経由しなくとも、右不動産全部の時効取得をもって対抗しうると解するのが相当である。けだし、AからB、C、Dへの共有持分権移転登記により、B、C、Dは、各3分の1の共有持分権取得をもってEに対抗しうることになり、B、C、Dの右登記の日から、右不動産全部について、Eの再度の取得時効が進行し……、Bは、C、Dから、右再度の取得時効完成前に不動産の各3分の1の共有持分権の譲渡を受け、右再度の取得時効完成後にその旨の登記を経由したのであるから、BがC、Dから取得した各3分の1の共有持分権についても、Eは、登記なくして、時効取得した右各3分の1の共有持分権を対抗することができるからである」。

また、ケース②は、「A所有の不動産についてEの取得時効が完成した後、

---

24 大阪高判昭48・7・9判時724号45頁（上告審）を参照。

Bが、Aから、右不動産の3分の1の共有持分権の譲渡を受け、その旨の登記を経由し、Bの右登記後に、Eが、なお引き続き時効取得に要する期間占有を継続した場合、Bが、Aから右再度の取得時効完成前に右不動産の残余の3分の2の共有持分権の譲渡を受け、右再度の取得時効完成後にその旨の登記を経由したとき、Eは、Bに対し、登記を経由しなくとも、3分の1の共有持分権（Bが当初取得した共有持分権）の時効取得をもって対抗しうるが、残余の3分の2の共有持分権の時効取得をもって対抗し得ないと解するのが相当である。けだし、AからBへの当初の3分の1の共有持分権移転登記の日から再度の取得時効が進行するのは、右3分の1の共有持分権についてのみであり、残余の3分の2の共有持分権については、AからBへの右3分の2の共有持分権移転登記により、Bは、右3分の2の共有持分権取得をもってEに対抗しうることになり、右3分の2の共有持分権移転登記の日から、再度の取得時効が進行することになるからである」。

そのうえで、「原判決は、『甲地すなわち西側部分については、Bにおいて、昭和15年6月21日にCおよびDと共同して、前主であるAから、これを買受けて所有権を取得し、かつ同年7月2日にその旨の共有登記を経由し、さらに昭和23年6月14日に右CおよびDの各持分を買い受け、昭和25年10月23日その旨の持分移転登記を経由した。』と、判示した上、『Eは、C、DおよびBの3名の右共有登記のなされた昭和15年7月2日から昭和25年7月2日まで10年の期間引き続き甲地につき所有の意思をもって平穏、公然、善意、無過失に占有を継続したものであるから、これにより再度取得時効が完成した。ただEは甲地につき右時効完成による所有権取得登記をいまだ経由していないが、BがC、Dの各持分を買い受けたのは右取得時効完成前である昭和23年6月14日であり、またBが右各持分の移転登記を受けたのは右取得時効完成後である昭和25年10月23日であるから、Eは、Bに対し、右所有権取得登記がなくとも、右時効取得をもって対抗し得る。』旨判示した」。したがって、本件は、前記ケース①の場合に該当し、原判決に

所論の違法は認められないとした。

　ケース①によれば、Eによる再度の取得時効完成前にBは現れていることになる。すなわち、BはEとの関係において時効完成前の第三者であり、Eは登記がなくても自らの所有権取得をBに対抗することができる。この点は、後述する再度の時効取得があった場合の判例ルールと関係している。

　　㈦　主観的態様

　さらに、次の裁判例も重要である。事案とその判断は以下のとおりである[25]。「先ず、Aの本件土地の占有については過失があるとの主張について。AとB間の本件土地建物等の売買契約がされるに至つたいきさつ、契約の内容、Aの代金支払の態容等は原判決……に記載のとおりである。そして、Aが昭和31年6月以降……土地の上に修道院の建物、幼稚園舎（これらが右土地上であることは一部Cの認めるところであり、その他は弁論の全趣旨から明らかである。）の建築に着手し、昭和31年4月には本件土地上の売買の目的物件たる建物の大部分の明渡を受け、本件土地の全部が修道院及び幼稚園の敷地として占有されるに至つたものであることは、原判決……に記載のとおりである。そうすれば、本件売買の目的たる土地建物の所有権は代金全額の支払がなければAへ移転しないのであり、実測面積から計算して右土地代金の総額は11,046,528円、これに建物等代金220万円を加えた本件売買代金は13,246,528円であるところを、Aが、右土地代金を11,061,496円と計算したため、本件売買代金は13,161,496円で、この金額の支払で代金の支払は完了すると考えたことは、計算を誤つたものであることは明らかであるが、その不足分は85,032円にすぎなく……、被控訴人は右のような計算誤いをしたものの、右金額の支払で代金全額を完済したと信じ、本件土地の所有権を取得したと信じても、前記認定の諸事情からして、無理からぬものというべく、被控訴人の本件土地の占有のはじめにおいて民法162条2項にいう『過失』はなかったものというべきである」。

25　東京高判昭54・12・26判時956号60頁を参照。

「次に、控訴代理人の、Cは本件土地建物をAに引渡したことなく、Aの本件土地に対する占有は不法のものであるとの主張について判断する。この点については、原判決認定のとおり、Aが本件売買によつて本件土地等を買い受けた目的等からみて、昭和31年4月6日以降控訴人から本件土地を含む売買の目的土地全体の引渡を受け、自主占有を開始したものであると判断する。なお、控訴代理人は本件売買の目的建物は売買契約当時駐留軍に接収されていたため、CはAに右建物を引渡したことはないと主張するが、本件売買契約締結当時には右建物は既に接収解除され、Cが任意に米国軍人に賃貸していたものであることは……明らかであり、原判決認定の事実からみて、右建物も昭和31年4月6日までにはAに引き渡されたものの、建物の一部に米国軍人が居住ないし動産を保管していたため、その明渡をCの責任でするよう求められていたものと推認される」。

「これを要するに、Aは昭和31年4月6日以降所有の意思をもつて平穏公然に本件土地を占有したものであり、かつ右占有のはじめに右土地の所有権が自己にないことを知らず、その知らないことについては過失がなかつたものというべきである。従つて、Aは以後10年の経過により本件土地の所有権を時効取得したものである。取得時効の完成によつて不動産の所有権を取得した者は、その取得時効の完成より前に原所有者から所有権を取得した者に対し登記なくして所有権を対抗することができ、このことは原所有者から所有権を取得した右の者がたとえその後所有権取得登記を経由することによつて消長を来さないと解するのが相当である……。ところで、Cは昭和32年6月20日……土地の所有権を前所有者Bより譲り受けて取得し、Aは取得時効の完成によつて昭和41年4月6日右土地の所有権を取得したものであることは、前記のとおりであるから、AはCに対し登記なくして右土地の所有権を対抗することができるものというべきである」。

時効取得者が善意無過失であったか、あるいは、有過失であったかによって、時効取得に必要な占有期間が大きく異なるため、実際の事案において

は、時効取得者の過失の有無が決定的な争点になることがわかる。

3　時効取得後の第三者

(1) 判　例

これに対して、Bの取得時効完成後にCが現れた場合（〔図3〕参照）には、BC間は対抗関係に立つとするのが判例である[26]。そのため、民法177条の適用があり、Bは自らの所有権取得をCに対抗するためには登記を経由しなければならない。つまり、この場合の取得時効によるBの所有権取得という物権変動は、民法177条の物権変動の範囲に入ってくるのである[27]。

---

[26]　大連判大14・7・19民録18輯856頁を参照。さらに、次の最判昭33・8・28民集12巻12号1936頁も参照。「取得時効による不動産の所有権の取得についても、登記なくしては、時効完成後当該不動産につき旧所有者から所有権を取得し登記を経た第三者に対して、その善意たると否とを問わず、時効による所有権の取得を対抗し得ないと解するを相当とする」。

[27]　ただし、Cの登記後、Bが時効取得に必要な期間さらに占有し続けた場合には、Bは登記がなくてもCに対して自らの権利取得を主張することができるようになるとするのが、判例である。この点につき、次の最判昭36・7・20民集15巻7号1903頁を参照。「時効による権利の取得の有無を考察するにあたっては、単に当事者間のみならず、第三者に対する関係も同時に考慮しなければならねのであって、この関係においては、結局当該不動産についていかなる時期に何人によって登記がなされたかが問題となるのである。されば、時効が完成しても、その登記がなければ、その後に登記を経由した第三者に対しては時効による権利の取得を対抗しえないのに反し、第三者のなした登記後に時効が完成した場合においては、その第三者に対しては、登記を経由しなくとも時効取得をもってこれに対抗しうることとなると解すべきことは、当裁判所の判例とするところであって……、所論引用の判例も結局その趣旨において前記判例と異ることないものと解すべきである。……そして、原判決の確定した事実関係によれば、本件山林は、もとAの所有するところであったが、Cの被承継人Bは明治38年5月29日より大正4年5月29日まで10年間これを所有の意思をもって平穏、公然、善意、無過失に占有を継続し、ために大正4年5月29日に取得時効が完成したもののその登記を経ることなく経過するうち、同15年8月26日DがAより右山林の寄附をうけてその旨の登記を経由するに至ったところ、Bはさらに右登記の日より昭和11年8月26日まで10年間引き続き所有の意思をもって平穏、公然、善意、無過失に占有を継続したというのである。

3　時効取得後の第三者

〔図3〕　時効取得後の第三者

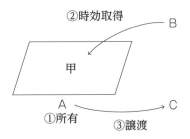

　AからBへの取得時効による物権変動があり、その後、AからCへの法律行為に基づく物権変動があったという点をそれぞれ重視して、一般的に論じられている、原因を同じくする所有権の二重譲渡と同様の理論枠組みによって処理を行おうとしている。

(2)　分　析

　Cが登場するタイミングによって法的構成を異にするという判例理論は、一見すると理解できるようにも思える。特に、時効完成後のBは登記を経由して自らの権利取得を確定的にするべきところ、それを怠っていたのであるから、先に登記を備えたCに劣後してもやむを得ないとの実質論を展開することも可能であろう[28]。

　しかし、この判例理論に従うのであれば、長期の時効期間が適用されるB（民法162条1項）のほうが、短期の期間が適用される場合のB（同条2項）

されば、Bは右時効による所有権の取得をその旨の登記を経由することなくてもDに対抗することができること前示当裁判所の判例に照し明らかであり、従って、Bの包括承継人であるCもまた同一の主張をなしうること論を待たない」。

[28]　なお、物権変動の発生時期についての見解には諸説があるが、少なくとも判例の見解によれば、契約成立時に所有権は移転することになる。したがって、Aから所有権の譲渡を受けたBは、Cが登記するまでの間は所有者である。すると、Bは自己の物について占有していることになり、時効取得の要件を満たしていないのではないかとの疑問が生じる。しかし、判例は、自己の物であっても民法162条の要件を充足すると解している。この点につき、最判昭42・7・21民集21巻6号1643頁を参照。

よりも保護される可能性が高まるということになる。

　取得時効の要件である占有期間について、より長く占有している者のほうが保護されるべきであるとする考え方も、なるほど成り立たないわけではない。というのも、前述したように、時効という制度自体が、一定期間にわたって継続している事実状態を保護するためにある以上、その期間が長ければ長いほど保護の必要性が高まるといえるからである。

　ただし、民法に規定されている長期の時効期間と短期の時効期間の分水嶺は、Ｂが悪意または有過失なのか、それとも、善意無過失なのかという点である。つまり、悪意または有過失のＢは、時効成立のために長期の時効期間を要する反面、その要件さえ満たしてしまえば、登記がなくてもＣに対抗できることになり、善意無過失のＢは、短期の期間で取得時効の要件を満たすことができるが、要件とされている期間が短い分だけ、時効完成後にＣが現れてくる可能性が高まる。その結果、Ｂが登記を経由しなければＣに対抗できなくなる場面が、相対的に増えることになる。

　ということは、判例理論によれば、少なくとも抽象的な考察に限定される限りにおいて、Ｂは悪意または有過失であったほうが、善意無過失であるよりも、保護される可能性が高いということになる。この帰結は、一般的には是認されがたいといえるだろう。もちろん、Ｂが悪意または有過失であったとしても、事実状態の保護という時効の存在理由を強調するのであれば、より長期間にわたる占有の継続は、まさにそれ自体、権原である所有権の存在または取得を根拠づけることにもなる。しかし、いずれにしても、Ｃの登場時期という不確定な事象によってＢの所有権が浮動的な立場に立たされてしまうことに鑑みると、判例理論が基準として機能しないのではないかとの疑問を拭うことができない。

4　再度の時効取得

(1)　判　例

ただ、判例は、占有者が時効取得した後に第三者が現れて対抗問題が発生しても、その後さらに占有者が時効取得に必要な期間占有を継続して所定の要件を満たした場合には、時効取得者は当該第三者との関係では登記なく権利主張できると解している[29]。

すなわち、判例は「時効取得者と取得時効の完成後に抵当権の設定を受けてその設定登記をした者との関係が対抗問題となることは、所論のとおりである。しかし、不動産の取得時効の完成後、所有権移転登記がされることのないまま、第三者が原所有者から抵当権の設定を受けて抵当権設定登記を了した場合において、上記不動産の時効取得者である占有者が、その後引き続き時効取得に必要な期間占有を継続したときは、上記占有者が上記抵当権の存在を容認していたなど抵当権の消滅を妨げる特段の事情がない限り、上記占有者は、上記不動産を時効取得し、その結果、上記抵当権は消滅すると解するのが相当である」としている。

その理由は、以下のとおりである。「取得時効の完成後、所有権移転登記がされないうちに、第三者が原所有者から抵当権の設定を受けて抵当権設定登記を了したならば、占有者がその後にいかに長期間占有を継続しても抵当権の負担のない所有権を取得することができないと解することは、長期間にわたる継続的な占有を占有の態様に応じて保護すべきものとする時効制度の趣旨に鑑みれば、是認し難いというべきである。……そして、不動産の取得時効の完成後所有権移転登記を了する前に、第三者に上記不動産が譲渡され、その旨の登記がされた場合において、占有者が、上記登記後に、なお引き続き時効取得に要する期間占有を継続したときは、占有者は、上記第三者に対し、登記なくして時効取得を対抗し得るものと解されるところ……、不

29　この点につき、最判平24・3・16民集66巻5号2321頁を参照。

動産の取得時効の完成後所有権移転登記を了する前に、第三者が上記不動産につき抵当権の設定を受け、その登記がされた場合には、占有者は、自らが時効取得した不動産につき抵当権による制限を受け、これが実行されると自らの所有権の取得自体を買受人に対抗することができない地位に立たされるのであって、上記登記がされた時から占有者と抵当権者との間に上記のような権利の対立関係が生ずるものと解され、かかる事態は、上記不動産が第三者に譲渡され、その旨の登記がされた場合に比肩するということができる。また、上記判例によれば、取得時効の完成後に所有権を得た第三者は、占有者が引き続き占有を継続した場合に、所有権を失うことがあり、それと比べて、取得時効の完成後に抵当権の設定を受けた第三者が上記の場合に保護されることとなるのは、不均衡である」。

　「これを本件についてみると、前記事実関係によれば、昭和55年3月31日の経過により、Aのために本件旧土地につき取得時効が完成したが、Aは、上記取得時効の完成後にされた本件抵当権の設定登記時において、本件旧土地を所有すると信ずるにつき善意かつ無過失であり、同登記後引き続き時効取得に要する10年間本件旧土地の占有を継続し、その後に取得時効を援用したというのである。そして、本件においては、前記のとおり、Aは、本件抵当権が設定されその旨の抵当権設定登記がされたことを知らないまま、本件旧土地又は本件各土地の占有を継続したというのであり、Aが本件抵当権の存在を容認していたなどの特段の事情はうかがわれない。そうすると、Aは、本件抵当権の設定登記の日を起算点として、本件旧土地を時効取得し、その結果、本件抵当権は消滅したというべきである」。

　(2)　分　析

　これは、第三者が登記を経由した時点を、再度の取得時効の進行開始時として認め、そこから所定の期間占有がなされれば、再度の時効取得を認めるということを前提とする。前述したように、これにより、最初の時効取得完成後に現れた第三者を、再度の時効取得があった場合には時効完成前の第三

者として扱うことができる。したがって、この場合には、再度の時効取得者は、登記がなくても第三者に対抗できるということになる。

5　時効の起算点

(1)　判　例

(ア)　準　則

以上のように、判例は、Bの時効完成の前後いずれの時点でCが登場してきたかどうかを基準に、異なる法律構成を採用している。ということは、Bの時効完成時こそが、この問題を決する最も重要なポイントとなる。

ただし、このことは、同時にもう一つの準則を導き出すことになる。Bの時効完成時をまさにその瞬間として確定するためには、その時効の起算点をもまた、確定しておかなければならないのである。したがって、判例によれば、時効の起算点をずらすことは許されない[30]。

(イ)　当事者間

この点については、次の判例が参考になる[31]。それによれば、「元来時効の制度は、長期間継続した事実状態に法的価値を認め、これを正当なものとして、そのまま法律上の秩序たらしめることを期するものであって、これにより社会生活における法的安定性を保持することを目的とする。従って、時効制度の本来の性質からいえば、いわゆる起算日は常に暦日の上で確定していなければならないわけのものではなく、起算日を何時と定めるにしても、その時から法律の認めた一定期間を通じ同一の事実状態が継続し、いわゆる時効期間が経過した場合には、その事実に即して、遡って当初から権利の取得又は消滅があったものとして取扱うことは、時効の当事者間にあっては、必ずしも不合理であるとはいえないであろう」と、まず一般論を述べる。

判例も、時効の起算点をさかのぼって確定させることが、理論的に不可能

---

[30]　大判昭14・7・19民集18巻856頁を参照。
[31]　最判昭35・7・27民集14巻10号1871頁を参照。

であると解しているわけではない。第三者が事案に絡んでこなければ、時効の起算点を逆算して定めることに、取り立てて問題はないと考えていることがわかる。しかし、このことは、第三者が登場してくると異なってくる。

　　㈰　第三者間

「しかし、時効による権利の取得の有無を考察するにあたっては、単に当事者間のみならず、第三者に対する関係も同時に考慮しなければならぬのであって、この関係においては、結局当該不動産についていかなる時期に何人によって登記がなされたかが問題となるのである。そして時効が完成しても、その登記がなければ、その後に登記を経由した第三者に対しては時効による権利の取得を対抗しえない（177条）のに反し、第三者のなした登記後に時効が完成した場合においてはその第三者に対しては、登記を経由しなくとも時効取得をもってこれに対抗しうることとなると解すべきである。しからば、結局取得時効完成の時期を定めるにあたっては、取得時効の基礎たる事実が法律に定めた時効期間以上に継続した場合においても、必ず時効の基礎たる事実の開始した時を起算点として時効完成の時期を決定すべきものであって、取得時効を援用する者において任意にその起算点を選択し、時効完成の時期を或いは早め或いは遅らせることはできないものと解すべきである」。

このように、第三者が登場してきた場合には、占有者の取得時効の完成と第三者の登場時期のタイミングを考慮して民法177条の適用の可否を決めるべきとする判例の考え方に即して、時効の起算点を逆算することが認められない。

　　㈫　準則の適用例①

さらに、別の判例は、以下のように述べる[32]。まず、事案は以下のとおりである。「原判決の適法に確定した事実関係によれば、Xは昭和27年1月26日Aの代理人Bから本件各土地を買い受け、同年2月6日その引渡を受け、

32　最判昭46・11・5民集25巻8号1087頁を参照。

爾来これを占有してきたが、いまだ登記を経由していなかったものであるところ、CがAの死亡後である昭和33年12月17日その相続人であるDおよびEから本件各土地を買い受け、同月27日その旨の所有権移転登記を経由し、その後、昭和34年6月頃Fに対し買掛代金債務の代物弁済としてその所有権を譲渡し、Yは同月9日Fから本件各土地を買い受け、中間省略により同月10日Cから直接その所有権移転登記を受けたというのである」。

　そのうえで、原判決は、時効の起算点の逆算を認めた。「右事実関係のもとにおいて、Xは本件各土地の所有権を時効取得したと主張し、原審はこれを排斥したが、その理由として判示するところは、『同一不動産についていわゆる二重売買がなされ、右不動産所有権を取得するとともにその引渡しをも受けてこれを永年占有する第一の買主が所有権移転登記を経由しないうちに、第二の買主が所有権移転登記を経由した場合における第一の買主の取得時効の起算点は、自己の占有権取得のときではなく、第二の買主の所有権取得登記のときと解するのが相当である。けだし、右第二の買主は第二の買主が所有権移転登記を経由したときから所有権取得を第一の買主に対抗することができ、第一の買主はそのときから実質的に所有権を喪失するのであるから、第一の買主も第二の買主も、ともに所有権移転登記を経由しない間は、不動産を占有する第一の買主は自己の物を占有するものであって、取得時効の問題を生ずる余地がなく、したがって、不動産を占有する第一の買主が時効取得による所有権を主張する場合の時効の起算点は、第二の買主が所有権移転登記をなした時と解すべきであるからである。』との見解のもとに、XはCが所有権移転登記をした昭和33年12月27日から民法162条1項、2項の定める時効期間を経過したときに本件各土地の所有権を時効取得するものというべきであって、Xの本件各土地に対する占有は、Yが所有権移転登記をした昭和34年6月10日からはもちろんのこと、Cが所有権移転登記をした昭和33年12月27日からでも民法162条1項、2項の定める時効期間を経過していないこと明らかであるから、Xが本件各土地の所有権を時効取得し

たとのXの主張は理由がない、というのである」。

　しかし、最高裁判所は、次のように述べて、時効の起算点を確定することを要求した。「不動産の売買がなされた場合、特段の意思表示がないかぎり、不動産の所有権は当事者間においてはただちに買主に移転するが、その登記がなされない間は、登記の欠缺を主張するにつき正当の利益を有する第三者に対する関係においては、売主は所有権を失うものではなく、反面、買主も所有権を取得するものではない。当該不動産が売主から第二の買主に二重に売却され、第二の買主に対し所有権移転登記がなされたときは、第二の買主は登記の欠缺を主張するにつき正当の利益を有する第三者であることはいうまでもないことであるから、登記の時に第二の買主において完全に所有権を取得するわけであるが、その所有権は、売主から第二の買主に直接移転するのであり、売主から一旦第一の買主に移転し、第一の買主から第二の買主に移転するものではなく、第一の買主は当初から全く所有権を取得しなかったことになるのである。したがって、第一の買主がその買受後不動産の占有を取得し、その時から民法162条に定める時効期間を経過したときは、同法条により当該不動産を時効によって取得しうるものと解するのが相当である」。

　「してみれば、Xの本件各土地に対する取得時効については、Xがこれを買い受けその占有を取得した時から起算すべきものというべきであり、二重売買の問題のまだ起きていなかった当時に取得したXの本件各土地に対する占有は、特段の事情の認められない以上、所有の意思をもって、善意で始められたものと推定すべく、無過失であるかぎり、時効中断の事由がなければ、前記説示に照らし、Xは、その占有を始めた昭和27年2月6日から10年の経過をもって本件各土地の所有権を時効によって取得したものといわなければならない（なお、時効完成当時の本件不動産の所有者であるYは物権変動の当事者であるから、XはYに対しその登記なくして本件不動産の時効取得を対抗することができるこというまでもない。）」。

　このように、買主の占有開始時をもって時効の起算点とすることを固持し

5 時効の起算点

ている。

　(オ)　準則の適用例②

　さらに、次の事案も興味深い[33]。「原審の適法に確定した事実関係は、次のとおりである。Ａは、本件土地……を所有していた。Ｘは、昭和37年2月17日に本件土地の占有を開始し、同57年2月17日以降も本件土地の占有を継続していた。Ａは、昭和58年12月13日、Ｂとの間で、本件土地につき、Ｂを抵当権者とし、債務者をＣとする債権額1100万円の抵当権……を設定してその旨の登記を了した。Ｙは、平成8年10月1日、Ｂから、本件抵当権を、その被担保債権と共に譲り受け、同9年3月26日、本件抵当権の設定登記につき抵当権移転の付記登記がされた。Ｘは、昭和37年2月17日を起算点として20年間本件土地の占有を継続したことにより、時効が完成したとして、Ａに対して所有権の取得時効を援用した。そして、Ｘは、平成11年6月15日、本件土地につき『昭和37年2月17日時効取得』を原因とする所有権移転登記を了した。Ｘは、本件抵当権の設定登記の日である昭和58年12月13日から更に10年間本件土地の占有を継続したことにより、時効が完成したとして、再度、取得時効を援用し、本件抵当権は消滅したと主張して、Ｙに対し、本件抵当権の設定登記の抹消登記手続を求めた」。

　そのうえで、原判決は次のように述べ、時効の起算点を後にずらすことを認めた。「Ｘは、昭和37年2月17日から20年間占有を継続したことにより、本件土地を時効取得したが、その所有権移転登記をしないうちに、Ｂによる本件抵当権の設定登記がされた。このような場合において、Ｘが、本件抵当権の設定登記の日である昭和58年12月13日から更に時効取得に必要な期間、本件土地の占有を継続したときには、Ｘは、その旨の所有権移転登記を有しなくても、時効による所有権の取得をもって本件抵当権の設定登記を有するＢに対抗することができ、時効取得の効果として本件抵当権は消滅するから、その抹消登記手続を請求することができる。Ｘは、本件抵当権の設定

33　最判平15・10・31集民211号313頁を参照。

登記の日には、本件土地の所有権を既に時効取得していたことからすると、その日以降のＸの本件土地の占有は、善意、無過失のものと認められる。したがって、Ｘは、本件抵当権の設定登記の日から10年間占有を継続したことにより、時効が完成し、再度、取得時効を援用して、本件土地を更に時効取得し、これに伴い本件抵当権は消滅したものというべきであるから、Ｘは、Ｙに対し、本件抵当権の設定登記の抹消登記手続を求めることができる」。

　しかし、最高裁判所は、ここでも原判決の判断に反対し、時効の起算点の逆算を認めなかった。「しかしながら、原審の上記判断は是認することができない。その理由は、次のとおりである。前記の事実関係によれば、Ｘは、……時効の援用により、占有開始時の昭和37年２月17日にさかのぼって本件土地を原始取得し、その旨の登記を有している。Ｘは、上記時効の援用により確定的に本件土地の所有権を取得したのであるから、このような場合に、起算点を後の時点にずらせて、再度、取得時効の完成を主張し、これを援用することはできないものというべきである。そうすると、Ｘは、上記時効の完成後に設定された本件抵当権を譲り受けたＹに対し、本件抵当権の設定登記の抹消登記手続を請求することはできない」。

　(2)　分　析

　以上のように、判例は、当事者が時効の起算点を任意に定めることを認めない。特に、現時点の占有から逆算して起算点を定めることを許さない。確かに、時効の起算点をずらすことが認められてしまうと、多くの場合に、時効の起算点とそれに伴う時効完成時点が後にずらされてしまい、その結果、Ｂの時効完成前にＣが登場したとされる事例が頻出することになる（〔図４〕参照）。このことは、Ｂが登記を要することなくＣに自らの権利を主張することができるケースを、飛躍的に増大させることになる。同時に、判例理論に基づく基準が実質的に機能しなくなるということにもなるだろう。

〔図４〕　起算点の逆算

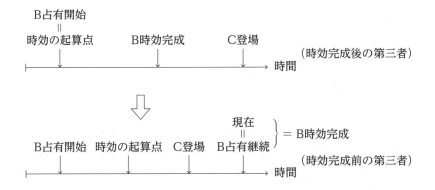

　しかし、BC間で紛争が発生する場合には、Bがその時点でもなお甲の占有を続けていることも十分に考えられる。時効制度の本質からすれば、占有という事実状態の保護が重要な目的であることから、Bが占有し続けている以上、その現時点での占有を基礎に、占有期間を逆算して時効の起算点を定めることも、理論的には可能である。むしろ、そのように解することが、時効の存在理由に照らして無理のない解釈であるともいえよう。

　そもそも、時効の起算点を確定させることは、困難である[34]。初めから時効による権利取得を目的として占有を開始する者は、少ないであろう。そのため、厳密な占有開始時に関する証拠が残っていないことも多い。しかも、長期取得時効の援用をするにあたって、時効の起算点を立証することは要求されていない[35]。そうであれば、時効の起算点を確定させることの本質的な意義は、乏しいといわざるを得ない。

　判例による時効の起算点の確定は、判例自体が採用している、時効の完成と第三者の登場のタイミング次第で異なる基準をあてはめるという考え方を維持するために、要求されているにすぎないのではないか。そうだとすれ

34　山野目章夫『物権法〔第５版〕』（日本評論社・2012）61頁を参照。

ば、これは、判例理論の内部の体裁を保つための理論構成にほかならない。少なくとも、時効の起算点を逆算すること自体を背理であるとする見解には、与することができないと考えられる。

6 立 証

(1) 自主占有

(ア) 民法186条

取得時効の要件として、所有の意思を有することが大前提である。この点につき、判例は、所有の意思は民法186条によって推定されるため、時効取得を主張する者が立証することを要しないとする（〔図5〕参照）。

〔図5〕 自主占有の立証責任

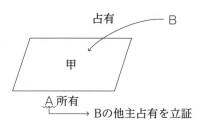

---

35 河上正二『物権法講義』（日本評論社・2012）119頁を参照。ただし、短期取得時効の場合には、善意無過失の起算時を確定させる必要がある以上、その限りで占有開始時の確定が要求されることになる。また、時効の援用にあたって、占有を承継した者は、自らの占有だけではなく、前主の占有を自らの占有と合わせて主張することもできる（民法187条）。これにより、時効の起算点を援用者が自ら選択することができるということになる。占有している時点から逆算して時効の起算点を任意に選べるということとは異なるが、選択的ではあれ、一義的に時効の起算点が決まるわけではないことに留意すべきであろう。このことからも、判例の見解には疑問が残る。この点につき、舟橋諄一＝徳本鎮編『新版　注釈民法(6)物権(1)〔補訂版〕』（有斐閣・2009）631頁〔原島重義＝児玉寛〕を参照。

6 立証

(イ) 判断基準の一例

典型例として、以下の事案がある[36]。「原判決は、①Ｘは、Ａの長男として生れ、昭和20年に結婚したのちはＸ夫婦が主体となつてＡと共に農業に従事してきたが、昭和33年元旦に本件各不動産の所有者であるＡからいわゆる『お綱の譲り渡し』を受け、本件各不動産の占有を取得した、②右『お綱の譲り渡し』は、熊本県郡部で今でも慣習として残つているところがあり、所有権を移転する面と家計の収支に関する権限を譲渡する面とがあつて、その両面にわたつて多義的に用いられている、③Ｘは、右『お綱の譲り渡し』以後農業の経営とともに家計の収支一切を取りしきり、農業協同組合に対する借入金等の名義をＡからＸに変更し、同組合から自己の一存で金融を得ていたほか、当初同組合からの信用を得るためその要望に応じてＡ所有の山林の一部をＸ名義に移転したりし、本件各不動産の所有権の贈与を受けたと信じていた、④Ａは、昭和40年3月1日死亡し、その子であるＸ及びＹらがＡを相続した、以上の事実を認定したうえ、右事実関係のもとでは、Ｘは、『お綱の譲り渡し』により、Ａから家計の収支面の権限にとどまらず、本件各不動産を含む財産の処分権限まで付与されていたと認められるものの、所有権の贈与を受けたものとまでは断じ難いが、前記のように本件各不動産の所有権を取得したと信じたとしても無理からぬところがあるというべきであるとし、Ｘは本件各不動産を所有の意思をもつて占有を始めたものであり、その占有の始め善意無過失であつたから、占有開始時より10年を経過した昭和43年1月1日本件各不動産を時効により取得したものと判断して、右時効取得を登記原因とするＸのＹらに対する本件各不動産の所有権移転登記手続の請求を認容している」。

まず、判例は原則論を述べる。「ところで、民法186条1項の規定は、占有者は所有の意思で占有するものと推定しており、占有者の占有が自主占有にあたらないことを理由に取得時効の成立を争う者は右占有が所有の意思の

36　最判昭58・3・24民集37巻2号131頁を参照。

ない占有にあたることについての立証責任を負うのであるが……、右の所有の意思は、占有者の内心の意思によってではなく、占有取得の原因である権原又は占有に関する事情により外形的客観的に定められるべきものであるから……、占有者がその性質上所有の意思のないものとされる権原に基づき占有を取得した事実が証明されるか、又は占有者が占有中、真の所有者であれば通常はとらない態度を示し、若しくは所有者であれば当然とるべき行動に出なかつたなど、外形的客観的にみて占有者が他人の所有権を排斥して占有する意思を有していなかつたものと解される事情が証明されるときは、占有者の内心の意思のいかんを問わず、その所有の意思を否定し、時効による所有権取得の主張を排斥しなければならないものである」。

　そのうえで、原判決の判断を批判する。「しかるところ、原判決は、XはAからいわゆる『お綱の譲り渡し』により本件各不動産についての管理処分の権限を与えられるとともに右不動産の占有を取得したものであるが、Aが本件各不動産をXに贈与したものとは断定し難いというのであつて、もし右判示が積極的に贈与を否定した趣旨であるとすれば、右にいう管理処分の権限は所有権に基づく権限ではなく、Xは、A所有の本件各不動産につき、実質的にはAを家長とする一家の家計のためであるにせよ、法律的には同人のためにこれを管理処分する権限を付与されたにすぎないと解さざるをえないから、これによつてXがAから取得した本件各不動産の占有は、その原因である権原の性質からは、所有の意思のないものといわざるをえない」。

　「また、原判決の右判示が単に贈与があつたとまで断定することはできないとの消極的判断を示したにとどまり、積極的にこれを否定した趣旨ではないとすれば、占有取得の原因である権原の性質によつてXの所有の意思の有無を判定することはできないが、この場合においても、AとXとが同居中の親子の関係にあることに加えて、占有移転の理由が前記のようなものであることに照らすと、その場合におけるXによる本件各不動産の占有に関し、それが所有の意思に基づくものではないと認めるべき外形的客観的な事情が存

在しないかどうかについて特に慎重な検討を必要とするというべきところ、Xがいわゆる『お綱の譲り渡し』を受けたのち家計の収支を一任され、農業協同組合から自己の一存で金員を借り入れ、その担保とする必要上A所有の山林の一部を自己の名義に変更したことがあるとの原判決挙示の事実は、いずれも必ずしも所有権の移転を伴わない管理処分権の付与の事実と矛盾するものではないから、Xの右占有の性質を判断する上において決定的事情となるものではなく、かえつて、右『お綱の譲り渡し』後においても、本件各不動産の所有権移転登記手続はおろか、農地法上の所有権移転許可申請手続さえも経由されていないことは、Xの自認するところであり、また、記録によれば、Aは右の『お綱の譲り渡し』後も本件各不動産の権利証及び自己の印鑑をみずから所持していてXに交付せず、Xもまた家庭内の不和を恐れてAに対し右の権利証等の所在を尋ねることもなかつたことがうかがわれ、更に審理を尽くせば右の事情が認定される可能性があつたものといわなければならないのである」。

「そして、これらの占有に関する事情が認定されれば、たとえ前記のようなXの管理処分行為があつたとしても、Xは、本件各不動産の所有者であれば当然とるべき態度、行動に出なかつたものであり、外形的客観的にみて本件各不動産に対するAの所有権を排斥してまで占有する意思を有していなかつたものとして、その所有の意思を否定されることとなつて、Xの時効による所有権取得の主張が排斥される可能性が十分に存するのである」。

「しかるに原審は、前記のような事実を認定したのみで、それ以上格別の理由を示すことなく、また、さきに指摘した点等について審理を尽くさないまま、Xによる本件各不動産の占有を所有の意思によるそれであるとし、Xにつき時効によるその所有権の取得を肯定しているのであつて、原判決は、所有の意思に関する法令の解釈適用を誤り、ひいて審理不尽ないし理由不備の違法をおかしたものというべく、右の違法が判決の結論に影響を及ぼすことは明らかである」。

第1章　Ⅲ　裁判例

　この事案は、地方の慣習に伴う管理処分権の譲渡が所有の意思を導くかという点で、興味深い視点を提示している[37]。

　㈦　肯定例

　ほかにも、次の事案がある[38]。「民法186条1項は、占有者は所有の意思をもって占有するものと推定しているから、占有者の占有が自主占有に当たらないことを理由に取得時効の成立を争う者は、右占有が所有の意思のない占有に当たることについての立証責任を負うと解するのが相当である……。ここでいう所有の意思の有無は、占有者の内心の意思によってではなく、占有取得の原因である権原又は占有に関する事情により外形的客観的に定められるべきものであるから、占有者の内心の意思のいかんを問わず、占有者がその性質上所有の意思のないものとされる権原に基づき占有を取得した事実が証明されるか、又は、占有者が占有中、真の所有者であれば通常はとらない態度を示し、若しくは所有者であれば当然とるべき行動に出なかったなど、外形的客観的にみて占有者が他人の所有権を排斥して占有する意思を有していなかったものと解される事情が証明されて初めて、その所有の意思を否定することができるものというべきである」。

　「そこで、本件においては、右の事実ないし事情が証明されたか否かを検討すべきことになるが、……Ｘは、本件土地は本件建物の敷地で本件買受地の一部であると信じ、昭和49年10月22日、本件売買契約に基づき本件買受地及び本件建物の引渡しを受けたものであるから、所有の意思がないものと

---

[37]　また、「本件土地をＡの先代Ｂから小作していたＣがいわゆる農地解放後に最初に地代を支払うべき時期であった昭和23年11月末にその支払をせず、これ以降、右ＡらはＣが本件土地につき地代等を一切支払わずに自由に耕作し占有することを容認していたことなど、その確定した事実関係の下においては、Ｃが遅くとも昭和24年1月1日には右Ａらに対して本件土地につき所有の意思のあることを表示したものとした原審の判断は、正当として是認することができる」とした裁判例がある。最判平6・9・13集民173号53頁を参照。

[38]　東京高判平12・3・22判タ1091号263頁を参照。

される権原に基づき占有を取得したとの事実を認めることができないことは明らかである」。このように、所有の意思の存在を一応前提として議論を進める。

「次に、Xは、本件土地の占有を開始してから時効期間が経過するまでの間、真の所有者であれば通常とらない態度を示し、若しくは所有者であれば当然とるべき行動に出なかったなど、外形的客観的にみて他人の所有権を排斥して占有する意思を有していなかったものと解される事情が認められるか否かが問題となるが、以下に述べるとおり、そのような事情を認めることは困難であるから、Xが所有の意思を有していなかったと解することはできない。Y_1ら〔Aの相続人〕は、Aは、生前、Xに対し、本件建物が本件隣接地にはみ出して建っていることを指摘し、Xからそのことについての確認を得ていたと主張し、Y_1は、AからXとの間において本件建物が本件隣接地に入り込んでいるという事実を確認したことがあると聞いていたと供述している。しかし、右はY_1の伝聞による供述でしかなく、XがAとの間において右の事実を確認したことを否定していることに照らすと、Y_1らの主張事実を認めるに足る証拠はないというべきである。Y_1らは、Y_1がY_2に対し、本件建物が本件隣接地にはみ出して建っていることを指摘した際、Y_2は、本件土地がAの所有地であることを認めた上で、Y_1に対し、本件土地を売るか貸すかして欲しいと述べていたと主張し、Y_1も、この主張に沿う供述をしている。しかし、Xは、Y_1に対し、本件土地がAの所有地であることを認めたことはないと供述しており、Y_1も、昭和54年6月ころ、Xに本件建物が本件隣接地に入り込んでいると言ったところ、Xは知らないと答えたと供述している。そうすると、仮に、Y_2が本件土地の所有者はAであることを前提に本件土地を売るか貸すかして欲しいと述べていたとしても、本件土地の占有者であるXが、本件土地の所有者はAであることを認めていなかった以上、占有者であるXにおいて、真の所有者であれば通常はとらない態度を示し、若しくは所有者であれば当然とるべき行動に出なかったというこ

とはできない」。これらの判断に基づいて、所有の意思の推定を覆す根拠がないとした。

「したがって、……Xが本件土地につき所有の意思を有していなかったことを推認することはできない。Y_1らは、XがAにお歳暮を贈っていた事実は、本件土地に対するAの所有権を認識したXの承認に当たると主張する。しかし、……XないしY_2がA宛にお歳暮等として贈っていた物は、油一缶、ビール一ケース、醤油一缶など、隣人間の社交上の儀礼程度のものであり、これをもって直ちに、Xが本件土地はAの所有地であると認め、それを無償で使用させてもらっていることの謝礼として贈っていたと解することは無理があるといわざるを得ない。特に、右の贈答の際、X側からAに対し、どのような趣旨で贈ったかにつき具体的な説明があったわけではないし、……本件土地を無償で使用していることの謝礼の趣旨で右の贈答がされたと推認するのは困難である。したがって、右の贈答は本件土地に対するAの所有権を前提としたXの承認に当たるというY_1らの主張を採用することはできない」。このように、所有の意思の推定を覆す反証は厳しいことがわかる。

　　(エ)　否定例

これに対して、所有の意思の推定を覆すのに成功した事案がある。次の高等裁判所判決である[39]。

「民法162条1項の所有の意思は、占有者の内心の意思によってではなく、占有取得の原因である権原又は占有に関する事情により外形的客観的に定められるべきものであるから、①占有者がその性質上、所有の意思のないものとされる権原に基づき占有を取得した事実が証明されるか、②又は占有者が占有中に、真の所有者であれば通常はとらない態度を示し、若しくは所有者であれば当然とるべき行動に出なかったなど、外形的客観的にみて占有者が他人の所有権を排斥して占有する意思を有していなかったものと解される事情が証明されるときは、占有者の内心のいかんを問わず、その所有の意思を

39　大阪高判平15・5・22判タ1151号303頁を参照。

否定し、時効による所有権取得の主張を排斥しなければならない」。このように、まず、判例の一般的な判断基準を採用することを確認している。

「認定事実に照らして検討するに、Ｘらないしその先代が、売買により家屋を取得するなどして、本件各係争土地の占有を開始したことは認められるが、本件各係争土地を売買等により取得したことは認められない。そして、本件各係争土地はもともと国有地であったところ、Ｙ〔国〕がＸらやその先代を含む私人に対し本件各係争土地を売却するなどしてその所有権を譲渡したことは全く存在しないのであるから、Ｘらないしその先代が売買契約等により本件各係争土地を取得した事実はないし、Ｙから売買等により所有権を取得した者からＸらないしその先代が所有権を承継した事実もあり得ないのである」。

「結局、Ｘら及びその先代は、いずれも、本件各係争土地の所有権を取得すべき法律行為が全くないまま、その地上家屋のみを購入するなどして、本件各係争土地を占有するに至っているものであるから、本件各係争土地については不法占拠者であるといわざるを得ない（さらに、Ｘらは、敷地の所有者であるＹとの間で賃貸借契約等の占有を正当化させるべき契約を締結しないままに取得時効期間が経過していることとなる。）」。

「そうすると、Ｘらないしその先代は、本件各係争土地を不法占有するものであり、その性質上、所有の意思のないものとされる権原に基づき占有を取得したというべきであって、他主占有であると認めるのが相当である。Ｘらは、原判決はＸらに売買など所有の意思とされる自主占有が認められない限り他主占有権限に基づく占有とみなされると判断したものであり、最高裁判所の判決における主張立証責任を転換するものであって、不当であると主張している」。

「しかしながら、占有者は所有の意思をもって占有するものと推定されるものの、土地の占有者が建物のみを買い受け、土地については何の権原も取得していないことが立証された場合、すなわち不法占拠であることが立証さ

れた場合には、占有者がその性質上所有の意思のないものとされる権原に基づき占有を取得した事実が立証されたものと解すべきである」。

「そして、本件において、Ｙがその占有の推定を覆す事由として他主占有を主張し、その立証として、Ｘらあるいはその先代が本件各係争土地上の建物を購入するなどしたものの、本件各係争土地自体については所有者であるＹからの売買契約などによって所有権を取得・承継した事実あるいは貸借権等の設定あるいは承継を受けた事実が全くないことを立証したのであるから、所有の意思の推定は覆されたものというべきである」。

「さらに、念のため他主占有事情の有無について検討する。前記認定事実によれば、Ｘらは、本件各係争土地における占有開始後、建物については表示登記などをしているのに、土地については何の登記もしていないし、建物の表示登記をする際に、所在地を官有地と記載して登記の申請をしたものである。また、Ｘらは、建物の表示登記をする前には、本件各係争土地についての払下げを求めていたものである……。そうとすると、Ｘらは、真の所有者であれば通常とるべき行動に出なかったというべきであり、また、真の所有者であれば通常はとらない態度を示したというべきである。したがって、この点においても、自主占有の推定は覆されるというべきである」。

所有者が、占有者が他主占有であることの立証に成功し、時効取得を主張する占有者の自主占有の推定を覆すことのできた、比較的珍しい裁判例であると評することができる。

(2) **無過失**

(ア) 具体例①

無過失は民法186条に規定されていない。このため、占有者の無過失は当然には推定されない。やや特殊な案件ではあるが、まず、以下の事案を紹介しよう[40]。

「原判決がその認定した事実関係の下においてＸが本件不動産を自己の所

---

[40] 最判昭35・9・2民集14巻11号2094頁を参照。

有に帰したものと信じ、かつこれを信ずるにつき過失なかりしものと判断したのは相当であつて所論は採用し難い。……原判決は『民法第160条は時効期間経過前6ケ月前に相続財産管理人の選任された場合の規定であつて、右説示のごとくXの取得時効完成後管理人が選任された場合にはその適用のないものというべきであるから、右時効完成の時期は、前記管理人の選任により異同を生じない』旨判示していることは所論のとおりである」。

「しかし相続財産に関しては相続人が確定し又は管理人の選任せられた時より6ケ月以内は時効の完成しないことは右民法第160条の明定するところであつて、従つて相続人確定又は管理人選任なき限り相続財産に属する権利及び相続財産に対する権利については時効完成はあり得ないのである。それ故相続人確定又は管理人選任前たとえ相続財産たる不動産を10年間所有の意思をもって平穏且公然、善意無過失に占有したとしてもこれによつて取得時効が完成することはないのであるから、この点に関する原判決の解釈は誤りであるといわねばならない」。

「けれども原判決は本件相続財産につき昭和31年12月4日相続財産管理人が選任されたことを認定しており、その後6ケ月内に時効中断の事由のあつたことはYの何ら主張立証していないのであるからその後6ケ月を経過した昭和32年6月4日取得時効完成したものと認むべきである。然らば原判決のこの点に関する違法は結局判決に影響を及ぼさないものであるから所論は採用に値しない」。

　　(イ)　具体例②

ただし、動産の善意取得の場合には、民法188条によって、占有者の無過失が推定される。判例を確認しておこう[41]。

これによれば、民法192条にいう「『過失なきとき』」とは、物の譲渡人である占有者が権利者たる外観を有しているため、その譲受人が譲渡人にこの外観に対応する権利があるものと誤信し、かつこのように信ずるについて過

41　最判昭41・6・9民集20巻5号1011頁を参照。

失のないことを意味するものであるが、およそ占有者が占有物の上に行使する権利はこれを適法に有するものと推定される以上（民法188条）譲受人たる占有取得者が右のように信ずるについては過失のないものと推定され、占有取得者自身において過失のないことを立証することを要しないものと解すべきである」。

したがって、占有者は、その無過失が民法186条によって直接推定されるのではなく、前主の権原が適法であることが民法188条によって推定されるために譲受人である占有者も無過失が推定されるという、二段構えの構造になっていることに注意を要する（〔図6〕参照）。このため、占有者の無過失が結局のところ民法188条によって推定されるためには、前主と占有者の間に何らかの取引関係があることが前提となる。ただし、以上の論理は、時効取得の場合には適用されない。

〔図6〕 民法188条による無過失の推定

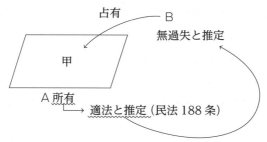

(3) 前主占有の承継

(ア) 具体例①

それでは、前主からの占有の承継はどうか。判例は次のように述べる[42]。「Xは、Aが昭和21年頃本件建物を買受けて占有を開始し、次にBがAからこれを買受けてその占有を承継し、さらに……Xが順次買受けて占有を承継し、右A以下の前主の占有を併せると、Aが占有を開始したときから20年

---

42 最判昭49・11・22集民113号225頁を参照。

を経過したとき（おそくとも昭和41年1月1日）には、……Xのため取得時効が完成した旨主張しているのであって、右主張は、仮に……占有承継人として別の訴外人が介在することが証拠上認められるとするならば、その訴外人の占有をも前記取得時効の期間として主張する趣旨を含むものと解するのを相当とする」。

　　(イ)　具体例②

　さらに、別の判例によれば[43]、「10年の取得時効の要件としての占有者の善意・無過失の存否については占有開始の時点においてこれを判定すべきものとする民法161条1項の規定は、時効期間を通じて占有主体に変更がなく同一人により継続された占有が主張される場合について適用されるだけではなく、占有主体に変更があって承継された1個以上の占有が併せて主張される場合についてもまた適用されるものであり、後の場合にはその主張にかかる最初の占有者につきその占有開始の時点においてこれを判定すれば足りるものと解するのが相当である」。

　「しかるに、原審は、……土地に関し、Xから提出された、訴外Aの占有から訴外Bの占有を経て訴外Cに至る占有期間中に10年の時効が完成した旨の抗弁を判断するにつき、占有主体に変更があって悪意又は有過失の者が善意・無過失の者の占有を特定承継した場合には、前主の占有に瑕疵のないことについてまで承継してその者が瑕疵のない占有者となるものではなく、かつ、瑕疵のある中間者から更に占有を特定承継した者について取得時効の完成をいう場合には、前々主及び自己の占有に瑕疵がないときであっても、瑕疵のある中間者の占有期間を併せて主張する以上は全体として瑕疵のある占有となる旨の判断を示したうえ、本件の場合、右にいう中間者である訴外Bの占有に過失があったことを理由として取得時効の完成を否定し、Xの右抗弁を排斥したものであって、前記説示に照らせば、原審の右判断には民法161条1項、187条1項の解釈を誤った違法があるというべきである」とす

43　最判昭53・3・6民集32巻2号135頁を参照。

第1章 Ⅲ 裁判例

る。
　このように、前主からの占有承継の事実は、比較的認められやすいことがわかる。

7　相続による承継

(1)　相　続
(ア)　判　例

　占有の承継は相続によっても認められるか。判例はこれを一応認めてはいる[44]。

　「Aは、かねて兄であるXから、その所有の本件土地建物の管理を委託されたため、本件建物の南半分に居住し、本件土地および本件建物の北半分の賃料を受領していたところ、Aは昭和24年6月15日死亡し、Y_1らが相続人となり、その後も、Aの妻Y_1において本件建物の南半分に居住するとともに、本件土地および本件建物の北半分の賃料を受領してこれを取得しており、Xもこの事実を了知していたというのである。しかも、Y_2およびY_3が、A死亡当時それぞれ6才および4才の幼女にすぎず、Y_1はその母であり親権者であって、Y_2およびY_3もY_1とともに本件建物の南半分に居住していたことは当事者間に争いがない」。

　「以上の事実関係のもとにおいては、Y_1らは、Aの死亡により、本件土地建物に対するAの占有を相続により承継したばかりでなく、新たに本件土地建物を事実上支配することによりこれに対する占有を開始したものというべく、したがつて、かりにY_1らに所有の意思があるとみられる場合においては、Y_1らは、Aの死亡後民法185条にいう『新権原ニ因リ』本件土地建物の自主占有をするに至ったものと解するのを相当とする。これと見解を異にする原審の判断は違法というべきである」。

　「しかしながら、他方、原審の確定した事実によれば、Y_1が前記の賃料

44　最判昭46・11・30民集25巻8号1437頁を参照。

を取得したのは、XからAが本件土地建物の管理を委託された関係もあり、Aの遺族として生活の援助を受けるという趣旨で特に許されたためであり、Y_1は昭和32年以降同37年までXに本件家屋の南半分の家賃を支払っており、Y_1らがAの死亡後本件土地建物を占有するにつき所有の意思を有していたとはいえないというのであるから、Y_1らは自己の占有のみを主張しても、本件土地建物を、時効により取得することができないものといわざるをえない」とした。

　このように、相続による占有承継の可能性自体は認められた。相続が開始しただけではなく、目的不動産の事実上の支配をすることも必要である点に、注意を要する。

　　㈲　他主占有から自主占有への転換
　さらに、高等裁判所判決は、次のようにいう[45]。「Xが昭和26年12月10日Aを相続したことは前記のとおりである。ところで、相続人が、被相続人の死亡により、相続財産の占有を承継したばかりでなく、新たに相続財産を事実上支配することによって占有を開始し、その占有に所有の意思があるとみられる場合においては、被相続人の占有が所有の意思のないものであったときでも、相続人は民法185条にいう新権原により所有の意思をもって占有を始めたものというべきであるというのが判例の見解である……。自主占有たるための所有の意思は、占有者の内心の意思によってきまるのではなく、その占有を取得する原因である事実、すなわち、権原の客観的性質によってきめるべきである。被相続人の占有の権原の性質上客観的にみて所有の意思が認められない以上、その相続人の占有についても一般に所有の意思がないものといわなければならず、このような占有を自主占有に転換させるためには、民法185条の要件を具備することが必要である。右判例はこのことを判示したものと解すべきである」。

　「そこで、Xがこのような要件を具備するに至ったかについて検討する。

[45]　東京高判昭50・2・19判時787号69頁を参照。

第1章 Ⅲ 裁判例

Aの本件土地の占有がY₁ら〔Aの相続人〕から管理を委任されたことに基づいたものである事実を認定したところに掲げた証拠を総合すれば、Xは、前記相続により本件土地を占有しはじめたのちも、本件土地の所有者であるY₁らが東京におることを知っており、本件土地の公租公課をY₁の納税代理人として納付し、本件土地の登記簿上の所有名義人がY₁であることを知っていたものであり、その占有中Y₁、Y₂ないしはY₁らに対しみずから所有の意思あることを表示したことのないことが認められる。……そして、Xが右相続の際新権原によって本件土地の占有をはじめたことについてはなんらの主張も立証もない。そうすれば、Xの本件土地の占有が自主占有に転換したものとはいえないのであるから、Xが昭和26年12月10日以後自主占有をしたことを前提とするXの請求も、その余の点について判断するまでもなく、理由がないものといわなければならない」。

このように、他主占有から自主占有への転換が、相続によって直接に認められるわけではないことに注意すべきである。

　㈻ 事実上の支配

さらに、次の興味深い裁判例がある[46]。事案は以下のとおりである。「Xは、昭和7年2月7日農業を営むA夫婦の三男して出生し……、事実上の長男として養育されて成長したこと、Xは、昭和24年2月当時17歳で病床にあったAのほか祖父のBらと本件土地上……の居宅に居住して生活していたこと、Aは、右のように本件土地を自己所有の居宅の敷地として占有使用していたところ、同年2月25日死亡したこと、Xは、農家の事実上の長男であったことから、Aの遺産を全て相続により取得することとなった（そのころ、その旨の遺産分割の協議が成立したものと推認される。）こと、そのため、同日本件土地についてもAの占有を引き継いで占有を始めたこと、そして、Xは、右占有を始めてから10年を経過した昭和34年2月25日当時及び20年を経過した昭和44年2月25日当時も本件土地を自己所有の居宅の敷地とし

---

[46] 新潟地新発田支判昭61・9・17訟月33巻8号2031頁を参照。

て占有使用していたことが認められ……る。Yは、Xの本件土地の右占有は所有の意思のない占有であると主張する……ので判断する」。

そのうえで、次のように一般論が述べられる。「民法186条1項の規定は、占有者は所有の意思で占有するものと推定しており、占有者の占有が自主占有に当たらないことを理由に取得時効の成立を争う者は右占有が所有の意思のない占有に当たることについての立証責任を負うのであるが、右の所有の意思は、占有者の内心の意思によってではなく、占有取得の原因である権原又は占有に関する事情により外形的客観的に定められるべきものであるから、占有者がその性質上所有の意思のないものとされる権原に基づき占有を取得した事実が証明されるか、又は占有者が占有中、真の所有者であれば通常はとらない態度を示し、若しくは所有者であれば当然とるべき行動に出なかったなど、外形的客観的にみて占有者が他人の所有権を排斥して占有する意思を有していなかったものと解される事情が証明されるときは、占有者の内心のいかんを問わず、その所有の意思を否定し、時効による所有権取得の主張を排斥しなければならないものである」。

「そして、被相続人の占有が所有の意思のないものであったことが証明された場合においても、相続人が被相続人の死亡により、不動産の占有を承継したばかりでなく、新たに右不動産を事実上支配することによってその占有を開始し、その占有に所有の意思があるとみられる場合においては、相続人は民法185条にいう『新権原』により所有の意思をもって占有を始めたものというべきところ……、相続人が新たに不動産を事実上支配することによって開始した占有に所有の意思があることについては、民法186条1項の規定による所有の意思の推定は働かず、相続人においてこれを立証することを要するものと解するのが相当である」。

そして、本事案の判断がなされる。「これを本件についてみるに、Aは……本件土地を賃借し、賃借権に基づいてこれを占有していたものと認められるところ、その占有は右権原の性質からして所有の意思に基づくものとは

いえない。……そして、XがAの死亡によりその相続人として本件土地の占有を承継し、新たに本件土地を事実上支配することによってその占有を開始したことは……認定したとおりである」。

「そこで、Xが新たに本件土地を事実上支配することによって開始した占有に所有の意思があったかどうかについて判断する。この判断に当たっても、前説示のように外形的客観的事情からみて、Xが他人の所有権を排斥してまで占有する意思を有していたと解されるかどうかという観点からこれを検討すべきところ、……Xは、A死亡後は農家の後継者として本件土地上の居宅に居住して農業に従事し、その間昭和29年5月4日には……婚姻して父祖と同じく本件土地……を本籍と定めたことの事実が認められる」。

「しかしながら、右認定の各事実をもってしては、Xの前記認定の本件土地に対する占有開始から10年間及び20年間にわたる占有の状況が外形的客観的にみて、他人の所有権を排斥してまでこれを占有する意思を伴うものであったと認めるに足りず、他にXが他人の所有権を排斥してまで占有する意思を有していたと解すべき事情を認めるに足りる証拠はない。かえって、Xは、……自宅の敷地という重要な財産である本件土地については、……所有権移転登記にも全く関心を示すことなく、これをしないまま現在に至っていること、……本件土地の固定資産税を納税したこともなく、納税義務者を確認したこともないこと……など、本件土地の所有者であれば当然とるべき行動に出なかった事実が認められるのであって、これらの認定事実によると、Xは、外形的客観的にみて、本件土地を占有するについて他人の所有権を排斥してまで占有する意思を有していなかったものといわざるを得ない」。

「そうすると、XがAの死亡により、法律上は自主占有とはいえない本件土地の占有を承継したばかりでなく、新たに本件土地を事実上支配することによってその占有を開始したことは認められるものの、右占有が所有の意思に基づくものとは認められない」。

以上のように、この裁判例によれば、目的不動産の事実上の支配から所有

の意思を直接導き出すことができない旨、明らかにされている。

(2) **新権原**

(ア) 前 提

相続による占有承継も認められるとして、被相続人の占有が他主占有であった場合に、相続を契機として相続人の占有が自主占有に転換することがあるか。判例は限定的にのみこれを認める（[図7] 参照）。

〔図7〕 相続による他主占有から自主占有への転換

問題となった事案は、以下のとおりである[47]。「本件土地……は、昭和14年4月27日Xが家督相続によりその所有権を取得したものであるが、かねてより訴外Aが小作人としてこれを耕作し、その小作料は、Aから本件土地の管理人のように振舞っていた訴外Bに支払われていたところ、昭和31年7月13日ごろ、Xの代理人と称するBとAとの間で、XがAに本件土地を代金60万円で売り渡す旨の合意が成立し、Aは、右譲受につき農地法3条所定の許可を受けたうえで、昭和32年3月9日その所有権移転登記を経由し、そのころ代金全額を支払った。かくしてAが本件土地の所有権を取得したものと信じてその占有を始めたが、本件土地の一部についてはその後Aによってされた売買、交換に基づいてこれを取得した者がAの占有を承継している。なお、BにはXを代理するなんらかの権限を有していたと認めるに足

---

47 最判昭51・12・2民集30巻11号1021頁を参照。

そのうえで、最高裁判所の判断が述べられる。「以上は、原審が適法に確定したところであって、本件土地の譲渡につきされた農地法所定の許可及び所有権移転登記の各申請手続になんらかの瑕疵があったことは確定されていないところ、土地所有者であるXには、すくなくとも、Bに公然と本件土地の管理人のような行動をする余地を与えた（事柄の性質上長期にわたるものであったと推測することができ、原審認定の趣旨もここにあるものと考えられる。）等の点において権利者として本件土地につき適切な管理を怠っていたものといわれてもやむをえないところがあり、これらの点からすると、右所有権移転登記を経由したAがBを通じて適法に本件土地を譲り受けることができるものと信じ、その代金を支払ったことは無理ではないといえる」。

「従って、以上の事実関係のもとにおいては、BにXを代理する権限がなかったことを考慮に入れても、本件土地の小作人としてこれを他主占有していたAは、遅くとも右の登記がされた昭和32年3月9日には民法185条にいう新権原により所有の意思をもって本件土地の占有を始めたものであり、かつ、その占有の始めに土地所有権を取得したものと信じたことには過失がなかったものというべきである」という。

前述した裁判例とも比較すると、新権原の認定が厳しく行われていることが、よくわかる。

　　㈦　相続と新権原

また、比較的新しい判例として、次の事案がある[48]。それによれば、「本件土地建物……は、いずれも、昭和29年当時、Cの所有であり、……第三者に賃貸されていた。Cの五男であったDは、……同年5月ころからCの所有不動産のうち……本件土地建物につき占有管理を開始し、……貸借人との間で、賃料の支払、賃貸家屋の修繕等についての交渉の相手方となり、賃料を取り立ててこれを生活費として費消していた。Dが昭和31年7月14日に

48　最判平8・11・12民集50巻10号2591頁を参照。

死亡したことから、その相続人である妻のA（相続分3分の1）及び長男のB（相続分3分の1。昭和30年7月13日生）が本件土地建物の占有を承継したところ、Aは、Dの死亡後、本件土地建物の管理を専行し、……賃借人との間で、賃料額の改定、賃貸借契約の更新、賃貸家屋の修繕等を専決して、保守管理を行い、賃料を取り立ててこれを生活費の一部として費消している。Aは、本件土地建物の登記済証を所持し、昭和33年以降現在に至るまで継続して本件土地建物の固定資産税を納付している。Cは、昭和36年2月27日に死亡し……た」。

そのうえで、まず、一般論が述べられる。

「被相続人の占有していた不動産につき、相続人が、被相続人の死亡により同人の占有を相続により承継しただけでなく、新たに当該不動産を事実上支配することによって占有を開始した場合において、その占有が所有の意思に基づくものであるときは、被相続人の占有が所有の意思のないものであったとしても、相続人は、独自の占有に基づく取得時効の成立を主張することができるものというべきである」。

「ところで、右のように相続人が独自の占有に基づく取得時効の成立を主張する場合を除き、一般的には、占有者は所有の意思で占有するものと推定されるから（民法186条1項）、占有者の占有が自主占有に当たらないことを理由に取得時効の成立を争う者は、右占有が他主占有に当たることについての立証責任を負うべきところ……、その立証が尽くされたか否かの判定に際しては、①占有者がその性質上所有の意思のないものとされる権原に基づき占有を取得した事実が証明されるか、又は②占有者が占有中、真の所有者であれば通常はとらない態度を示し、若しくは所有者であれば当然とるべき行動に出なかったなど、外形的客観的にみて占有者が他人の所有権を排斥して占有する意思を有していなかったものと解される事情（ちなみに、不動産占有者において、登記簿上の所有名義人に対して所有権移転登記手続を求めず、又は右所有名義人に固定資産税が賦課されていることを知りながら自己が負担する

ことを申し出ないといった事実が存在するとしても、これをもって直ちに右事情があるものと断ずることはできない。）が証明されて初めて、その所有の意思を否定することができるものというべきである」。

「これに対し、他主占有者の相続人が独自の占有に基づく取得時効の成立を主張する場合において、右占有が所有の意思に基づくものであるといい得るためには、取得時効の成立を争う相手方ではなく、占有者である当該相続人において、その事実的支配が外形的客観的にみて独自の所有の意思に基づくものと解される事情を自ら証明すべきものと解するのが相当である。けだし、右の場合には、相続人が新たな事実的支配を開始したことによって、従来の占有の性質が変更されたものであるから、右変更の事実は取得時効の成立を主張する者において立証を要するものと解すべきであり、また、この場合には、相続人の所有の意思の有無を相続という占有取得原因事実によって決することはできないからである」。

そして、本事案の判断が示される。「これを本件についてみるに、前記事実関係によれば、Aは、Dの死亡後、本件土地建物について、Dが生前にCから贈与を受け、これをAらが相続したものと信じて、幼児であったBを養育する傍ら、その登記済証を所持し、固定資産税を継続して納付しつつ、管理使用を専行し、……賃借人から賃料を取り立ててこれを専らAらの生活費に費消してきたものであり、加えて、本件土地建物については、従来からCの所有不動産の……一団のものとして占有管理されていたことに照らすと、Aらは、Dの死亡により、本件土地建物の占有を相続により承継しただけでなく、新たに本件土地建物全部を事実上支配することによりこれに対する占有を開始したものということができる」。

「そして、他方、Aらが前記のような態様で本件土地建物の事実的支配をしていることについては、C及びその法定相続人である妻子らの認識するところであったところ、同人らがAらに対して異議を述べたことがうかがわれない……。右の各事情に照らせば、Aらの本件土地建物についての事実的支

配は、外形的客観的にみて独自の所有の意思に基づくものと解するのが相当である」。

「原判決の挙げる①Ｃの遺産についての相続税の修正申告書の記載内容についてＡが格別の対応をしなかったこと、②Ａらが昭和47年になって初めて本件土地建物につき自己名義への所有権移転登記手続を求めたことは、ＡらとＣ及びその妻子らとの間の人的関係等からすれば所有者として異常な態度であるとはいえず、前記の各事情が存在することに照らせば、Ａの占有を所有の意思に基づくものと認める上で妨げとなるものとはいえない。Ａらの本件土地建物の占有は所有の意思に基づくものと解するのが相当であるから、相続人であるＡらは独自の占有に基づく取得時効の成立を主張することができるというべきである」。

「そうすると、……時効中断事由についての主張立証のない本件においては、Ａらが本件土地建物の占有を開始した昭和32年7月24日から10年の経過により、取得時効が完成したものと認めるのが相当である」。

この判例は、結論として占有者の時効取得を認めた。ただし、占有者である相続人自身が、自らの事実的支配が所有の意思に基づくと解される事情を証明すべきものと解した。この判例の重要な点は、むしろ、この立証責任の所在にあると読むべきであろう。

第 1 章 Ⅳ 学　説

Ⅳ　学　説

1　登記尊重説

　以上のように、判例の見解について事案を詳細に紹介しつつ検討してきたが、すでに指摘したとおり、これに対しては理論的な疑問や実質的な観点からの問題が多々見受けられる。そこで、続いて、学説からの判例理論に対する具体的な批判の展開について紹介しつつ、それぞれの見解について分析を加えることにする。

　まず、登記の具備を基準として理論構成すべきであるとする見解である（〔図8〕参照）。この見解によれば、Bの時効完成後にCが現れた場合は当然のこととしたうえで、Bの時効完成前にCが現れた場合にも、Cが先に登記を備えたのであれば、BはCの登記時点から再度時効取得に必要な期間占有し続けなければ時効により権利を取得することはできないとされる[49]。すなわち、Cの登場時期にかかわらず、登記を基準とした理論構成がなされてい

〔図8〕　登記尊重説

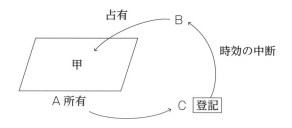

49　たとえば、我妻・前掲（注5）116頁以下を参照。

る[50]。

　確かに、登記を基準とすれば、公示の重要性からしても、権利の帰属状態について明確な指針が存在することになり、取引の安全にも資することになる。たとえば、典型的な二重譲渡のケースにおいて、判例理論によれば、登記を備えていなかった者が取得時効によって救済されてしまうことに鑑みると、実質的な面からしても、Bに登記を要求することは説得力を有している。本来、民法177条の適用によって解決されているはずの事案が、取得時効の適用によって、全く異なる要件のもとで再検討されることになるのは、法的安定性を欠くといえる。

　しかし、以上のような典型的な二重譲渡のケースを除くと、Bにいつも登記可能性が認められるとは限らない。すなわち、Bが、時効取得の対象となっている目的物について、自覚的に占有しているとは限らないことも多いのである。B自身が知らないうちに隣地を越境して占有し続け、しかも、その越境部分についても自らの土地であると信じて疑っていなかった場合、Bが新たに越境部分について登記をしようと思うはずはない。これは、Bに不可能を強いることでもある。このような場合にも、登記を基準とした解釈論を維持することは可能なのであろうか。

　さらに、登記尊重説の骨子は、登記に時効中断効を認めることにある。しかし、民法は時効の中断事由を限定列挙している（民法147条）。そこには、登記はあげられていない。しかも、取得時効という制度は、占有を基礎にした原始取得制度であって、登記は要件とされていない（同法162条）[51]。

50　この見解が、時効完成前の第三者についての判例理論を批判していることは事実である。ただし、Cがさらに時効取得に必要な期間占有し続けた場合には登記を要しないとする判例理論との間には、親和性が認められる。

51　ドイツ法においては、目的物である土地の所有者として登記されている者が、30年以上にわたって登記されており、かつ、その土地を自主占有している場合には、その者が所有者ではなくても、時効により所有権を取得すると定められている（BGB（ドイツ民法典）900条）。しかし、わが国の民法典には、このような規定は存在しない。

また、登記尊重説によれば、Cの登記具備の有無およびその時点について Bが知らなくても、Bの時効の進行が中断されることになる。しかし、民法 147条に限定列挙された時効中断事由は、いずれも、時効が中断されること になる者に対して何らかの認識を求めるものである。この点からしても、登 記を時効中断事由と解することは妥当ではないであろう52。

2　占有尊重説

登記尊重説は、時効に基づく物権変動も民法177条の物権変動として扱い、 対抗問題として問題を処理したうえで、登記を基準として優劣を決定すべき であるとする考え方に根ざしている。

これに対して、時効による権利取得に際しては登記を基準とするべきでは ないとする見解が存在する。時効制度が、占有という事実状態を基礎として 成り立っていることを直視し、また、登記が時効取得の要件として明文化さ れていないことを根拠として、占有こそが取得時効において最も重視される べき要素であると解する（〔図9〕参照）。

〔図9〕　占有尊重説

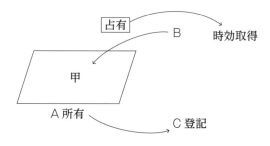

52　確かに、登記されることによって一般的な公示はなされるが、民法147条所定の請求 等と比較して、登記が、時効の中断を認めざるを得ないほどの事実であると評価するこ とは、困難である。

2 占有尊重説

そのうえで、占有尊重説は、時効期間の逆算を認める。すなわち、時効の起算点は一義的に定まるのではなく、占有が継続しているのであれば、どの時点からでも逆算することができ、その結果として、起算点が定まるにすぎない。重要なのは、継続している占有それ自体なのである[53]。

この理論を判例の見解にあてはめると、Bの占有が継続している以上、その間に現れるCはすべて時効完成前の第三者ということになり、Bは登記がなくてもCに対して自らの時効に基づく権利取得を主張できるということになる[54]。

また、同じく占有だけで時効取得を認める理論構成として、時効による権利取得は民法177条の適用がある対抗問題とはならないとする考え方もある[55]。この見解によっても、Bは登記なくしてCに自らの権利取得を主張することができる。

時効制度が占有を基礎とするものであることを重視した点は、占有尊重説のとても鋭い着眼点であるといえる。確かに、時効の存在理由の一つとして、継続した事実状態の保護があり、占有に基づくさまざまな効果の一態様として時効制度を位置づけることは、もちろん可能である。そのことからすれば、現時点において占有が継続していることこそが重要なのであり、どの時点から占有が開始されたのかということは、本来、副次的な問題にすぎない。それゆえ、時効期間を現時点での占有からさかのぼって計算することは、時効制度の本来の趣旨に即しているといえる。

しかし、時効制度の一般論として占有尊重説の基本理念が妥当するとして

---

53 川島・前掲（注6）239頁を参照。
54 だからこそ、判例は、時効の起算点をずらすことはできないと明確に述べているのである。ただし、判例の見解に即したとしても登記が不要となるにすぎないのであって、占有尊重説自体は、判例理論とは無関係に、時効取得の場合には占有のみで第三者にも対抗しうると述べていることに注意を要する。
55 原島重義「『対抗問題』の位置づけ」法政33巻3=4=5=6号352頁以下（1967）を参照。

も、時効取得による物権変動を占有という事実状態のみで、いつでも、第三者に対して対抗ないし主張することができるのかという問題は、依然として残っている。

　この問題について検討するべきは、時効取得者の権利取得態様と、時効取得者による権利取得についての第三者の認識可能性であろう。この点に鑑みるならば、少なくとも売買契約等の法律行為を通じてAから目的不動産の所有権をいったん取得したBは、その後さらに時効取得の要件を満たしたとしても、当初の法律行為に基づく物権変動についての登記がなければ、第三者Cに対抗できないとするべきではないだろうか。

　このケースの場合、Bは自らが新たに所有者になったことを認識しており、登記を経由することが可能である。また、Cからすれば、民法177条の典型的な適用事例であるにもかかわらず、仮に登記を先に経由したとしても、Bの取得時効の援用によって、Cに劣後することになる。Cからすれば、Bがどれほどの期間にわたって目的不動産を占有しているかは不明確である。それでもBの権利取得を認めるとするならば、これは、Cにとって不意打ちになるといわざるを得ない[56]。少なくとも、Cの登記経由によって、Bの取得時効の効果は遮断されると解すべきではないか[57]。

---

[56] この状況におけるCを保護する可能性として、民法94条2項の類推適用を用いるべきと主張する見解もある。同見解によれば、Bが自らの権利取得を明確に認識して、登記を経由することができたにもかかわらず、A名義での登記を許容していたところ、Aが真の所有者ではないことにつきCが善意無過失であった場合には、そのようなCは同類推適用によって保護されるという。この見解として、加藤一郎『民法ノート(上)』(有斐閣・1984) 91頁以下を参照。ただし、Bが自らの時効取得につき明確に認識することが、実際の事例においてどれほど存在するかは疑問である。この点については、近江幸治『民法講義II物権法〔第3版〕』(成文堂・2006) 112頁を参照。

[57] このことを登記による時効の中断と解すべきかどうかは、さしあたり別の問題である。登記の保全力から同様の結論を導く見解として、良永和隆「『取得時効と登記』問題」専修大学法学研究所『民事法の諸問題VI』(同・1991) 95頁以下を参照。この見解によれば、登記の保全力は、判例で認められている登記の推定力から導き出される。

3 類型論

　以上のように、登記尊重説にも占有尊重説にもそれぞれ一長一短があり、決め手に欠けているといわざるを得ない。問題は、取得時効が絡むケースを一元的に把握し、統一的な解釈論を用いて解決を図ろうとしている点にある。

　前述したように、そもそも時効制度自体が、一元的な存在理由または法的性質に基づいて説明することが極めて困難な制度である。したがって、取得時効と登記が問題となる場面においても、原則として多元的な説明を行うべきと考えられる。つまり、類型論である[58]。

　具体的には、二重譲渡のケースと境界紛争のケースを分けることが不可欠であろう。前者の典型例として、土地甲の所有者Aから法律行為に基づいて最初に譲渡を受け、甲の引渡しをも受けたBと第二譲渡を受けたCとの間で対抗問題が発生し、BCともに未登記の間、Bが占有を継続していたところ、Bの時効取得の要件が充足したというケースをあげることができる（〔図10〕参照）。これに対して、後者の典型例として、A所有の甲に隣接する土地乙を所有しているBが、何も知らずに甲の一部まで越境して占有していたとこ

〔図10〕　二重譲渡ケース

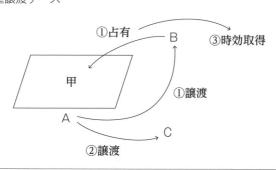

58　星野・前掲（注7）835頁を参照。

ろ、Aが甲の所有権をCに譲渡したというケースが考えられる（〔図11〕参照）。

〔図11〕 境界紛争ケース

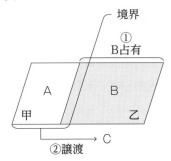

二重譲渡型は、有効な法律行為に基づく物権変動が二重に発生しているケースであって、そもそも民法177条が適用される対抗問題の典型事例である。したがって、その法律行為に基づく二重譲渡の段階で、登記を基準として優劣が決定されるべきである（民法177条）。その限りにおいて、Bの時効取得は意味をなさないと理解すべきであろう[59]。

しかし、境界紛争型はこれとは異なる。むしろ、境界紛争型こそ、取得時効が問題となる代表例であるといわなければならない。ここでは、そもそもBが越境している甲の一部について、何らの取引も存在していない。したがって、法律行為に基づく規定や解釈を境界紛争型に適用するのは、適切ではない。それゆえに、ここでは、民法177条の適用はなく、まさに取得時効制度によって解決が図られるべきである[60]。Bは登記なくしてCに自らの時効取得を主張できることになる。

---

[59] ただし、Cが登記を経由した後もBが甲の占有を継続し、あらためて時効取得に必要な期間が経過した場合には（この場合は少なくとも有過失であろうから、その期間は20年となる。民法162条1項）、Bは時効を援用することができるとすべきである。Cの登記によって、法律行為に基づく二重譲渡の問題は決着がつき、問題は次の段階に移ったと解することが可能である。

以上の類型論の背後には、Ｂにそもそも登記可能性があったか否かという評価が存在する。すなわち、二重譲渡型においては、Ｂは法律行為に基づく最初の譲渡を受けた後に、登記をすることが可能であった。自らが取引に関与しているのであるから当然である。これに対して、境界紛争型においては、Ｂは自らの所有地であると思って越境部分を占有しているのであるから、その越境部分について新たに登記をしようと思うはずがない[61]。つまり、Ｂに不可能を強いることになる。民法177条が適用されるかどうか、言い換えれば、登記を基準とした問題解決が図られるべきなのかどうかという問題は、当事者に登記することを要求できるのかどうかという視点を欠いてしまっては成り立たないのである。

　このように、取得時効と登記に関する類型論それ自体には、一定の合理性が認められる。問題は、具体的にどのように類型化するのか、また、それぞれの類型を截然と分けることが可能なのかという点に収斂されることになる。

　上述のような典型的な二重譲渡型と境界紛争型の区分は、それほど困難ではない。しかし、たとえば、法律行為に基づく二重譲渡がひとまずなされたが、その後、AB間の法律行為に取消事由があったことが判明し、取消しの効果として同法律行為が遡及的に無効となった場合や、境界紛争型においてＢが越境していることを認識している場合等はどうか。

　前者については、取得時効が適用されてもよいように思われ、後者については、登記を基準とした帰結が是認されてもよいように思われる。このように細分化してみると、二重譲渡型と境界紛争型という大まかな区分では具体

60　実際には、Ｂはまさに自らが所有している乙の一部として、越境部分をも占有し続けているのであるから、当該部分の占有については善意無過失であることが多いであろう。そのため、時効取得に必要な期間は10年となる（民法162条2項）。

61　厳密にいえば、Ｂは自らの乙の所有権に関する登記内容中に、越境部分も含まれていると考えているのである。

第1章 Ⅳ 学　説

的な事例に対応することが困難なことがわかる[62]。

　類型論の基本的な考え方自体は説得力を有するものであると評価できるが、次に述べるように、判例が依然として類型論を採用することなく、従前の理論構成を維持している。このことには、理由がないわけではない。

---

[62] 類型論の限界を指摘するものとして、草野元己『取得時効の研究』（信山社・1996）210頁以下を参照。多くの場合、占有者の登記可能性の有無を検討することによって、類型論の基本的な考え方を維持することはできると思われる。しかし、そもそも取得時効制度の本来の趣旨からして、取得時効の原因にさかのぼって登記が必要かどうかにつき決定するということ自体が正しいのかという異論もある。この点については、川井健『民法概論(2)物権〔第2版〕』（有斐閣・2005）47頁を参照。

V　近時の判例の傾向

1　事　案

　このように、判例と学説の見解は大きく乖離している。しかし、判例の基本的な理論構成は変更されていない。むしろ、その見解を維持したうえで、それぞれの事例に対応する努力が重ねられているという状況である。この点に照らして、近年、注目すべき判例が存在する。次の二つの判例である。事案の特徴もまた重要であるので、それぞれの判例の事案につき、以下に詳しく紹介したい。また、あわせて、これら二つの判例に関連する裁判例も紹介しよう。

(1)　平成10年判決[63]

　第1の判例は、承役地の譲渡と通行地役権の存在が問題となった事案である。そこでは、まず、土地甲の所有者Aが、甲を分筆して宅地乙および丙と幅員約4mの通路丁として造成した。その後、Aは甲の一部であった乙をXに譲渡し、その際、AとXとの間で、要役地を乙とする無償かつ無期限で丁を通行することができる地役権を設定することにつき、黙示での合意がなされた。Xは、丁を通路として継続的に使用していた。しかし、その後Aは、丙および丁をBに譲渡した。ただし、この譲渡の際に、BからAに、Xの通行地役権の設定者の地位が承継されることについて、黙示の合意がなされていた。Bは丙に自宅を建築し、丁についてはアスファルト舗装をする一方、Xも乙に自宅を建築し、丁を自動車または徒歩で通行して公道に出入りしており、Bがこれに対して異議を述べたことはなかった。Bは、丙および丁を

---

[63]　最判平10・2・13民集52巻1号65頁（以下、本章において「平成10年判決」という）を参照。この判決は、時効と登記の問題それ自体について判断したものではないが、後記(2)に掲げる最高裁判例の正確な理解のための前提として極めて重要である。

Yに譲渡した。しかし、この際には、YがBからXの通行地役権の設定者としての地位を承継するとの合意はなされなかった。しかし、Yは、丙と丁の譲渡を受けるに際し、Xが丁を通路として利用していることを認識していたにもかかわらず、丁の通行権の有無についてXに対して確認することはしなかった（〔図12〕参照）。

〔図12〕 平成10年判決

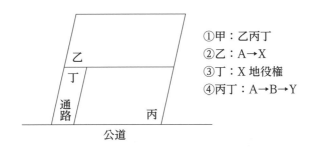

　以上の事案に基づき、最高裁判所は、「通行地役権（通行を目的とする地役権）の承役地が譲渡された場合において、譲渡の時に、右承役地が要役地の所有者によって継続的に通路として使用されていることがその位置、形状、構造等の物理的状況から客観的に明らかであり、かつ、譲受人がそのことを認識していたか又は認識することが可能であったときは、譲受人は、通行地役権が設定されていることを知らなかったとしても、特段の事情がない限り、地役権設定登記の欠映を主張するについて正当な利益を有する第三者に当たらないと解するのが相当である」と述べて、Xの通行地役権の存在を認めた。

　その理由は以下のとおりである。すなわち、「譲受人は、要役地の所有者が承役地について通行地役権その他の何らかの通行権を有していることを容易に推認することができ、また、要役地の所有者に照会するなどして通行権の有無、内容を容易に調査することができる。したがって、右の譲受人は、

通行地役権が設定されていることを知らないで承役地を譲り受けた場合であっても、何らかの通行権の負担のあるものとしてこれを譲り受けたものというべきであって、右の譲受人が地役権者に対して地役権設定登記の欠缺を主張することは、通常は信義に反するものというべきである。ただし、例えば、承役地の譲受人が通路としての使用は無権原でされているものと認識しており、かつ、そのように認識するについては地役権者の言動がその原因の一半を成しているといった特段の事情がある場合には、地役権設定登記の欠缺を主張することが信義に反するものということはできない。……したがって、右の譲受人は、特段の事情がない限り、地役権設定登記の欠缺を主張するについて正当な利益を有する第三者に当たらないものというべきである。なお、このように解するのは、右の譲受人がいわゆる背信的悪意者であることを理由とするものではないから、右の譲受人が承役地を譲り受けた時に地役権の設定されていることを知っていたことを要するものではない」。

(2) 平成18年判決[64]

第2の判例は、時効と登記が正面から問題となった事案である。Aが土地甲を所有しており、Yがその隣地である土地乙を所有していた。しかし、Yは甲の一部である土地丙についても、自らが所有する乙の一部であると誤信し、占有を続け通路として長年にわたって利用していた。Yの丙についての取得時効が完成した後、AはXに対して丙を含む甲全体を譲渡し、Xは甲全体についての移転登記を経由した（〔図13〕参照）。

---

[64] 前掲（注8）最判平18・1・17（以下、本章において「平成18年判決」という）を参照。

第1章 Ⅴ 近時の判例の傾向

〔図13〕 平成18年判決

原審[65]は、「Xは、銀行からの指摘で甲を購入したものであるが（本件全証拠によるも、Yを困惑させる目的であったと認められない。）、甲購入の時点で、甲（の大部分）と重なる丙は、Yが、その所有地上に所有する従前建物……への専用進入路としてコンクリート舗装した状態で利用しており、Yがこれを使用できないとすると、公道からの進入路を確保することは著しく困難であることを知っていたことが認められ、そして、Xにおいて調査すれば、Yが甲（の大部分）と重なる丙を時効取得していることを容易に知り得たというべきであるから、Xは、Yが時効取得した所有権についてその登記を経由していないことを主張するにつき正当な利益を有しないといわざるを得ない」として、上述した平成10年判決の判断枠組みを用いた。

しかし、最高裁判所は、以下のように述べて、原判決を破棄し、原審に差し戻した。まず、「時効により不動産の所有権を取得した者は、時効完成前に当該不動産を譲り受けて所有権移転登記を了した者に対しては、時効取得した所有権を対抗することができるが、時効完成後に当該不動産を譲り受けて所有権移転登記を了した者に対しては、特段の事情のない限り、これを対抗することができないと解すべきであ」り、「Xは、Yによる取得時効の完成した後に甲を買い受けて所有権移転登記を了したというのであるから、Yは、特段の事情のない限り、時効取得した所有権をXに対抗することができ

---

65 高松高判平16・10・28金商1248号64頁を参照。

ない」と原則論を述べた。

　また、「民法177条にいう第三者については、一般的にはその善意・悪意を問わないものであるが、実体上物権変動があった事実を知る者において、同物権変動についての登記の欠缺を主張することが信義に反するものと認められる事情がある場合には、登記の欠缺を主張するについて正当な利益を有しないものであって、このような背信的悪意者は、民法177条にいう第三者に当たらないものと解すべきである」として、背信的悪意者排除論についてのこれまでの判例の見解を踏襲した。

　そのうえで、「Ｙが時効取得した不動産について、その取得時効完成後にＸが当該不動産の譲渡を受けて所有権移転登記を了した場合において、Ｘが、当該不動産の譲渡を受けた時点において、Ｙが多年にわたり当該不動産を占有している事実を認識しており、Ｙの登記の欠缺を主張することが信義に反するものと認められる事情が存在するときは、Ｘは背信的悪意者に当たるというべきである。取得時効の成否については、その要件の充足の有無が容易に認識・判断することができないものであることにかんがみると、Ｘにおいて、Ｙが取得時効の成立要件を充足していることをすべて具体的に認識していなくても、背信的悪意者と認められる場合があるというべきであるが、その場合であっても、少なくとも、ＸがＹによる多年にわたる占有継続の事実を認識している必要があると解すべきであるからである」と判断し、「以上によれば、ＸがＹによる丙の時効取得について背信的悪意者に当たるというためには、まず、Ｘにおいて、甲の購入時、Ｙが多年にわたり丙を継続して占有している事実を認識していたことが必要であるというべきである。ところが、原審は、ＸがＹによる多年にわたる占有継続の事実を認識していたことを確定せず、単に、Ｘが、甲の購入時、Ｙが丙を通路として使用しており、これを通路として使用できないと公道へ出ることが困難となることを知っていたこと、Ｘが調査をすればＹによる時効取得を容易に知り得たことをもって、ＸがＹの時効取得した丙の所有権の登記の欠缺を主張するに

つき正当な利益を有する第三者に当たらないとしたのであるから、この原審の判断には、判決に影響を及ぼすことが明らかな法令の違反がある」とした。

(3) **判例の影響**

この判例を受けて、ある高等裁判所判決は、次のように判示している[66]。「Xが乙として占有してきた本件係争地は、実は……甲に含まれる土地であったというのであるから、既に乙について登記手続をしているXとしては、さらに権利保全のための何らかの手続をするということが考え難い事情があることは確かである。しかしながら、この点は、自己の土地の範囲を誤解して隣地の一部を取り込む形で占有を継続し、その部分を時効取得したという場合においても同様であるが、この場合には、そのことの故に特別の考慮を要するとはされていない。また、取得時効の制度の趣旨に、継続した事実状態の尊重ということがあることは否定しないが、証拠に基づいて事実が認定できるのであれば、それを尊重するのがいわば本則であって、当該取得時効に係る占有の開始時点よりも古い証拠によらなければこれを確定することができない場合には、対抗問題としないと解することにはにわかに同意することができない」。

「最後に残るのは、YとXとの対抗問題において、Yが背信的悪意者に当たるかどうかである。この点について、原審は、Yが本件係争地2に当たる甲を買い受けた時点において、Xが多年にわたり本件係争地2を占有している事実を認識しており、Xの登記の欠缺を主張することは信義に反するものと認められるとして、最判平成18年1月17日（民集60巻1号27頁）に依拠して、これを肯定している。Yにおいて、Xが本件係争地2を長年占有していたことを知っていたこと、その上で、敢えて本件係争地2を含む甲を買い受けたことは明らかである」。

「しかしながら、そのことの故に、直ちに、Xの登記の欠缺を主張することが信義則に反するということになるものでもない。原審のような結論を導

---

[66] 福岡高判平18・9・5判時2013号79頁を参照。

くためには、登記を具備した第三者を保護することが正義に反し、時効取得者をこそ保護すべきであるというような格別の事情が認めなければならないものというべきである」。

「これを本件の場合について見るに、別訴事件及び本件訴訟を通じて明らかになった事実によれば、YもXも、さらには別訴事件の原告であったAやBらも、ともに……の分筆の経過と現状との不一致のいわば被害者である。そして、別訴事件が提起されたことにより、それまで確保していた境内地の一部を明け渡さなければならないかもしれなくなるとの危機感を抱いたYが、自らの境内地を確保するために、敢えて270万円もの代金を支払い、いわばやむなく取得したのが甲なのである。そうであれば、甲の範囲に本件係争地2が含まれており、これをXが長年にわたって占有していることをYが知っていたからといって、Yが法的保護を受けられないというのではかえって公平を失することになる。上記原審の結論は是認することができない」。

また、別の高等裁判所判決は次のようにいう[67]。「甲が時効取得した不動産について、その取得時効完成後に乙が当該不動産の譲渡を受けて所有権移転登記を了した場合において、乙が、当該不動産の譲渡を受けた時点において、甲が多年にわたり当該不動産を占有している事実を認識しており、甲の登記の欠缺を主張することが信義に反するものと認められる事情が存在するときは、乙は背信的悪意者に当たるというべきである」。

「これを本件について検討するに、……本件土地は、旧建物を増改築した本件建物の敷地の一部であり、本件競売における期間入札が実施された時点を基準として、その約40年以上も前からその隣接地を賃借していたA〔Yらの占有代理人〕により借地の一部として占有使用されてきたものであり、その間に土地所有者、賃貸人との間でも全く紛争がなかったものであるところ、このことは、本件競売事件記録上も明らかであるから、Xにおいても、このことを認識して買受けの申出をしたものと認められる」。

---

[67] 東京高判平21・5・14判タ1305号161頁を参照。

「そうすると、Xは、多年にわたり本件土地について取得時効を認定し得る占有がされてきた事実を認識しているということはできるが、本件土地を時効取得したYの登記の欠缺を主張することが信義に反するものと認められる事情が存在するとまで認めることはできない（この点について、Yらは何らの主張をしない。）から、Yらに対する関係で、背信的悪意者に当たるとまでいうことはできず、したがって、Yは、Xに対して、時効取得した本件土地の所有権を対抗……できないものといわざるを得ない」。

このように、背信的悪意者にあたるかの判断は慎重になされていることがわかる。

2 分 析

このうち、先に述べた平成10年判決、平成18年判決の二つの判例が有する意義は特に大きい。少なくとも、判例が、背信的悪意者排除論に関する見解と、時効と登記に関する基本的な考え方につき、抽象的な理論の面においては変更する構えをみせないことがわかる。しかし、その内実は、これまでの判例の実際上の解釈論からすれば、大きく変化してきているといわざるを得ないのではないか。

まず、民法177条における背信的悪意者排除論での背信的悪意者認定の問題である。上述した平成10年判決の解釈枠組みによれば、承役地の譲受人は、通行地役権の存在自体について悪意でなくても、「承役地が要役地の所有者によって継続的に通路として使用されていることがその位置、形状、構造等の物理的状況から客観的に明らかであり、かつ、譲受人がそのことを認識していたか又は認識することが可能であったときは、……地役権設定登記の欠缺を主張するについて正当な利益を有する第三者に当たらない」[68]とされる。

そもそも、背信的悪意者として認定されるためには、まずもって対象とな

---

[68] 前掲（注63）最判平成10・2・13を参照。

る権利の存在につき悪意であり、そのうえで、背信性を帯びるほどの信義則違反が譲受人に存在することが必要である。しかし、平成10年判決は、通行地役権が問題になっている事案に限定される可能性が高いとはいえ、悪意認定を行うことを要せずに、信義則違反のみを用いて、民法177条の第三者から排除する途を開いたのである。

これに対して、平成18年判決は、時効と登記の問題に関して平成10年判決の考え方を採用しなかった。その限りにおいて、平成10年判決の射程は通行地役権に限定されるものと解される。

しかし、平成18年判決は、背信的悪意者排除論についての判例の従前の思考方法を前提としつつも、悪意認定に関して、時効取得の要件それ自体ではなく多年にわたる占有の事実の認識で足りると解した。これにより、背信的悪意者認定について、少なくとも時効と登記の事案における悪意認定に関しては要件が緩和されることとなり、その分、時効取得者が保護される可能性が高まったということになる[69]。

3 批判的検討

この一連の判例の傾向は、どのように理解され、評価されるべきか。時効と登記をめぐる問題に関して、判例は、取得時効の完成の前後いずれの段階で譲渡が新たになされたのかということを決定的な基準として取り上げ、一般的かつ抽象的な理論構成をこれまで維持してきた。この点が学説から激しい批判にさらされたのは、すでに前述したとおりである。

まず、判例はこの批判への対応策として、平成10年判決の判断枠組み、および、それとは直接的には異なるものの、判断の新たな視点として利用し

---

[69] 平成18年判決をきっかけに、判例の背信的悪意者排除論の内在的理解を試みるものとして、石田剛「背信的悪意者排除論の一断面――取得時効に関する最判平成18年1月17日を契機として(1)(2・完)」立教73号63頁以下、74号119頁以下（2007）を参照。

たうえでの、平成18年判決の判断枠組みを提示して、具体的な事案への適用を試みた。

すなわち、平成18年判決の事案は、取得時効の完成後に第三者が現れた事案であったため、判例の理論構成によれば、時効取得者は登記がなければ第三者に対抗することができない事例であった。しかし、同時に、この事案での時効取得者は、元々の所有者から法律行為によってその所有権を譲り受けた者ではなく、他人の土地であることを知らずに越境して占有し続けた者だったのである。そのため、学説において有力な見解である類型論に立脚するならば、この事案では登記が基準とされるべきではないということになり、時効取得者は登記なくして時効による自らの権利取得を第三者に主張しうることになる。

この類型論の背後にある実質的価値判断については、さしあたり是認することができるだろう。というのも、そもそもこの事案での時効取得者には登記可能性が認められないからである。そこで、判例は、背信的悪意者要件を緩和することにより、相対的に、時効取得者をより保護する解釈論を打ち出したのであった。

しかし、時効と登記が問題となっている事案に限定されるとはいえ、背信的悪意者排除論という、時効と登記をめぐる一連の問題よりも、解釈論の次元において一段階上位に属すると考えられる理論の解釈および運用を個別に操作することによって、具体的な結論を導き出そうとするのは、正しい方向とはいえないのではないか。

また、悪意認定にあたって、取得時効の成立のための事実についての認識ではなく、多年にわたる占有の事実についての認識で足りると解するのは、実際上の判断において、それほど具体的かつ確定的に機能しないのではないか。

むしろ、問題は、背信的悪意者排除論という大きな問題ではなく、時効と登記に関する判例理論の全体的な見直しという問題として、投げ返されるべきではないかと考えられる。

Ⅵ　おわりに

1　結　論

　ここまで、登記法の観点から時効制度、主として取得時効制度を考察するとともに、取得時効と登記の一連の問題群についての判例の見解について、批判的に検討を加えてきた。その結論は以下のとおりである。

　まず、登記手続と実体法としての時効理論の間には、齟齬があるといわざるを得ない。取得時効は、原始取得を創設させる根拠の一つである。しかし、登記手続上は、承継取得として表現される。たとえば、時効により対象物に対する新たな所有権を取得する者は、その物に対して設定されていた負担をもはや負わなくなる。この点からすれば、時効取得は、登記手続上も原始取得として処理されるべきであると思われる。

　そして、時効と登記をめぐる問題について、判例の見解は、それ自体としては首尾一貫した理論構成を備えている。時効による権利取得も物権変動の一態様である以上、法律行為に基づく物権変動や相続に起因する物権変動と同様に、第三者の登場時期に応じて異なる理論構成を採用するという手法は、その点においては、一貫しているといえる。

　ただし、このような判例の見解に対する学説からの批判は、甘受せざるを得ない。実際の事案において、第三者の登場時期というのは、当事者にとっても第三者にとっても、偶然のタイミングにすぎない。少なくとも、関係者が取引に入るタイミングについて明確な意思を有していることは、ほとんどないであろう。時効が絡む場合には、そもそも時効が進行していること、ましてや、時効が完成しているかどうかについて、第三者だけではなく、時効を援用する当事者ですら、把握していないことが多いからである。

　したがって、第三者が登場するタイミング以外の、より明確な関係者の関

第1章 Ⅵ おわりに

与を前提とする基準を設定すべきとする学説の見解に対しては、それが登記を尊重すべきものであれ、占有を尊重すべきものであれ、一定の理解を示すことができる。もちろん、登記尊重説にも占有尊重説にも一長一短があるが、関係者間において明確に意識することが可能な基準を採用しようとする試みは、評価されるべきであろう。

この点、類型論は、登記可能性という視点から事案を類型化し、登記することが可能な場面では登記尊重説を、登記することが不可能な場合には占有尊重説を採用するという意味で、両見解を止揚しようとするものであると評価できる。確かに、事案によっては、いわゆる二重譲渡型と境界越境型のどちらに分類すべきかについて判断が難しいこともあるが、登記可能性の有無という観点から判断するのであれば、ある程度明確な類型化は可能であると思われる。

これらの学説の展開に対する判例の回答は、第三者の背信的悪意者性の認定判断の次元において、事案に柔軟に対応しようというものであった。すなわち、抽象面での理論構成について変更を加えることはなかった。確かに、判例がいうように、取得時効が問題となるケースに限定して、第三者の背信的悪意者性を緩やかに判断することにより、相対的に、登記がなくても自らの権利取得を主張しうる可能性が高まることにはなる。

しかし、取得時効が絡む事案に限定されるとはいえ、背信的悪意者排除論の一類型として新たな判断基準を用意することにより、時効と登記の問題全体に潜んでいる判例理論の不合理性を是正するという手法は、適切ではないのではないか。背信的悪意者の問題が絡むほかの対抗問題の場面における、背信的悪意者性判断にも影響を及ぼす可能性が出てきてしまう。それゆえ、取得時効と登記の場面に限定されるとしても、実際にそのような解釈論が定着するかについては、今後の判例の展開を注視する必要があるだろう。

2　今後の課題

　時効制度と不動産登記手続の関係については、依然として考察が不十分である。取得時効による原始取得を、登記簿（登記記録）上にどのように反映させるべきかについては、実際の手続方法も含めて、まだ検討の余地が多く残されている。

　また、上述した判例理論に対する批判については、学説においても最近になってようやく明確に意識されつつ展開されるようになってきたところであり、個別具体的な事案に即した批判が今後も望まれる。

　さらに、登記可能性の有無を判断基準とした類型論を押し進めるとしても、具体的な事案によっては、登記可能性の有無それ自体を明確に導き出すことが困難なことも想定される。この点についても、さらなる分析を行っていかなければならない。

Ⅶ　補論──権利の消滅と登記

1　はじめに

　これまで、不動産の時効取得と登記の関係について検討してきた。しかし、よくよく考えてみると、不動産の時効取得とはなにか。土地や建物を占有し、取得時効の要件が満たされることによって、当該不動産の所有権が原始取得されるというのが典型例である。これまでの検討も、この事例を念頭におきつつ、具体的に展開されてきた。

　しかし、不動産所有権が時効取得されることによって、原所有者は反対に所有権を失うことになる。これは不動産所有権の時効による消滅であると、ひとまずはいえそうである。それでは、所有権が消滅時効にかかったと解してよいのか。

　また、所有権以外にも、時効によって取得あるいは消滅する権利が存在する。地上権をはじめとした他物権もそうであるし、債権の時効消滅はすぐに思い浮かぶ対象であろう。

　そこで、ここでは、権利の消滅一般について検討を加える。登記との関連で、権利の消滅について論じることとする。具体的には、所有権の消滅、他物権の時効消滅、そして債権の時効消滅と、それぞれの登記の関係について分析を行う。

2　所有権

(1)　消滅時効の対象外

　まず、所有権は消滅時効にかからない。これは、民法167条1項と2項の反対解釈から明らかである。また、所有権の本質から演繹することもでき

る[70]。したがって、所有権が時効により消滅する場合としてあげられるべきなのは、A所有の土地甲をBが占有し続け、取得時効の要件を満たし、Bが甲を時効取得した結果として、Aが反射的に甲所有権を失うという事例である。この場合、Aは時効により所有権を喪失するが、これは、Aの所有権が消滅時効にかかったわけではない（〔図14〕参照）。

〔図14〕　所有権の反射的消滅

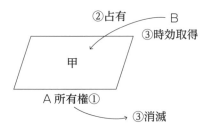

　このように、他者による所有権の取得時効が成立することにより、原所有者が所有権を喪失することがある。むしろ、典型的な取得時効の事案を裏側からみたともいえよう。すでに述べたように、この場合のB名義の所有権登記は移転登記によって実現される。

(2)　登記手続との関係

　しかし、所有権の時効取得は、理論上は原始取得であって承継取得ではないとされている。先ほどの事例におけるAに、Cが貸金債権を有していて甲に抵当権を設定してもらっており、その登記もされていたとしよう。ここで甲をBが時効取得すると、BがCの抵当権の存在につき善意であったなら

70　所有権は使用、収益、処分をする権能を含む。これらには、所有権を使わずに放置しておく権能も含まれると考えられる。所有権は物の全面的な支配権であるからである。したがって、権利不行使状態の存続によって、所有権そのものが消滅時効にかかることはないと解すべきであろう。この点につき、山野目・前掲（注34）143頁を参照。

ば、Cの抵当権は消滅するのである。すなわち、Bは抵当権の負担のない所有権を取得する。

　この場合に、AからBへの所有権移転登記がなされると、Cの抵当権登記はそのまま残る。したがって、登記上は、BはCの抵当権の負担が付いた所有権を取得したものとみえる。しかし、実体法上はそうではないので、その後、Bの求めに応じて、Cの抵当権の抹消登記手続がなされることになる。最終的な帰結はそれでもよいであろうが、当然、Cの抵当権登記が抹消されるまでの間に、第三者が何らかの権利関係を甲について有する可能性は否定できない。

　このように考えてくると、理論上の正当性だけに由来するのではなく、登記手続上の観点からしても、不動産所有権が時効取得された場合には、原所有者の抹消登記と、新所有者の保存登記あるいは時効に基づく登記がなされるべきではないか。少なくとも、時効に基づく登記がなされる場合には、関連して消滅するとされるべき権利もあわせて抹消登記手続がとられるようにすべきであろう。

3　所有権以外の物権

(1)　序

　所有権以外の物権は、そもそも消滅時効の対象となりうるか。所有権以外の物権は、時効消滅しうると定められている（民法167条2項）。したがって、用益物権である地上権、永小作権、地役権は消滅時効にかかる。ただし、実際に消滅時効によってこれら物権が消滅したとされるには、事案に応じてさらなる検討が必要となる。

(2)　地役権

　とりわけ、地役権については特別な定めがある。まず、民法291条は、地役権を継続的に行使される地役権とそうではない地役権に区分する。そのうえで、消滅時効の起算点に関して、前者については地役権の行使を妨げる事

実が生じた時、後者については地役権を最後に行使した時とする。また、要役地が共有されている場合に、共有者一人につき時効の中断や停止が生じた場合は、ほかの共有者にもその中断や停止の効果が及ぶ（同法292条）。さらに、地役権者が権利の一部を行使しなかったために地役権の消滅時効が問題となる場合には、その部分のみが消滅時効の対象となる（同法293条）。いずれも、地役権が質的にも量的にも全面的な支配権ではなく、また、ある程度の継続的な使用が前提とされていることから生じる特徴といえよう。

(3) 入会権

この地役権の規定に関連して、共有の性質を有しない入会権の時効消滅はそれ自体ありうるが、その判断は慎重にすべきとの見解がある[71]。そもそも入会権は慣習に基づいて発生する権利である。どのような要件に基づいて入会権が発生するのか明文で定められていない以上、消滅要件もまた明確ではあり得ない。確かに、共有の性質を有しない入会権については、慣習に従うだけではなく、地役権の規定を準用する旨の規定が存在する（民法294条）。このため、民法291条から293条の規定が共有の性質を有しない入会権にも適用されることになるが、これは慎重に判断されるべきであろう。

(4) 抵当権

抵当権も消滅時効にかかる（民法167条2項）。しかし、抵当権は、債務者と抵当権設定者との関係では、被担保債権と同時でなければ消滅時効の対象とならないとする特別規定がある（同法396条）。抵当権は付従性を有するので、被担保債権と消滅を共にする。このため、抵当権だけが被担保債権と独立して消滅時効にかかって消滅してしまうとすれば、当該債権は無担保となってしまう。これは、避けられなければならない。

---

71 山野目・前掲（注34）211頁を参照。

第1章 Ⅶ 補論——権利の消滅と登記

4 債　権

(1)　仮登記との関係

債権が消滅時効にかかることはいうまでもない（民法167条1項）。登記との関連で債権の時効消滅が問題となるのは、とりわけ、債権としての特定物引渡請求権を被保全債権とする仮登記が存在する場合である（〔図15〕参照）。

〔図15〕　仮登記と被保全請求権

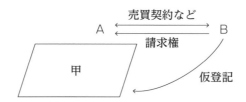

仮登記は、本登記手続を行うための手続要件が備わっていない場合（不動産登記法105条1号）と、特定物引渡請求権が存在する場合（同条2号）に認められる。前者は物権を保全するための仮登記であり、後者は債権を保全するための仮登記といえる。

(2)　物権債権峻別論との関係

仮登記はドイツ法から継受された制度である[72]。ドイツ法においては登記が効力要件であるため、登記がなされなければそもそも不動産物権変動は発生しない。しかし、売買契約を締結したがまだ登記を具備していない不動産買主にとっては、未登記の間に第三者が現れることを排除したいという期待がある。このことは日本もドイツも変わらない。そこで導入されたのが仮登記制度であった。

72　大場浩之『不動産公示制度論』（成文堂・2010）336頁以下を参照。

仮登記の効果は順位保全効である。仮登記は対抗力を備えているわけではないが、その後本登記がなされれば仮登記の順位が維持されるのであるから、仮登記がなされることによって実質的には第三者を排除する効果を有する。つまり、保全される権利は絶対効を備えることになる。このことは、物権と債権を峻別するドイツ法においては、いくらか説明が困難な問題を発生させる。というのも、仮登記によって保全される権利は、ドイツ法においては、いまだ債権にすぎない。本登記を備えていない以上、物権変動が発生していないからである。このため、債権に絶対効が付与されることになってしまう。絶対効は、物権の本質的特徴の一つとして考えられているため、絶対効のある債権というのは矛盾ではないかととらえられるわけである。

　この点、日本法においては、物権を保全することも債権を保全することもできる（不動産登記法105条1号・2号）。また、物権と債権を分けているとされつつも、物権変動のしくみからして、物権行為を独自に見出すことは一般に否定されているし、両権利の峻別は必ずしも徹底されていない（〔図16〕参照）。この点は、仮登記の法的性質を柔軟に理解することに寄与する。

〔図16〕　物権行為と債権行為

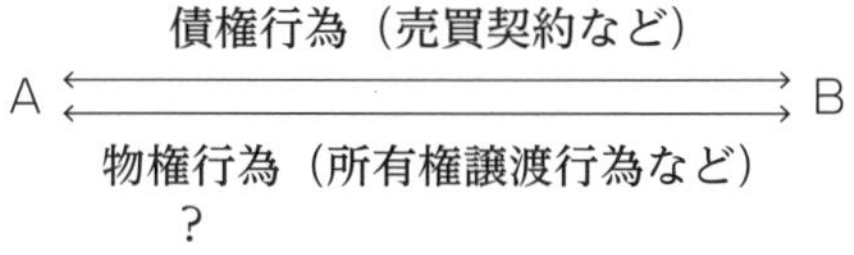

```
            債権行為（売買契約など）
      A ←─────────────────→ B
            物権行為（所有権譲渡行為など）
                    ？
```

　このうち、債権である特定物引渡請求権が被保全請求権とされる場合（不動産登記法105条2号）には、同権利が債権である以上、消滅時効の対象となる。債権の時効消滅は実体法上の問題であるため、被保全債権が消滅した以上、仮登記は抹消されるべき対象となる。

　これに対して、物権が保全されている場合には、それが所有権であれば消

第 1 章　Ⅶ　補論──権利の消滅と登記

滅時効にかかることはないので、ここで論じるべき物権の消滅とそれに伴う仮登記の抹消という問題は発生しない。当該不動産が時効取得されることによって、反射的に原所有者が権利を失うとともに関係する登記の抹消が問題となる事案とは、少なくとも理論上は明確に区別するべきである。

5　おわりに

　以上のように、登記に関する時効をめぐる問題として、所有権の取得時効以外にも、各種権利の消滅時効について留意する必要がある。登記との関係では抹消登記手続が問題となる。

　また、理論上は、取得時効による反射的権利の喪失と消滅時効とは、明確に区別することが重要である。他者による占有の継続と、権利者の権利不行使状態の継続は、お互いに表裏の関係にあるとはいえる。しかし、前者は取得時効の要件であるが、後者は取得時効の要件であるとともに消滅時効の要件でもある。他者を媒介とすることなく、権利者の権利不行使の継続のみで当該権利者が自らの権利を失うということは、やはり、取得時効制度と性質の異なる事柄であるといえる。

▷早稲田大学教授・大場浩之

第2章

時効取得の裁判・登記の論点整理と実務のポイント

Ⅰ　はじめに

　土地の取得時効の成立が争われる訴訟（以下、「時効取得訴訟」ともいう）は、法律実務家にとって、民事訴訟および不動産登記を横断する事案として、非常に興味深いものである。民事訴訟における攻撃・防御を尽くすだけでは足りず、最終的に登記をすることを可能にする債務名義等を取得して、依頼者に満足のいく結果を残すことが求められる。しかも、その訴訟および登記の当事者となるべき者は、時効期間の経過とともに、相続等を原因として、時に膨大な人数となる場合があり、時効取得訴訟は、時間や費用との闘いという側面もある。

　本章では、時効取得訴訟と不動産登記の両面に関する課題を確認するとともに、多数当事者ならではの課題として、次の三つのポイントについて、実務上のヒントとなることがらをみていきたい。

> ★ポイント１★
> 　送達を成功させることが、時効取得訴訟を成功させるための最大の山場である！　→後記Ⅳ（99頁以下）ほか参照
> ★ポイント２★
> 　占有者、時効援用者、所有権登記名義人等に、相続や特定承継が関係する場合には、「請求の趣旨」の書き方が問題となる！　→後記Ⅴ（120頁以下）ほか参照
> ★ポイント３★
> 　時効取得の手続には、場合によっては、時間と費用がかかることを依頼者に十分に説明しよう！　→後記Ⅶ（127頁以下）ほか参照

II　所有権の取得時効の要件事実

所有権の取得時効について、民法162条では、次のように規定されている。

> 第162条　20年間、所有の意思をもって、平穏に、かつ、公然と他人の物を占有した者は、その所有権を取得する。
> 2　10年間、所有の意思をもって、平穏に、かつ、公然と他人の物を占有した者は、その占有の開始の時に、善意であり、かつ、過失がなかったときは、その所有権を取得する。

1　長期取得時効

はじめに、民法162条1項に基づく長期取得時効の要件事実について、確認しておく。

(1) 平穏に、かつ、公然と

「平穏の占有」とは、占有者が占有を取得しまたは保持するにあたり、法律上許されない強暴の行為がなかったという意味であり、かかる強暴の行為がなかった以上、その占有はこれを不法であると主張する者から異議を受けた事実があっても、平穏たるを失わないとする判例がある[1]。

また、「公然の占有」とは、占有の存在を知るにつき利害関係を有する者に対して占有者が占有の事実をことさら隠蔽しないことをいうとされている[2]。

占有の平穏性・公然性は、占有の取得の時点から時効の完成の時点まで持続・継続されていなければならず、占有の状態が途中で強暴または隠避に至った場合には、その要件を満たさないこととなる。なお、占有の平穏性・公

1　大判大5・11・22民録22輯2320頁。
2　最判昭43・12・24民集22巻13号3366頁。

然性は、民法186条2項により推定されているから、これを争う者が、強暴または隠避の占有であったことの立証責任を負う。

(2) 他人の物

取得時効の対象となる物は、「他人の物」である。ただし、判例は、占有をする物の他人性を、特に積極的な要件事実として解しておらず、自己の物についても取得時効の成立を認めている[3]。

(3) 所有の意思をもって

所有の意思をもってする占有(自主占有)であることが要件事実となる(自主占有の意義については、後記Ⅲ3(1)参照)。

自主占有であることは、民法186条1項により推定される。したがって、これを争う者が、所有の意思のない占有(他主占有)であることの立証責任を負う。

(4) 20年間の占有

「占有」とは、物が社会観念上ある人の事実的支配に属すると認められる状態であることをいう。その事実的な支配状態は、「継続性」と「排他性」を備えたものであり、外部からの「認識可能性」があるものであることを要する。この点、判例は、「一定範囲の土地の占有を継続したというためには、その部分につき、客観的に明確な程度に排他的な支配状態を続けなければならない」としている[4]。

占有は、20年間継続することを要する。この点、時効期間を検討するについては、①自己の占有のみでは20年に足らないときは、前主の占有を継続することができること(民法187条1項)、②その場合には、前主の瑕疵を承継すること(同条2項)、③時効期間の起算点は、時効の基礎である占有(自主占有)の開始時点であって、任意の時期に選択することはできないと

---

[3] 最判昭42・7・21民集21巻6号1643頁。
[4] 最判昭46・3・30判時628号52頁。

するのが判例であること[5]などの条文および判例の準則が重要である。

2　短期取得時効

　民法162条2項に基づく短期取得時効の要件事実は、同条1項の長期取得時効の要件事実と比較して、次の点で異なる。

　　(1)　その占有の開始の時に、善意であり、かつ、過失がなかったとき

　「善意」とは、自己の所有する不動産であると信じることをいい、「無過失」とは、自己の不動産であると信じるについて過失のないことをいう[6]。善意は、民法186条1項によって推定されるが、無過失は推定されない。したがって、短期取得時効の成立を主張する者が、これを立証しなければならない。

　判例により善意無過失が認められた事例として、次のようなものがある。①無権利者からの不動産の譲受けの場合は、前主が無権利であることを知らなかったことについて、買主に過失があるか否かが争われる。登記簿（登記記録）上の名義人と売主が同一であったが、真の所有者は別にいたという場合、登記名義人を所有者であると信じていた買主には過失がないとされる[7]。また、②不動産が二重に譲渡され、登記がない第一譲受人が時効取得を主張する場合には、第一譲受人は権利者から取得し、取引行為にも瑕疵がないため、善意無過失であるとされる[8]。

> **コラム　無過失の立証**
> 　前述のとおり、無過失とは、自己に所有権があると信じることにつき過失がないことをいう。したがって、無過失の立証とは、自己に所有権があると信じる理由、具体的には、登記簿（登記記録）上のある時点での所有権登記

5　最判昭35・7・27民集14巻10号1871頁。
6　最判昭46・11・11判時654号52頁。
7　大判大15・12・25民集5巻897頁。
8　最判昭42・7・21集民88号91頁。

名義人（所有者であることが推定されている）から自己（取得時効の成立を主張する占有者）まで、所有権がどのように（包括または特定）承継されてきたのかという事実関係（真の所有者が連続していることの事実関係）を立証していくことになる。

　具体的には、売買契約書、領収書等が揃っており、当事者または関係者の尋問が可能な場合に限り、善意無過失の立証は可能であろうかと思う。他方、これらの証拠書類がなく、「所有権登記名義人であるＡさんから、Ｂ会社が本件不動産を買い上げ、原告は、そのＢ会社から勧誘を受けて買ったものである」などの当事者の記憶または言い分のみで裏づけがないような場合には、無過失の立証は困難といえる。

　なお、農地の場合には、農地法の許可を得ていないときには、善意無過失の立証はほぼ認められない（これに対応して、共同申請による短期取得時効の登記申請も認められない）。

(2) 10年間の占有

　占有が成立するためには、継続性と排他性を備え、かつ、外部からの認識可能な事実的支配状態があることを要するのは、長期取得時効の場合と同様である。短期取得時効の要件である占有は、10年間継続することを要する。占有の取得が善意無過失であった場合に限り、10年間という短い期間での取得時効の成立が認められる。

Ⅲ　占有に関する論点整理

　取得時効の要件である占有は、平穏性、公然性、所有の意思、善意無過失（短期取得時効の場合）が要件となるが、無過失以外の要件事実は、民法186条1項により推定される（前記Ⅱ参照）。したがって、取得時効の成立を主張する立場からは、占有の事実そのものを立証することが最重要のテーマとなる。そこで、ここでは、占有に関する論点の整理をしておく。

1　占有に関する民法の条文

はじめに、占有に関する民法の重要な条文を確認しておこう。
　(1)　占有の性質の変更（民法185条）
　民法185条は、占有の取得権原の性質上、所有の意思がないとされる場合（他主占有）に自主占有を主張するためには、同条で示される次の(ア)(イ)の二つの要件のいずれかを満たしていること（自主占有への転換）を主張・立証しなければならないとするものである。取得時効の要件である自主占有を立証するにあたって検討することが不可欠な条文である。

> 第185条　権原の性質上占有者に所有の意思がないものとされる場合には、その占有者が、自己に占有をさせた者に対して所有の意思があることを表示し、又は新たな権原により更に所有の意思をもって占有を始めるのでなければ、占有の性質は、変わらない。

　　(ア)　所有の意思の表示
　自主占有への転換の要件の一つは、自己に占有をさせた者に対して、所有の意思を表示することである。所有の意思の表示の具体例として、判例は、農地解放に際して、地主Aに所有権が残された一部農地について、小作人Bが従来のまま小作を続け、「農地解放後に最初に地代を支払うべき時期であ

った昭和23年12月末に……地代等を一切支払わずに自由に耕作し占有することを容認していた」などの事実関係の下では、Bが、遅くとも昭和24年1月1日には、Aに対して、本件土地につき所有の意思があることを表示したとするものがある[9]。

　(イ)　新権原による占有の開始

　自主占有への転換の要件のもう一つは、売買・贈与・交換等の法律行為や行政処分などの新たに所有権を取得すべき権原により占有を開始することである。もちろん、これらの新権原が有効に成立している場合には、その法律行為や行政処分等に基づいて所有権を取得するために取得時効の成否を論ずる余地はないが、法律行為や行政処分に何らかの瑕疵があり、そのままでは所有権を取得できない場合にも、自主占有に転換されることに民法185条の意義がある。

(2)　占有の態様等に関する推定（民法186条）

　民法186条は、占有の態様等に関する推定について定めるものである。

> 第186条　占有者は、所有の意思をもって、善意で、平穏に、かつ、公然と占有をするものと推定する。
> 2　前後の両時点において占有をした証拠があるときは、占有は、その間継続したものと推定する。

　占有は、所有の意思の有無、善意か悪意か、平穏か強暴か、公然か隠避かで区分がなされる。民法186条1項は、占有者につき、所有の意思（自主占有）があること、自己に所有権がないことにつき善意であること、占有の態様が平穏かつ公然なものであることを推定している。したがって、占有の事実のみを立証すれば、同項によりこれらの推定を受けるから、これを否定する者が他主占有であること、悪意であること、強暴または隠避であることの立証責任を負う。

---

[9]　最判平6・9・13集民173号53頁。

民法186条2項は、前後の二つの時点において占有をした証拠があるときには、その間の占有の継続を推定するものである。したがって、その推定を覆そうとする者が、占有の喪失の事実を立証する責任を負う。

(3) 占有の承継（民法187条）

民法187条は、取得時効の成立を主張する場合などのように、占有の一定期間の継続を主張する際に、自己の占有の継続のみを主張するか、前占有者（前主）の占有に自己の占有をあわせて1個の占有が継続したと主張するかという選択を許すものである。

> 第187条　占有者の承継人は、その選択に従い、自己の占有のみを主張し、又は自己の占有に前の占有者の占有を併せて主張することができる。
> 2　前の占有者の占有を併せて主張する場合には、その瑕疵をも承継する。

民法187条にいう「前の占有者」とは、自己の直接の前占有者のみ意味するのではなく、占有の承継によってつながるすべての占有者を含む。したがって、任意の占有者から現在の占有者までの占有を1個の占有として援用することができるとするのが判例である[10]。

民法187条2項にいう「瑕疵」とは、自主占有性、平穏性・公然性、または善意無過失を欠くことをいうとされている[11]。前主の占有を併合して1個の占有として主張する場合には前主の占有の瑕疵が承継されるが、反対に、前主の占有と切り離して自己の占有のみを主張する場合には、前の占有の瑕疵は、現在の占有の開始の時点においても、その瑕疵とならない。

2　占有していることの立証

前述のとおり、占有の事実そのものの立証が、取得時効の成立を主張する者の中心的なテーマとなる。ただし、物の性質によってはその立証は難しい

10　大判大6・11・8民録23輯1772頁。
11　大判昭13・4・12民集17巻675頁。

場合もある。

(1) 自宅の敷地の場合

取得時効の成立を主張する者の自宅の敷地が占有の客体である場合には、自宅である建物の所有によってその敷地を占有していたことは明らかであり、占有の事実の立証は容易であろう。自宅建物の登記事項証明書（コンピュータ化前の閉鎖登記簿謄本も含む）、建物の課税証明書、写真（現況のもの。かつて撮影されたもの）、時効取得者の住民票や戸籍の附票などにより、立証が十分に可能であろう。

(2) 自宅の敷地に隣接する土地（庭、駐車場など）の場合

自宅の敷地に隣接する土地（庭、駐車場など）の場合には、自宅である建物の所有により、その占有は認められやすいであろう。前記(1)であげた自宅建物の登記事項証明書、写真、住民票等に加えて、原告の陳述書等により、自宅敷地と一体のものとして使用・管理をしていたという主張・立証が可能であろう。

(3) 田、畑等の農地の場合

田や畑の場合には、占有と呼べるだけの事実的支配を行っているかについて、住宅地よりも不明確となるため、その意味で立証が困難となる。占有の要素となる、①排他的な事実的支配状態、②その継続性、③外部からの認識可能性という点で証拠を吟味し、立証をしていくほかない。

たとえば、耕作者の有無（自身で耕作しているか、遊休地か、他人が耕作しているのか）、小作料の収受の有無（小作料を受け取っているか）、定期的な手入れ（草払いの実施）などについて、農業委員、民生委員、集落長等の作成に係る陳述書、これらに対応する証人尋問等の証拠の提出により立証をしていくことになる。また、農業委員会が管理する農地台帳に、対象地に関する所有者や耕作者の記載があり、それらが占有を裏づけるものであれば、有力な証拠となる。

(4) 山林の場合

山林については、基本的に常時占有するということが想定しづらいので、植林（土地上の立木の所有）、草払い等の管理をしていることのほか、明認方法の存在（柵、看板等の設置）が求められることが多い（もっとも、争いのある森林等については、取得時効の成立を主張する者が、明認方法をあえて実施し、時間期間の経過後に相談にくるというケースが多いであろう）。

反対に、明認方法等が実施されていない場合には、山林についての占有の立証は、（擬制自白が成立しない限り）極めて困難である。

(5) 建物の場合

建物の場合は、住民票（住所地の建物の場合）、写真、固定資産課税台帳上の記載等により立証することが容易であろう。

> コラム　建物の時効取得
>
> 建物の時効取得も、もちろん可能である。ただし、その場合には、固定資産課税台帳上の記載事項をよく検討し、時効の起算点を吟味する必要がある。新築年月日の古い未登記建物の場合、市町村により行われる全棟調査などの際に、聞き取り等により適宜の築年月日が記載（登録）されていることがあり、真実の事実関係との齟齬が生じることにより立証が困難となる場合がある。

3　自主占有

(1) 意義と訴訟手続上の考え方

民法186条1項により、占有者は、所有の意思をもって占有していることが推定されている（自主占有）。したがって、取得時効の成立を主張する側は、積極的に自主占有を立証することを求められるわけではなく、これを否定する側が他主占有であることの立証責任を負う。

もっとも、訴訟手続上は、所有の意思を客観的に表現するものとして、原

告（取得時効の成立を主張する者）名義の固定資産税の課税証明書などがあれば、有力な証拠となる。

　なお、民法162条の所有の意思については、「意思」と規定されているが、判例・通説は、主観的なもの（内心）ではなく、占有取得の際の権原の性質、すなわち、占有の取得の根拠や事情に従い客観的に定まるものとしている[12]。したがって、意思能力の有無とは関係がないから、未成年者や障害者であっても問題なく認められる。

(2) 共同相続人の一人による他の相続人に対する主張

　法定相続人は、被相続人の死亡と同時に、被相続人が所有し占有していた不動産に関する占有を承継する。共同相続人の一人は、自己の相続分に関して所有の意思をもって占有しているといえるが、他の共同相続人の持分に関する限り、他主占有となるのが判例である[13]。したがって、通常、他の共同相続人の持分に関して、取得時効の成立を主張することはあり得ない。

　ただし、相手方に争いがない場合、かつ、時効取得を原因として便宜登記手続を進めざるを得ない場合（相続人多数、遠隔地であるなど）には、民法185条による占有の性質の変更の規定に基づいて、たとえば、「亡Aの共同相続人の一人である原告は、亡Aの死亡後、直ちに本件土地の占有を開始し、同時に、亡Aの他の共同相続人である被告らに対し、以後、本件土地の被告らの持分についても、所有の意思をもって占有する旨の意思表示をした。したがって、原告は、この時、民法185条に基づき本件土地につき単独で自主占有を開始した」などの便宜的な主張をすることもある。

　これに対して、相手方の擬制自白が成立しない通常の訴訟においては、前記の民法185条による占有の性質の変更の主張・立証は困難である。この点、共同相続人の一人が単独で占有を開始した場合について、①その一人が単独に相続したものとして信じて疑わず、②不動産を現実に占有し、③使用収益

12　最判昭45・6・18判時600号83頁。
13　大判昭12・11・17判決全集4輯23号7頁。

を独占し、④公租公課を自己の名で負担したが、⑤他の共同相続人がそのことについて異議を述べていない場合には、共同相続人の一人による単独の自主占有が認められるとする判例がある[14]。したがって、これらの判例の準則（前記①〜⑤）に照らして、主張・立証を検討するほかないであろう。

> **コラム　持分についての自主占有と性質の変更**
> 　一つの土地について、共同相続人が共有持分をそれぞれ有しているといっても、それは観念的な話である。他方、ある時点における「事実状態としての占有」は一つである。
> 　このことを前提として、共有者の一人が、土地の全体を事実として占有しているとき、他の共有者全員の持分についても所有の意思をもって占有するということは、民法185条の占有の性質の変更に基づいて認められるところである。

---

[14] 最判昭47・9・8民集26巻7号1348頁は、「原審の適法に確定したところによれば、昭和15年12月28日訴外Aの死亡により同人所有の本件土地について、遺産相続が開始し、原判示の続柄にあるB₁、B₂、上告人B₃、上告人B₄、上告人B₅の5名が共同相続をしたが、そのうちB₂が昭和18年2月1日死亡したので、原判示の続柄にあるC₁、C₂、C₃、C₄、C₅の5名が同人の遺産相続をしたものであるところ、B₁はA死亡当時……戸主であつたので、当時は家督相続制度のもとにあつた関係もあり、家族であるAの死亡による相続が共同遺産相続であることに想到せず、本件土地は戸主たる自己が単独で相続したものと誤信し、原判示のような方法で自己が単独に所有するものとして占有使用し、その収益はすべて自己の手に収め、地租も自己名義で納入してきたが、昭和30年初頃長男である被上告人に本件土地を贈与して引渡し、爾後、被上告人においてB₁同様に単独所有者として占有し、これを使用収益してきた。一方、前記亡B₂、上告人B₃、上告人B₄、上告人B₅らは、いずれもそれぞれAの遺産相続をした事実を知らず、B₁および被上告人が右のように本件土地を単独所有者として占有し、使用収益していることについて全く関心を寄せず、異議を述べなかったというのである」とし、「共同相続人の一人が、単独に相続したものと信じて疑わず、相続開始とともに相続財産を現実に占有し、その管理、使用を専行してその収益を独占し、公租公課も自己の名でその負担において納付してきており、これについて他の相続人がなんら関心をもたず、もとより異議を述べた事実もなかつたような場合には、前記相続人はその相続のときから自主占有を取得したものと解するのが相当である」とする。

> これに対して、共有者がA、B、Cの3人であるとき、Aが、Cの共有持分を除いて、Bの共有持分についてのみ所有の意思をもつというのは、「事実状態として占有」は一つであることと矛盾し、認められないとする解釈があり、訴訟実務上もそのように扱われることが多い。

4　取得時効の起算点

(1)　判例の準則

取得時効の起算点は、客観的に占有が開始された時点であり、任意の時期を選択することはできないというのが判例である[15]。時効取得と登記に関する判例の立場は、次の①～⑤の準則に集約される。

　① 　時効取得者と原権利者との間では、両者は物権変動の当事者の関係に

---

[15] 前掲（注5）最判昭35・7・27は、「元来時効の制度は、長期間継続した事実状態に法的価値を認め、これを正当なものとして、そのまま法律上の秩序たらしめることを期するものであつて、これにより社会生活における法的安定性を保持することを目的とする。従つて、時効制度の本来の性質からいえば、いわゆる起算日は常に暦日の上で確定していなければならないわけのものではなく、起算日を何時と定めるにしても、その時から法律の認めた一定期間を通じ同一の事実状態が継続し、いわゆる時効期間が経過した場合には、その事実に即して、遡つて当初から権利の取得又は消滅があつたものとして取扱うことは、時効の当事者間にあつては、必ずしも不合理であるとはいえないであろう。しかし、時効による権利の取得の有無を考察するにあたつては、単に当事者間のみならず、第三者に対する関係も同時に考慮しなければならぬのであつて、この関係においては、結局当該不動産についていかなる時期に何人によつて登記がなされたかが問題となるのである。そして時効が完成しても、その登記がなければ、その後に登記を経由した第三者に対しては時効による権利の取得を対抗しえない（民法177条）のに反し、第三者のなした登記後に時効が完成した場合においてはその第三者に対しては、登記を経由しなくとも時効取得をもつてこれに対抗しうることとなると解すべきである。しからば、結局取得時効完成の時期を定めるにあたつては、取得時効の基礎たる事実が法律に定めた時効期間以上に継続した場合においても、必ず時効の基礎たる事実の開始した時を起算点として時効完成の時期を決定すべきものであつて、取得時効を援用する者において任意にその起算点を選択し、時効完成の時期を或いは早め或いは遅らせることはできないものと解すべきである」とする。

立つから、時効取得者が、原権利者に対して権利を主張するのに登記を要しない[16]。

② 時効取得者と、原権利者からの時効完成前の第三者との間では、前記①と同じく、両者は物権変動の当事者の関係に立つから、時効取得者が時効完成前の第三取得者に対して権利を主張するのに登記を要しない[17]。

③ 時効取得者と、原権利者からの時効完成後の第三者との間では、両者は二重譲渡の関係に立つから、未登記の時効取得者は、時効完成後の第三取得者に対して権利を主張できない[18]。

④ 時効期間の起算点は、時効の基礎である占有（自主占有）の開始時点であって、任意の時期に選択することはできない[19]。

⑤ 時効取得者は、時効完成後の第三取得者が登記を経由した後、さらに10年間または20年間占有を継続すれば、再び時効取得を主張できる[20]。

(2) 登記の先例との関係

また、取得時効の起算点は、次の①②の登記先例のとおり、前提登記としての相続登記の要否にもかかわってくるので注意を要する。なお、相続登記が必要な場合には、勝訴判決（確定証明書付き）を代位原因証明情報として、債権者代位の方法（民法423条、不動産登記法59条7号）により相続登記を完了することになる。

① 時効の起算日前に原所有者（登記名義人）が死亡しているときは、時効取得による所有権移転登記を申請する前提として、原所有者についての相続登記をすることを要する[21]。

---

16 大判大7・3・2民録24輯423頁。
17 最判昭41・11・22民集20巻9号1901頁。
18 前掲（注5）最判昭35・7・27。
19 前掲（注5）最判昭35・7・27。
20 最判昭36・7・20民集15巻7号1903頁。
21 登記研究455号89頁（1999）。

② 時効取得者が不動産の占有を開始した後に原所有者が死亡した場合、時効取得による所有権移転登記の前提として、原所有者について相続登記を申請することを要しない[22]。

---

22 登記研究401号161頁（1995）。

Ⅳ　送達に関する諸問題

　時効取得訴訟においては、被告となるべき登記名義人がすでに死亡しており、その相続人が多数にのぼる場合が多い。多数当事者に対する訴訟提起においては、訴状の送達自体が実務上の大きな課題となる。送達が有効に実施できれば、その後は、原告の側で主張・立証を果たしていくことで確実に勝訴判決を得るための訴訟手続を進めることができる。しかし、送達が完了しない限り、いつまでも訴訟が係属せず、訴訟手続が一向に進まない。

　そのため、ここでは送達手続の概要を理解し、手続を有効かつ迅速に進めていくための実務のあり方について触れることとする。

1　送達に関する民事訴訟法の条文

　時効取得訴訟のように多数当事者に対する訴訟提起においては、何らかの事情により送達がうまくいかない場合が多い。この問題に対処するため、裁判所書記官と連絡をとりながら、迅速に、かつ、有効に、送達事務に対処していく必要がある。

　送達手続を理解するには、まずは、民事訴訟法98条～113条の条文の構造を理解することが必要である（以下、Ⅳにおいて条数のみ示されているものは、民事訴訟法の条数である）。送達事務は、原則として、民事訴訟法の条文の順番に従って、執行方法（送達方法、送達場所、執行機関）が検討され、執行されていくからである。

(1)　職権送達の原則等

　職権送達の原則等については、次のように規定されている。

> 第98条　送達は、特別の定めがある場合を除き、職権でする。
> 2　送達に関する事務は、裁判所書記官が取り扱う。

第2章　Ⅳ　送達に関する諸問題

　送達に関する事務は、公示送達の場合（110条）を除いて職権で行われる（98条1項）。したがって、以下の種々の送達を執行するに際して、訴訟当事者の側からできることは、職権の発動を促す上申であって、申立てではないことに注意を要する。

　また、送達に関する事務において判断を行うのは、原則として裁判所書記官であるので（98条2項）、裁判所書記官との打合せが重要であることはいうまでもない。

(2)　**送達実施機関**

送達実施機関については、次のように規定されている。

> 第99条　送達は、特別の定めがある場合を除き、郵便又は執行官によってする。
> 2　郵便による送達にあっては、郵便の業務に従事する者を送達をする者とする。

　送達は、原則として、郵便法に規定のある「特別送達」（郵便法49条）の方法で実施される（99条1項・2項）。ただし、休日または夜間の送達や、差置送達（106条3項。後記(9)参照）のように、特別送達の方法では執行が難しい場合には、執行官による送達が実施されることがある（99条1項）。

(3)　**裁判所書記官による送達**

裁判所書記官による送達については、次のように規定されている。

> 第100条　裁判所書記官は、その所属する裁判所の事件について出頭した者に対しては、自ら送達することができる。

　送達は、裁判所書記官が自ら、出頭した当事者に対して直接に行うこともできる（100条。99条の例外）。送達すべき書類を裁判所で直接に受け取る場合がこれにあたる。

(4) 交付送達の原則

交付送達の原則については、次のように規定されている。

> 第101条　送達は、特別の定めがある場合を除き、送達を受けるべき者に送達すべき書類を交付してする。

送達の執行方法は、送達すべき書類につき、送達を受けるべき者に交付すること、すなわち、書類を直接に手渡すこと（交付送達）が原則である（101条）。書類を差し置くことで送達したこととする差置送達の場合（106条3項。後記(9)参照）や、書留郵便に付したことで送達したこととする場合（107条。後記(10)参照）は、あくまで例外である。

(5) 訴訟無能力者等に対する送達

訴訟無能力者等に対する送達については、次のように規定されている。

> 第102条　訴訟無能力者に対する送達は、その法定代理人にする。
> 2　数人が共同して代理権を行う場合には、送達は、その一人にすれば足りる。
> 3　刑事施設に収容されている者に対する送達は、刑事施設の長にする。

成年被後見人等の訴訟無能力者に対しては、その法定代理人である成年後見人等に送達する（102条1項）。したがって、訴訟無能力者本人に対して行った送達は、訴訟行為として無効である。問題は、たとえば、当事者の一人が訴訟無能力者であることがわかっているか、または、そのような事情がうかがえるが（たとえば、住民票が認知症対応型の高齢者施設におかれている場合など）、当事者の法定代理人（成年後見人等）からいっさいの協力が得られないという場合、送達をどのようにすればよいかである。成年後見人が就任しているか否かは、成年後見登記を確認すればわかるはずであるが、成年後見登記事項証明書は、本人、4親等内の親族または成年後見人等からの請求がなければ交付されないから（後見登記等に関する法律10条）、訴訟の相手方と

なる当事者が勝手に取得することはできない。したがって、他の当事者としては、利害関係を疎明して管轄家庭裁判所に対して後見開始審判書の謄本を請求するか（成年後見人が就任している場合。家事事件手続法47条1項・2項）、もしくは、特別代理人の選任を申し立てるほかないであろう（35条1項）。

数人の代理人がいる場合（たとえば、数人の訴訟代理人が選任されている場合など）は、そのうちの一人にのみ送達すればよい（102条2項）。

刑事施設（刑務所、警察署に附属する留置場など）に収容されている者に対する送達は、刑務所長、警察署長などの当該刑事施設の長に対して送達する（102条3項）。

(6) 送達場所

送達場所については、次のように規定されている。

> 第103条　送達は、送達を受けるべき者の住所、居所、営業所又は事務所（以下この節において「住所等」という。）においてする。ただし、法定代理人に対する送達は、本人の営業所又は事務所においてもすることができる。
> 2　前項に定める場所が知れないとき、又はその場所において送達をするのに支障があるときは、送達は、送達を受けるべき者が雇用、委任その他の法律上の行為に基づき就業する他人の住所等（以下「就業場所」という。）においてすることができる。送達を受けるべき者（次条第1項に規定する者を除く。）が就業場所において送達を受ける旨の申述をしたときも、同様とする。

送達は、送達を受けるべき者の住所、居所、営業所または事務所においてする（103条1項本文）と定める。これらの場所（住所等）で送達をすべきことは当然のことであり、原則を定めたものである。法定代理人がある場合にも、本人の営業所または事務所においても法定代理人に送達することができる（同項ただし書）。

就業場所において送達することができる要件は、①103条1項に規定され

る本人の住所等が知れないとき、②本人の住所等において送達するのに支障があるとき（たとえば、日中においてほとんど不在にしている場合、遠方に勤務している場合など）の二つである（就業場所送達。同条2項前段）。また、当事者の側から就業場所において送達を受ける旨を申述したときには、その場所において送達することができる（同項後段）。

(7) **送達場所等の届出**

送達場所等の届出については、次のように規定されている。

> 第104条　当事者、法定代理人又は訴訟代理人は、送達を受けるべき場所（日本国内に限る。）を受訴裁判所に届け出なければならない。この場合においては、送達受取人をも届け出ることができる。
> 2　前項前段の規定による届出があった場合には、送達は、前条の規定にかかわらず、その届出に係る場所においてする。
> 3　第1項前段の規定による届出をしない者で次の各号に掲げる送達を受けたものに対するその後の送達は、前条の規定にかかわらず、それぞれ当該各号に定める場所においてする。
> 　一　前条の規定による送達　その送達をした場所
> 　二　次条後段の規定による送達のうち郵便の業務に従事する者が日本郵便株式会社の営業所（郵便の業務を行うものに限る。第106条第1項後段において同じ。）においてするもの及び同項後段の規定による送達　その送達において送達をすべき場所とされていた場所
> 　三　第107条第1項第1号の規定による送達　その送達においてあて先とした場所

訴訟当事者には、送達場所の届出義務がある（104条1項。民事訴訟規則41条に、送達場所の届出の方式が規定されている）。訴状や答弁書において、送達場所の記載をすべきことはいうまでもない。

送達場所の届出があった当事者に対しては、その場所において送達をする（104条2項）。

104条3項は、送達場所の届出がない場合において、一度送達を受けた者に対する以後の送達方法を定めており、裁判実務上重要である。住所等または就業場所において送達を受けた者は、送達場所の届出がない場合には、以後は、その送達をした場所において送達をする（同項1号）。このように、一度送達が実施されると以後の送達場所が決まることを「送達場所の確定」という。また、郵便局の窓口でする出会送達（105条。後記(8)参照）が実施された場合および住所等における補充送達（106条1項。後記(9)参照）が実施された場合は、その送達すべき場所とされた場所において以後の送達をする（104条3項2号）。さらに、付郵便送達（107条1項1号。後記(10)および2(3)参照）を実施した場合には、その付郵便送達において宛先とした場所が以後の送達すべき場所となる（104条3項3号）。

(8) **出会送達**

出会送達については、次のように規定されている。

> 第105条　前2条の規定にかかわらず、送達を受けるべき者で日本国内に住所等を有することが明らかでないもの（前条第1項前段の規定による届出をした者を除く。）に対する送達は、その者に出会った場所においてすることができる。日本国内に住所等を有することが明らかな者又は同項前段の規定による届出をした者が送達を受けることを拒まないときも、同様とする。

送達の名宛人が日本国内に住所等を有することが明らかでなく、送達場所の届出もしていない場合（105条前段）、または、日本国内に住所等を有することが明らかな場合または送達場所の届出をしている場合であるが送達の名宛人が拒まないときは（同条後段）、送達実施機関が出会った場所において送達をすることができる（出会送達）。同条後段は、管轄裁判所において裁判所書記官から直接に受け取る場合や、郵便局の窓口で特別送達を受け取る場合がこれにあたる。

(9) 補充送達および差置送達

補充送達および差置送達については、次のように規定されている。

第106条　就業場所以外の送達をすべき場所において送達を受けるべき者に出会わないときは、使用人その他の従業者又は同居者であって、書類の受領について相当のわきまえのあるものに書類を交付することができる。郵便の業務に従事する者が日本郵便株式会社の営業所において書類を交付すべきときも、同様とする。

2　就業場所（第104条第1項前段の規定による届出に係る場所が就業場所である場合を含む。）において送達を受けるべき者に出会わない場合において、第103条第2項の他人又はその法定代理人若しくは使用人その他の従業者であって、書類の受領について相当のわきまえのあるものが書類の交付を受けることを拒まないときは、これらの者に書類を交付することができる。

3　送達を受けるべき者又は第1項前段の規定により書類の交付を受けるべき者が正当な理由なくこれを受けることを拒んだときは、送達すべき場所に差し置くことができる。

就業場所以外の送達をすべき場所（すなわち、住所、営業所等の本来送達を行うべき場所）において送達の名宛人に出会わないときには、便宜、名宛人以外の使用人、従業者、同居者に送達をすることができる（106条1項）。名宛人以外の者に対してする送達を「補充送達」といい、補充送達を受けることができる使用人等を「補充送達受領資格者」という。たとえば、訴訟代理人が送達の名宛人であり、その事務所が送達場所であるときに、名宛人に出会わない場合であっても、便宜、名宛人の補助者（使用人）に交付することができるという趣旨である。

就業場所において、他人（勤務先の会社）またはその使用人等が送達を受けることを拒まないときも、その他人またはその使用人等に補充送達をすることができる（106条2項）。就業場所における補充送達では、同条1項と異

なり、補充送達受領資格者が「拒まないとき」という要件が加わる。

　送達の名宛人または補充送達を受けるべき者が正当な理由なく受領を拒否したときには、送達すべき場所に差し置くことで（たとえば、住所である自宅の玄関先においておくなど）、送達を完了させる（差置送達。106条3項）。「正当な理由なくこれを受けることを拒んだとき」という要件が加わるため、郵便の方法によることが困難であり、通常は、執行官により実施される。

(10) 書留郵便等に付する送達

書留郵便等に付する送達については、次のように規定されている。

第107条　前条の規定により送達をすることができない場合には、裁判所書記官は、次の各号に掲げる区分に応じ、それぞれ当該各号に定める場所にあてて、書類を書留郵便又は民間事業者による信書の送達に関する法律（平成14年法律第99号）第2条第6項に規定する一般信書便事業者若しくは同条第9項に規定する特定信書便事業者の提供する同条第2項に規定する信書便の役務のうち書留郵便に準ずるものとして最高裁判所規則で定めるもの（次項及び第3項において「書留郵便等」という。）に付して発送することができる。

　一　第103条の規定による送達をすべき場合　同条第1項に定める場所
　二　第104条第2項の規定による送達をすべき場合　同項の場所
　三　第104条第3項の規定による送達をすべき場合　同項の場所（その場所が就業場所である場合にあっては、訴訟記録に表れたその者の住所等）

2　前項第2号又は第3号の規定により書類を書留郵便等に付して発送した場合には、その後に送達すべき書類は、同項第2号又は第3号に定める場所にあてて、書留郵便等に付して発送することができる。

3　前2項の規定により書類を書留郵便等に付して発送した場合には、その発送の時に、送達があったものとみなす。

　書留郵便等に付する送達（付郵便送達）と呼び、裁判実務上は、極めて重要である。この送達方法が実施される際、相手方当事者が期日に出頭しな

いか争わない場合には、擬制自白（159条3項）が成立して勝訴の可能性が高まるのに対して、付郵便送達が実施できず公示送達によるほかない場合には、立証が一から求められてしまうからである。

　付郵便送達は、「前条の規定により送達をすることができない場合」に限り実施することができる（107条1項柱書）。ここでいう前条（106条）については、補充送達は差置送達を指しているが、そもそも補充送達や差置送達は、通常の送達（103条）の特例であるから、結局のところ107条の付郵便送達ができるのは、通常の送達や補充送達や差置送達などのあらゆる送達方法を検討しても送達が奏功しない場合であると解されている。

　付郵便送達は、住所等に送達する場合は、その場所を宛先とし（107条1項1号）、当事者が送達場所を届け出ている場合にはその場所を宛先とし（同項2号）、当事者が送達場所を届け出ていない場合で、104条3項の規定により送達場所が確定している場合には、その場所を宛先として（同項3号）、書類を書留郵便等に付してすることとなる。

　2回目以降の付郵便送達は、前回の付郵便送達において宛先とされた場所を宛先として書留郵便に付することを定めている（107条2項）。付郵便送達は、1回目の実施を上申するときには、その要件が満たされていること（住所等や就業場所などの送達すべき場所が明らかであるが、補充送達、差置送達ができないこと）を疎明して職権の発動を促す必要があるが、2回目以降の付郵便送達は、同項の規定により、職権によりなされることとなる。

　付郵便送達は、書留郵便を発送した時に送達の効力が生ずる（107条3項）。発送時に送達の効力が生ずるので、書留郵便が実際には到達しなくても送達の効力に影響しない。

　(11)　**外国における送達**

　外国における送達については、次のように規定されている。

第2章 Ⅳ 送達に関する諸問題

> 第108条 外国においてすべき送達は、裁判長がその国の管轄官庁又はその国に駐在する日本の大使、公使若しくは領事に嘱託してする。

当事者が外国に居住するなどの事情により、外国において送達をする必要がある場合には、当該外国の裁判所または管轄官庁に送達を嘱託する場合と、当該外国にある日本の大使・領事等に送達を嘱託する場合の二つがある(108条)。

(12) 送達報告書

送達報告書については、次のように規定されている。

> 第109条 送達をした者は、書面を作成し、送達に関する事項を記載して、これを裁判所に提出しなければならない。

送達がされた場合には、送達報告書が作成される。この送達報告書は、訴訟記録の一部となるから、91条1項に基づいて閲覧をすることができる。したがって、当該訴訟当事者に対する他の事件がある場合、当該他の事件において送達がどのように実施できたのか、できなかったのかについて、記録を閲覧することにより確認することができる。取得時効が問題となる事案の場合には、当該訴訟当事者に対する他の事案がある場合も珍しくなく、他の事件の送達報告書を確認することは非常に有効である。

(13) 公示送達の要件

公示送達の要件については、次のように規定されている。

> 第110条 次に掲げる場合には、裁判所書記官は、申立てにより、公示送達をすることができる。
> 一 当事者の住所、居所その他送達をすべき場所が知れない場合
> 二 第107条第1項の規定により送達をすることができない場合
> 三 外国においてすべき送達について、第108条の規定によることができず、又はこれによっても送達をすることができないと認めるべき場合

四　第108条の規定により外国の管轄官庁に嘱託を発した後６月を経過しても　その送達を証する書面の送付がない場合
　２　前項の場合において、裁判所は、訴訟の遅滞を避けるため必要があると認めるときは、申立てがないときであっても、裁判所書記官に公示送達をすべきことを命ずることができる。
　３　同一の当事者に対する２回目以降の公示送達は、職権でする。ただし、第１項第４号に掲げる場合は、この限りでない。

　原則的な公示送達は、当事者の住所、居所その他送達をすべき場所が知れない場合である（110条）。ここでいう「その他送達をすべき場所」（同条１項１号）とは、当事者の就業先（103条２項）はもちろんのこと、当事者が法人である場合には、法人の代表者、支配人等の法律上の代表権・代理権をもった者の住所、居所、就業先等をも含む。したがって、当事者本人のほか、代表者等の住所、居所、営業所等も不明であることが要件となる。

　公示送達は、送達すべき書類を当事者に知らせることはほとんど不可能であるにもかかわらず、訴訟の遅滞や不能を避けるために掲示のみで送達を完了とする例外的な制度である。そこで、「知れない場合」（110条１項１号）であることは、裁判所書記官により厳格に審査がされる。具体的には、住民票や現地調査報告書などを申立人である当事者から提出する必要がある。

　110条１項２号は、当事者の就業先はわかるが、住居所が不明な場合であって付郵便送達ができない場合である。就業場所への送達は、受送達者本人に出会わない限り差置送達ができないし（106条）、就業場所あてには付郵便送達もできないから（107条）、いつまでも送達ができなくなってしまうおそれがあるからである。

　110条１項３号および４号は、外国における送達が、通常の方法（108条）では実施できない場合である。

　110条２項は、受訴裁判所は、例外的に、申立てによらずに職権により公示送達が実施できることを定めている。また、同条３項は、２回目以降の公

示送達は、原則として、職権でなされることを定める。

  (14)　**公示送達の方法**

　公示送達の方法については、次のように規定されている。

> 第111条　公示送達は、裁判所書記官が送達すべき書類を保管し、いつでも送達を受けるべき者に交付すべき旨を裁判所の掲示場に掲示してする。

　公示送達は、裁判所の掲示場に掲示することによって送達を完了させるものである（111条）。したがって、当事者が送達すべき書類を了知する可能性はほとんどない。

  (15)　**公示送達の効力発生の時期**

　公示送達の効力発生の時期については、次のように規定されている。

> 第112条　公示送達は、前条の規定による掲示を始めた日から2週間を経過することによって、その効力を生ずる。ただし、第110条第3項の公示送達は、掲示を始めた日の翌日に効力を生ずる。
> 2　外国においてすべき送達についてした公示送達にあっては、前項の期間は、6週間とする。
> 3　前2項の期間は、短縮することができない。

　公示送達の効力発生時期は、原則として、掲示を始めた日から2週間を経過した日である（112条1項前文）。ただし、同一の当事者に対する2回目以降の公示送達の場合には、掲示の翌日に効力が発生する（同項後文）。

  (16)　**公示送達による意思表示の到達**

　公示送達による意思表示の到達については、次のように規定されている。

> 第113条　訴訟の当事者が相手方の所在を知ることができない場合において、相手方に対する公示送達がされた書類に、その相手方に対しその訴訟の目的である請求又は防御の方法に関する意思表示をする旨の記載があるときは、その意思表示は、第111条の規定による掲示を始めた日から2週間を

経過した時に、相手方に到達したものとみなす。この場合においては、民法第98条第3項ただし書の規定を準用する。

公示送達がされた書類に、請求または防御の方法に関する意思表示をする旨の記載があるときは、2週間を経過した時に、相手方に到達したものとみなす（113条）。民法98条の公示による意思表示の特例である。この規定は、取得時効の関係でいえば、訴状の送達により相手方に対して時効援用の意思表示をする場合に、援用の効力が掲示の日から2週間の経過した時に発生するという意味をもつ。

2 送達の方法

前記1に述べた送達に関する条文の構造を前提として、ここでは、実務上の取扱いの多い送達の方法について述べる。

(1) 休日送達

まず、郵便職員によって実施される「特別送達」（郵便法49条）は、郵便職員により送達すべき場所において交付されるか、郵便窓口において交付される必要がある。しかし、当事者の仕事の都合（平日は仕事のために留守にしているなどのため）などによっては、実施が難しい場合がある。

そこで、休日配達指定郵便によって再度の送達を試みることがある。これを「休日送達」などと呼ぶ。休日送達については、1回目の送達が「不在・留置期間経過」などの理由により奏功しない場合に、上申書を待たずに裁判所書記官の判断で実施されることが多い。

(2) 就業場所送達

「就業場所」において送達する「就業場所送達」（103条2項前段）の際には、就業場所は裁判所書記官にとっては明らかでない事実であるから、当事者の側から上申書を提出して、就業場所への送達を促す必要がある（【書式1】参照）。

第2章 Ⅳ 送達に関する諸問題

　時効取得訴訟においては、相手方となる多数の当事者のうち、数人からの協力を得られる場合には、その敵対的でない当事者から、他の当事者の就業場所の情報を得られることがある。この場合には、この規定による送達方法が有効であり、確実である。
　また、法人の登記されている役員については、当該法人の本店、支店、営業所等がすべき就業場所として認められる。

【書式1】　就業場所への再送達の上申書

平成○○年（○）第○○○○号
原　　告　○　○　○　○
被　　告　○　○　○　○

就業場所への再送達の上申書

　　　　　　　　　　　　　　　　　　　　平成○○年○○月○○日
○○簡易裁判所民事○室○係　御中
　　　　　　　　　　　原告訴訟代理人司法書士　○　○　○　○　㊞

　頭書事件について、被告○○○○に対する訴状副本等の送達が留置期間経過という理由で不奏功となったので、同人の就業場所である下記場所に再送達されますよう上申いたします。

被告の就業場所
　〒○○○-○○○○　○○県○○市　○○町○○番○○号
　　　　　　　　　株式会社○○○○内

　　　　　　　　　　　　　　　　　　　　　　　　以　上

(3) 付郵便送達

㋐ 付郵便送達の要件

「付郵便送達」（107条1項1号～3号）は、書留郵便を発送させることにより送達を完了させる強行的な規定である。この送達によることができるか否かが、擬制自白が成立するか否かにかかわり、訴訟の帰趨を決する場合もある。

付郵便送達が発信主義をとっていることから（107条3項）、その前提手続である住所等における交付送達について、休日配達指定郵便による再度の交付送達を試みるなど（これに代え、執行官送達を試みる運用もある）、送達種類の種別に応じ、慎重な運用がされている。また、一度この付郵便送達をすると、以後、送達場所固定の効果が生じることも慎重な取扱いを要する理由の一つであるとされている[23]。

(A) 107条1項1号の付郵便送達

107条1項1号の付郵便送達の要件は、①住所等における送達（103条1項）について、交付送達、補充送達、差置送達ができなかったこと、かつ、②㋐就業場所不存在または不明のため送達ができなかったこと（同条2項）、または、㋑就業場所が判明したものの交付送達、補充送達、差置送達ができなかったことである（【書式2】参照）。

また、郵便の宛先は、住所等である。

【書式2】 書留郵便に付する送達の上申書

```
平成○○年（○）第○○○○号
原　告　○　○　○　○
被　告　○　○　○　○
```

---

[23] 裁判所職員総合研修所監修『民事実務講義案Ⅱ［三訂版］』（司法協会・2008）38頁参照。

第2章 Ⅳ 送達に関する諸問題

書留郵便に付する送達の上申書

平成○○年○○月○○日

○○簡易裁判所民事○室○係　御中

　　　　　　　原告訴訟代理人司法書士　○　○　○　○　㊞

　頭書事件について、被告○○○○に対する訴状副本等の送達が留置期間経過で不奏功となっておりますが、同人は、別紙調査報告書（略）記載のとおり、訴状記載の住所に居住しており、同人の就業場所が判明しないので、同人に対し、民事訴訟法107条1項1号に基づく書留郵便に付する送達をされますよう上申いたします。

添付書類

1　住民票　　　1通
2　調査報告書　1通[24]

以　上

(B)　107条1項2号の付郵便送達

　107条1項2号の付郵便送達の要件は、①送達場所の届出（104条2項）が有効にされたこと、かつ、②当該送達場所につき、交付送達、補充送達、差置送達ができなかったことである。

　また、郵便の宛先としては、届出がされた送達場所である。

　(C)　107条1項3号の付郵便送達

　107条1項3号の付郵便送達の要件は、①送達場所の届出（104条2項）

---

[24] 調査報告書において、民事訴訟法107条1項1号の要件を満たしていることを詳細に報告する必要がある。

がないとき、当事者に対して、送達場所の届出をしない当事者に送達がされたときのその後の送達場所（同条3項）に従って決定される送達場所に送達すべき場合であること、かつ、②当該場所にした送達につき、交付送達、補充送達、差置送達をすることができなかったことである。

また、郵便の宛先は、104条3項に従って決まる送達場所である。

(イ) 調査報告書

付郵便送達の調査報告書は、前記(A)～(C)の要件を満たしていることを送達実施者（裁判所書記官）が認定する相応の資料として提出を求められるものである。したがって、裁判所書記官との事前の打合せが不可欠である。もっとも、(B)(C)の場合には、すでに、104条3項により送達場所が確定しているので、特別な事情のない限り、調査報告書の提出は不要であろう。問題となるのは、(A)の場合である[25]。

(4) 公示送達

公示送達を申し立てる場合、自然人の場合には、その住所・居所・就業先について、当事者が通常行うべき調査をしても不明であることが要件となり、法人の場合には、その本店・支店・営業所および代表者の住所・居所・就業先について、当事者が通常行うべき調査をしても不明であることが要件となる（【書式3】参照）。

一般に、公示送達により判決を得た際、執行手続が必要となる場合には、受訴裁判所と執行裁判所の峻別のため、別途、執行裁判所に対して公示送達

---

[25] この点、裁判所職員総合研修所監修・前掲（注23）37頁以下では、「付郵便送達の要件は相応の資料に基づいて認定されるべきであり、これを記録上明確にしておく必要がある。したがって、書記官は、住所等への送達が不在等のために奏功しなかったことを相手方当事者に伝えてその裏付調査、就業場所の調査を求めたこと、及び調査によって得られた前記要件の認定資料（報告書等）（注1）を記録上明確にしておく必要がある（東京高裁平成4年2月10日判決）」とし、注1では「就業場所が判明しないことを理由として付郵便送達をする場合には、少なくとも、相手方当事者等から当該裁判所に対し、就業場所が判明しないことについての積極的認定資料が提出される必要がある（東京地裁昭和63年9月21日決定）」とされる。

第2章 Ⅳ 送達に関する諸問題

の申立てが必要となることに注意を要する。ただし、時効取得を原因とする所有権移転登記手続請求事件などのように、意思表示を求める裁判においては、裁判により意思表示が擬制され、別個の執行手続が不要であるため（民事執行法174条）、そのような煩わしさはない。

【書式３】 公示送達の申立書

平成○○年（○）第○○○○号
原　告　○　○　○　○
被　告　○　○　○　○

公示送達の申立書

　　　　　　　　　　　　　　　　　　　　平成○○年○○月○○日

○○簡易裁判所民事○室○係　御中

　　　　　　　　　原告訴訟代理人司法書士　○　○　○　○　㊞

　頭書事件について、被告○○○○の住所、居所、就業場所、その他送達すべき場所が知れないため、通常の手続に従い訴状副本等の送達をなすことができないので、公示送達されるよう申立ていたします。

住居所不明（最後の住所）
　〒○○○-○○○○　　○○県○○市　○○町○○番○○号
　　　　　　　　　　株式会社○○○○内

添 付 書 類

1　住民票　　　　1通

2　調査報告書　　1通

以　上

コラム　公示送達か不在者財産管理人か
　公示送達は、訴訟手続上において、当事者の申立てにより、裁判所書記官が行うものである（110条1項）。一方、不在者財産管理人は、訴訟手続に関係なく、利害関係人の請求により家庭裁判所が選任するものであり、実体法上の制度である（民法25条1項、家事事件手続法別表第1・55項）。
　そこで、ある不動産の所有権登記名義人またはその相続人の一人について所在が不明の場合に、公示送達で進めるのか、不在者財産管理人で進めるのかの判断に迷うことがある。
　原則的な考え方として、不在者財産管理人の選任手続は、公示送達より厳格な手続であり、公示送達が可能な場合においても、訴訟外において、あらかじめ不在者財産管理人を選任することを妨げられない。
　ただし、不在者財産管理人は、その名のとおり、「財産」を管理すべき者であるので、管理すべき財産が取得時効にかかる不動産のみであり、本訴訟の判決確定後は財産が皆無になる（その時点において、管理終了となる）者について（家事事件手続法147条）、いちいち財産管理人の選任を行うのは手続として冗長といえる。もちろん、費用面においても依頼者にとって過度の負担となる。
　そこで、便宜、公示送達の方法で済ますことができないかを検討していくことになる。公示送達の趣旨は、相手方に対する文書を「公示」することにより、その文書を受け取ったとみなす制度であるので、その前提として、相手方の了知可能性を前提とする。
　したがって、（裁判所書記官の個々の判断にもよるが）住所が全く不明である者の場合、すなわち、登記簿（登記記録）上に住所の記載のない登記名義人については、送達の名宛人をそもそも特定することができず、したがって、公示送達の名宛人が自己を特定する材料を欠くとして、公示送達を受け付けない取扱いが多い（なお、この場合には、「別紙物件目録記載の不動産の登記

事項証明書の甲区１番に○○○○（氏名）と登記されている者」という具合に当事者を特定したうえで、その者についての不在者財産管理人の選任を要することとなるのが実務の取扱いである）。

　訴訟で対象となる不動産以外にも管理すべき財産があることが判明している場合（固定資産課税名寄帳などの税務資料などにより、同一人物名義の他の財産が確認できている場合）には、公示送達の基準を満たしている場合においても、以後の実体法の財産管理の必要性に鑑み、裁判所から、実体法上の代理人である不在者財産管理人の選任を求められることが多い。

　これに対して、所有権以外の登記名義人が問題となる場合には、管理すべき財産がないことから不在者財産管理人によらず、公示送達の方法によるのが一般である。

コラム　民事訴訟法上の特別代理人

　民事訴訟法35条の特別代理人の制度は、法人の代表者等へも準用される（37条）。不動産の登記名義人が法人であり、法人の本店、営業所、代表等のすべての所在が不明であるか、または、清算結了の登記をしていて清算人が見当たらない場合には、35条の特別代理人の選任によることができる。

　反対に、法人の清算結了の登記をしていても、清算人が存在し、所在がわかっている場合には、この者に対して訴訟提起をすればよい。この場合は、実体法上清算が結了しておらず、清算人の権利義務が存続していると考えられるからである。

3　擬制自白

公示送達の場合には、自白が擬制されない。

> 第159条　当事者が口頭弁論において相手方の主張した事実を争うことを明らかにしない場合には、その事実を自白したものとみなす。ただし、弁論の全趣旨により、その事実を争ったものと認めるべきときは、この限りでない。

> 2　相手方の主張した事実を知らない旨の陳述をした者は、その事実を争ったものと推定する。
> 3　第1項の規定は、当事者が口頭弁論の期日に出頭しない場合について準用する。ただし、その当事者が公示送達による呼出しを受けたものであるときは、この限りでない。

　なお、不在者財産管理人、相続財産管理人、成年後見人などが選任されている場合にも、これらの法定代理人は、その善管注意義務の内容として、自白すべき事実関係が明らかでない限り訴訟手続上自白をすることはできないから、反対当事者が立証を尽くす必要があるという点も留意しておく必要がある。

V　請求の趣旨に関する諸問題

1　基本的な請求の趣旨

　不動産の時効取得の成立を主張する訴訟における請求の趣旨は、次のようになる。

> 　被告は、原告に対して、別紙物件目録記載の土地につき、平成○○年○○月○○日時効取得を原因として、所有権移転登記手続をせよ。

2　持分移転の場合の請求の趣旨

　所有権移転登記ではなく、持分移転登記を主張する場合には、請求の趣旨は、次のようになる。

> 　被告は、原告に対して、別紙物件目録記載の土地につき、平成○○年○○月○○日時効取得を原因として、A持分全部移転登記手続をせよ。

　また、共有者が複数になる場合には、請求の趣旨は、次のようになる。

> 　被告らは、原告に対して、別紙物件目録記載の土地につき、平成○○年○○月○○日時効取得を原因として、共有者全員持分全部移転登記手続をせよ。

　もっとも、共有者Aに対して「所有権移転登記手続をせよ」という判決があった場合にも、その判決に基づくA持分全部移転登記申請は、実務上問題

なく受け付けられるのが登記実務である。

3 所有権登記名義人の共同相続人に対して請求する場合の請求の趣旨

所有権登記名義人が死亡しており、その共同相続人に対して時効取得を請求する場合には、時効の起算点（占有の開始の時期）が、相続開始の前か後かによって、請求の趣旨が異なる。

(1) 時効の起算点が、相続開始後である場合

時効の起算点より相続開始の日が早い場合には、時効取得に基づく所有権移転登記等の前提として、所有権登記名義人につき相続登記を要することとなる[26]。この際、法定相続人が複数ある場合には、請求の趣旨は、次のようになる。

> 被告らは、原告に対して、別紙物件目録記載の土地につき、平成〇〇年〇〇月〇〇日時効取得を原因として、共有者全員持分全部移転登記手続をせよ。

なお、この場合、前提登記としての相続登記は、時効取得の判決正本および確定証明書を代位原因証明情報として、時効取得者の単独申請により行うことができる。

(2) 時効の起算点が、相続開始前である場合

反対に、時効の起算点より後に相続が開始した場合には、前提としての相続登記を経る必要がないから[27]、請求の趣旨は、次のようになる。

---

[26] 「時効の起算日前に原所有者（所有権登記名義人）が死亡しているときは、時効取得による所有権移転登記を申請する前提として、原所有者についての相続登記をすることを要する」（登記研究455号89頁（1999））。

[27] 「時効取得者が不動産の占有を開始した後に原所有者（所有権登記名義人）が死亡した場合、時効取得による所有権移転登記の前提として原所有者について相続登記を申請することを要しない」（登記研究401号161頁（1995））。

> 被告らは、原告に対して、別紙物件目録記載の土地につき、平成○○年○○月○○日時効取得を原因として、所有権移転登記手続をせよ。

4 所有権登記名義人の共同相続人に対して、原告の被相続人に対する所有権移転登記を請求する場合の請求の趣旨

　時効取得が問題となる事案において、実務上最も多いのは、所有権登記名義人がすでに死亡しているとともに、取得時効を完成させた占有者もすでに死亡している場合である。

　この場合、所有権登記名義人の死亡に関して、時効の起算点と所有権登記名義人の相続開始の日の前後で請求の趣旨および前提としての相続登記の要否が異なってくるのは、前記3のとおりである。

　これに対して、占有者の死亡に関しては、誰がその時効を援用したかにより、登記権利者が異なり、そのため請求の趣旨の記載が異なってくる。

(1) 占有者（被相続人）が時効を援用していた場合

　まず、時効を完成させた占有者（すでに死亡。被相続人）が時効を援用していたが、時効取得の登記を経ないまま死亡したという場合には、占有者が援用の時点において確定的に当該不動産の所有権を時効取得したこととなると解される。そこで、占有者が登記権利者となるから、請求の趣旨においても表示される必要がある。具体的には、請求の趣旨は、次のようになる。

> 被告らは、原告に対して、別紙物件目録記載の土地につき、平成○○年○○月○○日時効取得を原因として、最後の住所○○県○○市○○町○○丁目○○番地、亡Aのために所有権移転登記手続をせよ。

　なお、「亡Aのために」とあるところは、「亡Aに対する」と記載すべきと指摘する裁判官もある。

(2) 占有者（被相続人）が時効を援用していなかった場合

時効を完成させた占有者（被相続人）が時効を援用していなかったため、占有者の相続人が当該時効を援用したという場合に、誰が登記権利者となるかについては、諸説がある。

これは、時効の「援用」（民法145条）の法的性質と関連して問題となるが（後記Ⅵもあわせて参照）、①時効の制度は、時効期間の経過により権利の得喪を生じさせるものであり、援用は訴訟上の攻撃防御方法にすぎないとする説[28]に基づくと、権利を取得したのは占有者（被相続人）に間違いないと解されるから、登記権利者が被相続人である占有者となる。したがって、前記(1)と同様の請求の趣旨の記載となる。

これに対して、②時効の効果は、時効期間の経過によって直ちに確定的には生ぜず、援用を停止条件として生ずるとする近時の通説[29]に従えば、相続人が時効を援用した時点において時効取得の効果が確定的に生ずることなる。この場合、㋐権利取得を確定させた援用者こそが時効取得者であり登記権利者となると考え方、㋑援用者が確定させたのは占有者の取得時効の効果であるから占有者が登記権利者となると考え方の二つが成り立つであろう。

なお、筆者の経験では、この場合にも、占有者（被相続人）が登記権利者となると考える裁判官および登記官が多いと思われる。

---

28 確定効果説、攻撃防御方法説。大判大8・7・4民録25輯1215頁。
29 不確定効果説のうち停止条件説。最判昭61・3・17民集40巻2号420頁。

第2章　V　請求の趣旨に関する諸問題

> **コラム　占有者・時効援用者と登記権利者（相続がかかわる場合）**
>
> 占有者に相続が発生している場合の登記権利者は、次のとおりである。
>
> | 占有の態様 | | 時効援用者 | 登記権利者 | |
> |---|---|---|---|---|
> | 占有の開始の時点 | 時効期間の満了の時点 | | | |
> | 被相続人の占有 | 被相続人の占有 | 被相続人 | 被相続人 | ① |
> | | | 相続人 | 諸説あり | ② |
> | | 相続人の占有 | 相続人 | 相続人 | ③ |
>
> ①は、被相続人のもとで取得時効の効果が確定的に生じているから、被相続人は登記権利者となる。②は、相続人が援用した場合であるが、登記権利者を誰とすべきかについて諸説がある[30]。③は、相続人が、前主である被相続人の占有とあわせて（民法187条）、自己の取得時効の成立を主張する場合であるから、相続人が登記権利者となる。
>
> なお、前主の占有と自己の占有をあわせて取得時効を援用する場合には、取得時効の日（占有の開始日）が、権利者の出生の前の日となる場合もありうるが、そのような場合であっても差し支えないとする先例がある[31]。

---

[30] 青山正明編著『新訂　民事訴訟と不動産登記一問一答』（テイハン・2008）113頁以下によると、「判例に従えば、相続開始前に被相続人が裁判外で取得時効を援用していた場合には、被相続人が確定的に当該土地の所有権を取得していたことになる。したがって、共同相続人の一人であるAは、共有者の一人による保存行為として、Bに対し、被相続人名義への時効取得（原因の日付は、被相続人による占有開始日）とする所有権移転登記の請求をすることができる」とし、被相続人が取得時効を援用せず「共同相続人全員が取得時効を援用した場合には、当該土地全部について、時効取得を原因とする所有権移転登記（共有）を求めることができる」として、被相続人名義ではなく、相続人の名義に直接に所有権移転の登記ができるような記述がある。

[31] 時効取得による所有権移転登記の申請をするときの登記原因の日付は、権利者の出生前の日付であっても差し支えない（登記研究603号135頁（2012））。

4 所有権登記名義人の共同相続人に対して、原告の被相続人に対する所有権移転登記を請求する場合の請求の趣旨

Ⅵ 時効の援用に関する諸問題

ここでは、時効の援用の考え方を整理する。時効の援用について、民法145条では、次のように規定されている。

> 第145条 時効は、当事者が援用しなければ、裁判所がこれによって裁判をすることができない。

取得時効による権利取得の効果は、時効の完成によって確定的に生ずるものではなく、その援用を停止条件として生じ、援用によって確定的な権利の移転が生ずると解するのが通説である（不確定効果説・停止条件説）。

被相続人の占有により取得時効が完成したが同人が時効を援用しないまま死亡した場合に、共同相続人の全員が取得時効を援用したときは、その全員が原告となって、当該不動産の全部について時効取得を原因として、所有権移転登記手続をすることができる。その際、登記権利者となるのが誰かについて諸説があることは、前記Ⅴ4(2)のとおりである。

ここで重要なことは、共同相続人の一人は、自己の相続分の限度においてのみ時効を援用することができ、かつ、援用による共有持分の取得について所有権一部移転の登記手続を請求することができるにとどまるという点である[32]。

したがって、共同相続人の一人が所有権全部の所有権移転登記手続を請求するには、共同相続人間で、本件不動産（被相続人が、時効期間の経過により、条件付き所有権を取得していたもの）を、原告が単独相続により取得する旨の遺産分割協議を調えたうえ、時効を援用する必要がある。

これに対して、被相続人が生前に取得時効を援用していたときは、被相続人がその援用の時に、確定的に当該不動産の所有権を取得していたことになるので、共同相続人の一人は、保存行為として、被相続人名義への時効取得

第 2 章　Ⅵ　時効の援用に関する諸問題

を原因とする所有権移転登記手続を求めることができる。

32　最判平13・7・10家月54巻2号134頁は、「被上告人が、同人の父である亡A（以下『A』という。）が第1審判決物件目録記載の土地建物（以下『本件不動産』と総称する。）の占有を20年継続したことによって、その所有権を時効取得したと主張して、本件不動産の登記名義人である上告人（Aの弟）に対し、本件不動産の全部につき、取得時効を原因とする被上告人への所有権移転登記手続を求め」た事案において、原審が確定した事実関係（①本件不動産には、昭和35年6月28日受付同日売買を原因として、上告人名義の所有権移転登記が経由されていること、②Aは、昭和35年6月28日、本件建物に居住して本件不動産の占有を開始し、昭和55年6月28日当時も本件不動産を占有していたこと、③Aは、昭和62年12月19日死亡し、その法定相続人は、妻B、長男C、二男被上告人および長女Dであること、④被上告人は、本訴において、Aの占有によって完成した取得時効を援用したこと）の下で、「Aが本件不動産の所有権を時効取得したとして、本件不動産の全部につき被上告人への所有権移転登記手続を求める請求を全部認容すべきものとした」ことに対し、「時効の完成により利益を受ける者は自己が直接に受けるべき利益の存する限度で時効を援用することができるものと解すべきであって、被相続人の占有により取得時効が完成した場合において、その共同相続人の一人は、自己の相続分の限度においてのみ取得時効を援用することができるにすぎないと解するのが相当であ」り、「Aの法定相続人の間で本件不動産の全部を被上告人が取得する旨の遺産分割協議が成立したなどの事情があれば格別、そのような事情がない限り、被上告人は、Aの占有によって完成した取得時効の援用によって、本件不動産の全部の所有権を取得することはできないものというべきである。そうすると、これと異なり、本件不動産の全部について、被上告人の所有権移転登記手続請求を認容した原審の判断には、民法145条の解釈適用の誤りがあるといわざるを得ず、この違法は原判決の結論に影響を及ぼすことが明らかである。論旨はこれと同趣旨をいうものとして理由があり、原判決は破棄を免れない。そして、本件については、遺産分割協議の成否等Aの相続人間における本件不動産の帰属について更に審理を尽くさせる必要があるから、本件を原審に差し戻すこととする」とした。

Ⅶ 事件の受任にあたって

　ここでは、法律実務家が、土地の取得時効の成立が争われる事件を受任する際の実務上の留意点について触れることとする。時効取得を原因とする登記手続は、時間と費用がかかる手続であるため、法律実務家は事件の受任の時点において、依頼者に丁寧な説明を行い、理解を得ておくことが肝要である。

1　事件の受任時から登記完了までのスケジュールを考える

　事件の受任時から登記完了までのスケジュールは、短くても1年くらいかかるというのが筆者の印象である。スケジュールについても、後日、依頼者からの不満がないよう、事件の受任時に、できるだけ具体的な検討をしておく必要がある（〔図17〕参照。それぞれの段階における実務上の留意点については、後記Ⅷ参照）。

〔図17〕　事件の受任時から登記完了までのスケジュール

第1段階：訴訟提起準備【2カ月～3カ月間程度】
〔事件処理の内容〕
・当事者に相続が発生している場合には、戸籍謄本等を収集する。
・不動産の占有関係を確認する。
・請求の趣旨および請求の原因を検討する。

第2段階：訴訟提起前の手紙の発送、送達先の調査【2カ月～3カ月間程度】
〔事件処理の内容〕
・訴訟提起前の手紙を発送する。
・異議のある者がいれば、訴訟提起前に裁判外で交渉を開始する。

・連絡がとれない者がいれば、送達先の調査を行う。
※公示送達、不在者財産管理人、特別代理人の検討もこの時期に行う。

第3段階：訴訟提起から判決まで【6カ月間程度】
〔事件処理の内容〕
・訴訟提起をする。
※全員に送達ができれば、ほぼ山場を越える。なお、当事者（被告）が多数の場合には、送達完了までに時間がかかることを予想して、第1回期日が申立てから3カ月後くらいに設定されることもあることに注意を要する。
・異議を述べる者があれば、主張・立証を尽くしていく（書証の提出、当事者尋問、証人尋問等）。

第4段階：判決確定・登記申請【1カ月～2カ月間程度】
〔事件処理の内容〕
・判決や和解調書等の債務名義を取得する。
・判決については、確定証明書を取得する。
・承継執行文や条件成就執行文が必要な場合には、執行文付与のための手続を行う。
・代位による相続登記申請を行う。
・時効取得を原因とする所有権移転登記申請を行う。
※なお、農地の場合、時効取得を原因とする所有権移転登記申請がなされた場合、法務局から管轄農業委員会に対して照会（確認）が行われ、その回答が到着するまで登記が留保されることに注意を要する。

2　必要な手続費用を考える

まずは、費用面では、依頼者に、どのような費用がかかるのかについて、その概略を説明しておく必要がある。依頼者からは、「これまでに固定資産税などの税金を何十年も支払ってきたのだから、これ以上の出費はしたくな

い」あるいは「値の付かないような安い土地なのだから、あまり費用はかけられない」という思いを伝えられることがあるが、それでは済まされないのである。

以下に、費目ごとに検討してみよう。

(1) 着手金

着手金の徴収の有無、その額については、各事務所の判断によるものであるが、筆者は、事件の受任後直ちに登記名義人についての相続の有無や相続人がある場合の戸籍謄本等の取得の作業や現地調査などの作業が必要となることを踏まえ、相当額を徴収すべきであると考えている。

(2) 不動産の登記事項証明書、公図の取得費用

占有関係を調査するため、公図や現在の登記事項証明書だけではなく、電子化される前の登記簿謄本等が最低限必要となる。また、周辺地の登記事項証明書や公図も、占有の事実の証明のために必要となる場合がある。

(3) 戸籍謄本、附票の取得費用

原告(時効取得者)となる側、被告となる側(登記名義人およびその相続人)のそれぞれに相続が生じている場合には、相続関係を証する戸籍およびその住所を知るための戸籍の附票等が必要である。なお、費用の目安として、相続関係図に登場する人物×2000円～3000円程度の実費は、最低限要するものと思われる。

(4) 対象不動産の調査(占有状態に関する調査)に係る費用

事件の受任時またはそれに近い時期に、対象不動産の状況を直接に視認して確認する必要がある。その際、現在の占有状態を証するものとして写真撮影をすることはもちろん、過去の占有関係を証するような資料(昔の写真、昔の住宅地図、未登記の建物)などがないかを丁寧に確認する必要がある。これらは、以後の訴訟提起時に、証拠として提出することができる。対象不動産が遠方にある場合には、それなりの旅費・日当を要することとなる。

(5) 証拠の収集に係る費用

　客観的な資料の収集として、対象不動産の過去の固定資産課税台帳を閲覧したり、謄写したり、証明書を発行してもらうことがある。この場合には、それぞれの実費がかかる。

　また、相手方当事者が取得時効の成否を争う場合には、立証方法の切り札として、第三者に証言をしてもらったり、陳述書を提出してもらったりする必要がある。ただし、第三者に裁判所に出頭して証言をしてもらうのは、第三者にとって、かなりの負担である。また、陳述書などの文書を提出することについても、紛争に巻き込まれることを忌避して断られる場合も多い。代理人が適切な第三者を探しあて、その第三者に事情を説明して依頼をする業務についても、かなりの労力（たとえば、その第三者の帰宅予定に合わせて夜間に自宅を訪問するなど）および時間（何度もお願いに行くなど）を要することとなるため、ある程度の費用を見込んでおいたほうがよいであろう。

(6) 訴訟提起前に差し出す手紙（裁判外の文書）の発送、送達先の調査に係る費用

　時効取得訴訟を提起する前提として、代理人および本人の連名またはそれぞれの署名による手紙（訴訟提起の理由やその後の手続について案内する裁判外の文書）を相手方当事者（被告となる者）に送付することがよくある。手紙には、本件時効取得までの占有の事情、訴訟提起によらざるを得なかった事情（当事者が多数にのぼったため、共同申請に応じないまたは応じることができない当事者があったためなど）を書いておく（詳細は後記Ⅷ2(1)参照）。

　この手紙には、取得時効の裁判により「被告」とされることに対する相手方当事者の不信や不安を抑えて、以後の訴訟手続において無意味な紛争を惹起させないという目的と、郵便が届くか否かにより、送達の見込みをあらかじめ確認するという目的をあわせもっている。

　当事者が多数にのぼる場合には、手紙の送付に係る費用（切手代）も見込んでおく必要がある。

2 必要な手続費用を考える

(7) 公示送達または不在者財産管理人選任の審判申立てに要する費用

訴訟提起前の手紙が届かないなどの場合には、住民票上の住所などの現地を調査して、不在であるかどうかを確認する必要がある。現地調査をするためには、旅費・日当（または、第三者に調査を委託する場合には委託料）が嵩むことから、かなりの費用を要することとなる。現地調査をした結果、やはり不在者であることがわかった場合には、公示送達の申立て（民事訴訟法110条1項。前記Ⅳ1⒀および2⑷参照）、不在者財産管理人選任の審判申立て（民法25条1項、家事事件手続法別表第1・55項。前記Ⅳ2⑷コラム参照）などの方法によらざるを得なくなり、そのための印紙代・郵券代や申立てに係る報酬などを見込まなくてはならないこととなる。

(8) 特別代理人選任の申立てに要する費用

前記(7)と同様に、相手方当事者が未成年者であるか精神上の障害等により訴訟無能力であることが判明し、かつ、親権者や成年後見人等が就任していない場合には、特別代理人選任の申立て（民事訴訟法35条1項。前記Ⅳ2⑷コラム参照）を要することがある。そのための印紙代・郵券代や申立てに係る報酬を見込んでおく必要がある。

(9) 訴訟費用（印紙代、切手代）

訴訟費用のうち、訴訟物の価額に応じた印紙代を見込むのは当然であるが、それ以上に重要なのは、送達に要する実費（切手代）である。ある程度の金額を訴訟提起時に予納する必要がある。具体的にどの程度の切手代を要するかは、送達書類の重さ（訴状副本および同封する甲号証の写しの重さ）、送達の回数（最低限は、訴状送達時と判決送達時の2回）によるが、筆者の経験では、訴訟当事者一人あたり5000円程度を見込んでおく必要があると思われる。

(10) 登記印紙代（登録免許税）

時効取得に基づく所有権移転登記等を申請するための登録免許税（収入印紙）を見込んでおく必要があるのは当然である。その前提としての相続登記

を要する場合には、その申請のための登録免許税をも見込んでおく必要がある。

(11) 訴訟提起に係る報酬

訴訟代理または訴状その他の裁判書類作成のための報酬を見込んでおく必要があるのは当然である。どの程度の報酬が妥当なのかは一律にはいえず、対象不動産の占有状態やその立証活動の難易、反対する当事者がいるかいないかなどの事情を個別に聞き取ったうえで、依頼者と相談して定めるほかない。受領すべき報酬の中心となる。

(12) 登記申請に係る報酬

最終的には、時効取得に基づく登記とその前提登記である相続登記等を申請することとなるので、それに係る報酬を見込んでおく必要がある。

3　事件の受任時に依頼者に説明しておくべきこと

(1) 訴訟代理と裁判書類作成の区別並びに本人出頭の要否

受任する内容が訴訟代理なのか、または、裁判書類の作成にとどまるかの区別について、最初に依頼者に丁寧に説明をして了解を得ておくべきことは当然である。また、裁判書類作成の場合はもちろんのこと、訴訟代理により手続を進める場合であっても、期日に依頼者に出頭してもらう必要が高いと思われる場合（本人尋問の必要性が高い場合等。後記(4)参照）には、その旨を伝えて、あらかじめ期日出頭の心構えをしてもらう必要がある。

(2) スケジュールと費用

事件の受任時から登記完了までのスケジュールについては、前記1ですでに述べたとおりであり、事件の受任時においては、不在者等の送達ができない者があることを踏まえ、ゆったりとしたスケジュールを組むことが重要である。対象不動産の第三者への売却を目的として、時効取得の裁判を依頼する者もあるが、あらかじめ第三者への売却の日程を決めてしまうと、スケジュールに遅れが生じた場合に、不測の損害を与えてしまうおそれがあること

に注意が必要である。

また、必要な手続費用についても、前記2ですでに述べたとおりであり、どの業務のために、どのくらいの費用がかかるのかを依頼者に丁寧に説明するとともに、その費用を、どの段階でどの程度支払ってもらうのか、分割払いか一括払いかなどについて、依頼者との間で合意を得ておく必要がある。

> **コラム　時効取得訴訟の簡素化**
>
> 　時効取得訴訟の依頼者から、「対象となる不動産がほとんど値のしない土地なので、全員を被告としないで、一部の賛同者だけで手続を簡素に進める方法はないのか」などの指摘を受けることがよくある。
> 　しかし、このような指摘に対しては、現在の法制度を前提とする限りそのような方法はないという回答になることと思われる。立法的な解決を要するゆえんである（司法書士が立法に積極的に関与すべき一類型と考える）。
> 　なお、相手方のうち一部の異議のない者または協力者については共同申請の方法により、その他の異議のある者または共同申請に応じない者については訴訟提起をして債務名義による単独申請の方法により登記を申請することができるのは当然である。

(3) 時効取得した場合の税金

土地を取得時効により取得した場合には、取得者が個人の場合には、時効援用時の時価を基準として、援用した年度の「一時所得」として所得税が課税されるのが、所得税法の実務である。その点の説明が、事件の受任時に必要となる。

これに対して、法人が取得した場合には、同じく時効援用時の時価を基準として、時効援用した年度の法人税法上の益金となるのが、法人税法の実務である。

いずれにしても、取得時効により取得した不動産の価格を基準とし、益金として課税されるということを説明をする必要があろう。

第2章 Ⅶ 事件の受任にあたって

(4) 本人尋問・証人尋問の可能性

相手方が取得時効を争う場合、または、相手方当事者に相続財産管理人や不在者財産管理人などの法定代理人が就任していて自白が成立しない場合、または、公示送達がなされて擬制自白が成立しない場合には、立証方法として、最低限、当事者本人の尋問（民事訴訟法207条）がなされることが多い。したがって、当事者尋問のために一度は出廷することについて、依頼者の了解を得ておく必要がある。さらに、争いが激しい場合には、証人尋問が必要となることを依頼者に伝え、その候補者について、事件の受任の段階から検討してもらうように依頼しておいたほうがよいであろう（後記Ⅷ3(2)参照）。

(5) 敗訴後の対応

裁判に「絶対」はあり得ず、依頼者や代理人の見込みがはずれて敗訴する可能性もある。そのリスクを説明しておく必要があるのは、他の裁判類型と同様である。また、最初から時効の成否を争う当事者がいることがわかっている場合には、敗訴の場合において、依頼者の当初の目的（たとえば、当該不動産について所有権の登記を備えたい）を達成するために、他の手段（売買）をとることも検討できるかなども、事件の受任時から感触を得ておくことも必要であろう（後記Ⅷ4(2)参照）。

Ⅷ　時効取得訴訟の手続と留意点

　ここでは、時効取得訴訟の手続の流れ（前記Ⅶ1〔図17〕参照）に沿って、これまでに触れてこなかった実務上の留意点を中心に述べることとする（論点や諸問題は、前記Ⅱ～Ⅶにおいて検討しているので参照されたい）。

1　訴訟提起準備における実務上の留意点

　訴訟提起準備の段階の事件処理の内容は、当事者に相続が発生している場合の戸籍謄本等の収集、不動産の占有関係の確認、請求の趣旨および請求の原因の検討が中心となるが（前記Ⅶ1〔図17〕参照）、ここでは、次の(1)(2)について触れておきたい。

(1)　戸籍謄本等の必要部数

　戸籍謄本等の相続証明書については、訴訟提起のために用いるものと、代位による相続登記等のために用いるものの2通が必要である。ただし、戸籍謄本等は、通数が大量になり、かつ、発行する市区町村がそれぞれ異なるため、再度の取得または2通の取得は時間的・費用的に負担が大きい。

　そこで、訴訟提起に用いた相続証明書について、裁判所に対して原本還付申請を行い、訴訟事件の終結時に還付してもらうのが実務の運用である。もちろん、相続証明書の原本還付申請を行うためには、その写しが必要となるため、訴訟提起の前に原本還付用に写しをとっておく必要がある。

(2)　請求の趣旨における訴訟費用の負担の記載方法

　通常の裁判では、勝訴判決を得た場合には、「訴訟費用は、被告らの負担とする」という判決が言い渡されることになる。しかし、実務上、被告らに訴訟費用を求めることはほとんどないであろう。

　そこで、被告らが取得時効の成立を特に争っていないにもかかわらず何らかの理由（当事者が多数にのぼるなど）により訴訟提起に至っている場合に

は、被告らの心理的な負担を軽減するために、請求の趣旨の記載の仕方として、「訴訟費用は、被告らの負担とする。ただし、被告らが請求の原因を争わない場合には、原告の負担とする」旨を記載する場合もある（後記3(1)(イ)【書式4】※4参照）。ただし、このような記載を認めない裁判官もあることに注意を要する。

2　訴訟提起前における実務上の留意点

訴訟提起前の段階の事件処理の内容は、訴訟提起前の手紙の発送、異議のある者との事前交渉、連絡がとれない者がいる場合の送達先の調査が中心となるが（前記Ⅶ1〔図17〕参照）、ここでは、次の(1)(2)について触れておきたい。

(1)　訴訟提起前に差し出す手紙（裁判外の文書）

訴訟提起前に手紙（訴訟提起の理由やその後の手続について案内する裁判外の文書）を出すことが妥当であるか否かについては、個々のケースによる。ただし、代理をする際に、筆者は、ほぼ毎回、次の①〜⑥のような内容を記載した手紙を差し出している。

①　本件土地について、依頼者が占有し、税金を支払ってきた事情
②　本件土地について、共同申請により登記手続を経ることが難しい理由（反対する一部の当事者がいること、あるいは、不在者がいることなど）
③　そのために、訴訟手続をとらせてもらうこと
④　時効取得の訴訟手続およびその後の登記手続において、被告らに異議がない場合には、すべて原告らの費用負担として、被告らに経済的な負担かけることがないこと
⑤　訴状の内容に関して、全く異議がない場合には、答弁書を提出する必要がないこと
⑥　本手続に関する質問または異議がある場合には、できれば、事前に当方に連絡をいただきたいこと

なお、相手方に対する送達の可能性を検討し、場合によっては、付郵便送達（民事訴訟法107条）をしなければならない可能性があることを考え、郵便の記録、相手方との交渉の記録は厳格にとっておくべきである。

(2) 処分禁止の仮処分

時効取得訴訟において、紛争が顕在化しており、被告による積極的な反証活動等が見込まれる場合には、後日の登記の不能を防止するため、不動産の登記請求権を保全するための処分禁止の仮処分（民事保全法23条・53条以下）の申立てを行う必要がある。

この場合、処分禁止仮処分命令申立書に記載すべき申立ての趣旨（民事保全法13条1項）は、「債務者は、別紙物件目録の土地につき、譲渡並びに質権、抵当権及び賃借権の設定その他の一切の処分をしてはならない、との裁判を求める」という内容になる。また、保全すべき権利（同項）は、時効取得に基づく所有権移転登記請求権であり、保全の必要性（同項）は、訴訟提起の準備中であること、債務者の任意の協力が得られないことなどであり、具体的に疎明する必要がある（同条2項）。

3 訴訟提起から判決までにおける実務上の留意点

訴訟提起から判決までの段階の事件処理の内容は、訴訟提起、異議を述べる者がいる場合の主張・立証（書証の提出、当事者尋問、証人尋問等）が中心となるが（前記Ⅶ1〔図17〕参照）、ここでは、次の(1)(2)について触れておきたい。

(1) 訴訟提起

ここでは、次に紹介する事例に沿って、訴状（記載例）と作成上の留意点に触れることとする。

　　㋐ 事　例

亡Aは、土地甲を昭和13年1月13日に購入し、その登記を経由した。その後、昭和14年頃、亡Aは、土地甲の上に自宅を建て、住所を移した。亡

第２章　Ⅷ　時効取得訴訟の手続と留意点

Aは、昭和27年２月８日に死亡し、その共同相続人は、その子B、C、D、Eであった。Bは、亡Aの死後、土地甲およびその土地上にある自宅を家督相続により単独で相続したと思い込み、以後、土地甲および自宅に係る租税公課を負担した。亡Aの建築した自宅は、平成２年ごろ老朽化のために取り壊され、平成３年に、Bの出捐によりBの自宅が新しく建築されている。ただし、この建物についても登記されていない。Bは、平成18年に死亡し、その相続人は、その妻であるFおよびその子である原告Xである。Cもすでに死亡しており、その相続人は、C_1である。ただし、C_1は、住民票が職権消除されており、不在者である。Dもすでに死亡しており、その相続人は、D_1〜D_8である。Eは、親族の話によると認知症を患っており、成年後見人Zが就任している。

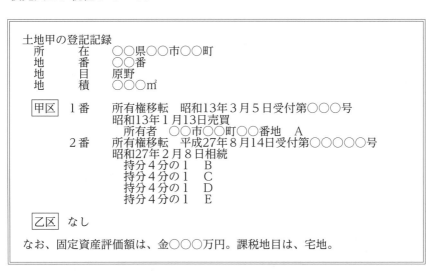

本事例は、亡Aの共同相続人亡Bの子である原告Xが、亡Cの相続人C_1、亡Dの相続人D_1〜D_8およびEを被告として（以下、「被告ら」という）、土地甲（以下、「本件土地」という）の時効取得を主張し、訴訟を提起したものである。

3　訴訟提起から判決までにおける実務上の留意点

(イ)　訴状（記載例）

本事例における訴状（記載例）は、【書式４】のとおりである。また、作成上の留意点については、「※」を付しているので参考にされたい。

【書式４】　訴状（記載例）

訴　　状

平成27年９月○○日

○○簡易裁判所　御中

　　　　　　　　　原告Ｘ訴訟代理人司法書士　○　○　○　○　㊞

共有全員持分全部移転登記手続請求事件
　　訴訟物の価額　　金○,○○○,○○○円（※１）
　　貼用印紙額　　　金○○,○○○円
　　予納郵券　　　　金○○,○○○円（※２）
　（原　　告）　Ｘ
　（被　　告）　Ｅほか９名

第１　当事者の表示
　　　別紙当事者目録記載のとおり

第２　請求の趣旨
　１　被告らは、原告に対し、別紙物件目録記載の土地につき、昭和27年２月８日時効取得を原因とする最後の住所○○県○○市○○町○○番地、亡Ｂのために、Ｂを除く共有者全員持分全部移転登記手続をせよ。（※３）

2　訴訟費用は、被告らの負担とする。(※4)

との判決を求める。

第3　請求の原因

1　本件土地

別紙物件目録記載の土地（以下、本件土地）は、訴外亡Bの父である訴外亡Aが昭和13年1月13日に購入し、所有権の登記を経由したものである（甲第1号証）。

本件訴訟提起に先立ち、原告Xは、本件土地につき、亡Aの相続（昭和27年2月8日死亡）に基づく所有権移転登記を申請し、○○地方法務局受付第○○○○○号をもって登記された（甲第2号証）。(※5)

本件土地の現在の登記名義人は、訴外亡B、訴外亡C、訴外亡DおよびEであり、持分は各4分の1である。

2　亡Bによる自主占有の開始

亡Aは、昭和14年頃に本件土地上に自宅（未登記建物。以下「旧宅」という。なお、平成2年頃取り壊したため、現存していない。）を新築して、以後、旧宅に住所を置いていた。亡B、亡C、亡D及びEは、いずれも亡Aの子であり、出生後、本件土地上にあった旧宅に住所を置き、暮らしていた。

亡Aは、昭和27年2月8日に死亡した。

同日以後、亡Aの長男であった亡Bは、本件土地及び旧宅を旧民法下の家督相続の規定に基づいて単独で相続したものと誤信し、本件土地について、所有の意思をもって、平穏かつ公然と占有を始めた。同時に、亡Bは、他の共同相続人であった亡C、亡D及びEに対して、以後、自らが単独で本件土地の所有者として占有を始める旨を伝えた（甲第8号証）。(※6)

3　訴訟提起から判決までにおける実務上の留意点

3　亡Bによる自主占有の継続

　昭和27年2月8日以後、亡Bは、旧宅に住所を置き、本件土地につき前項の自主占有を継続した。以後、亡Bは、昭和47年2月8日に至るまで本件土地の自主占有を継続したが、他の共同相続人亡C、亡D、Eや第三者から本件土地の自主占有につき異議を述べられることはなかった（甲第3号証、甲第4号証、甲第7号証）。

4　亡Bの時効取得

　昭和47年2月8日の経過により、亡Bは、本件土地について民法162条1項に基づき時効取得した。

5　亡Bの相続

　亡Bは、前項の時効取得について時効の援用をしないまま、平成18年1月3日に死亡した。同人の相続人は、別紙被相続人B相続関係説明図（略）に記載のとおり、訴外妻F及び長男原告Xである。

　平成27年3月3日、F及びXは遺産分割協議を行い、亡Bが第4項により時効取得した本件土地についてXが単独で相続する旨を決定した。（※7）

6　亡C、亡Dの相続

　亡Cは、平成21年2月2日に死亡し、その相続人は、別紙被相続人C相続関係説明図（略）に記載のとおり、最後の住所○○県○○市○○町○○番地、被告C_1である。C_1は不在者であるため、その法定代理人として、財産管理人Yが選任されている。（※8）

　亡Dは、平成4年12月8日に死亡し、その相続人は、別紙被相続人D相続関係説明図（略）に記載のとおり、被告D_1、被告D_2、被告D_3、被告D_4、被告D_5、被告D_6、被告D_7、被告D_8の8名である。

7　時効の援用

　Xは、本訴状の送達により、被告らに対して、亡Bによる第4項

の本件土地の時効取得につき、時効を援用する旨の意思表示をする。（※7）

8　結　論

　以上により、原告Xは、被告らに対して、本件土地につき、所有権に基づき、亡Bを除く共有者全員持分全部移転登記手続を求める。

第4　別　紙（※9）

　被相続人B相続関係説明図（略）（※10）

　被相続人C相続関係説明図（略）

　被相続人D相続関係説明図（略）

第5　証拠方法

　甲第1号証　閉鎖された土地の登記簿謄本（略）

　甲第2号証　全部事項証明書（土地）（略）

　甲第3号証　平成2年版住宅地図（略）

　甲第4号証　字図（略）

　甲第5号証　平成元年度固定資産課税（補充）台帳兼名寄帳（略）

　甲第6号証　旧宅の写真1（昭和29年頃撮影）（略）

　甲第7号証　旧宅の写真2（昭和48年1月1日撮影）（略）

　甲第8号証　陳述書（略）（※11）

第6　附属書類

　1　訴状副本（略）　　　　　　　　　　　　　　　　10通

　2　全部事項証明書（略）　　　　　　　　　　　　　1通（※12）

　3　固定資産評価証明書（略）　　　　　　　　　　　1通

　4　被告らの相続関係を証する戸籍・除籍・原戸籍（略）46通

3　訴訟提起から判決までにおける実務上の留意点

5	被告らの戸籍の附票（略）	10通
6	原告の相続関係を証する戸籍・除籍・原戸籍（略）	8通
7	原告の相続関係を証する戸籍の附票（略）	3通
8	原告の相続関係を証する遺産分割協議書の写し（略）	1通（※7）
9	不在者財産管理人選任審判書謄本（略）	1通（※8）
10	成年後見登記事項証明書（略）	1通（※13）
11	甲号証の写し（略）	各11通
12	証拠説明書	11通
13	訴訟委任状（略）	1通

以　上

（別紙）

当事者目録

〒〇〇〇-〇〇〇〇
　〇〇県〇〇市〇〇町〇〇番地
　原告　　X

　　〒〇〇〇-〇〇〇〇
　　　〇〇県〇〇市〇〇町〇〇番〇〇号（送達場所）
　　　上記訴訟代理人司法書士　　〇　〇　〇　〇
　　　電　話　〇〇〇-〇〇〇-〇〇〇〇
　　　ＦＡＸ　〇〇〇-〇〇〇-〇〇〇〇
　　　（法務大臣認定第〇〇〇〇〇〇号）

〒○○○-○○○○
　　最後の住所　○○県○○市○○町○○番○○号
　　被告　　不在者　C_1
　　　〒○○○-○○○○
　　　　○○県○○市○○町○○番○○号
　　　　上記財産管理人　Y

〒○○○-○○○○
　　○○県○○市○○町○○番○○号
　　被告　　D_1

〰〰〰〰〰〰〰〰〰〰〰〰〰〰〰〰〰〰〰〰

〒○○○-○○○○
　　○○県○○市○○町○○番○○号
　　被告　　D_8

〒○○○-○○○○
　　○○県○○市○○町○○番○○号
　　被告　　E
　　　〒○○○-○○○○
　　　　○○県○○市○○町○○番○○号
　　　　上記法定代理人　成年後見人　Y

以　上

（別紙）

物 件 目 録

1　○○市○○町○○番の土地
　　所　　　　　在　　○○県○○市○○町
　　地　　　　　番　　○○番
　　地　　　　　目　　原野
　　所有権登記名義人　　共有者　持分4分の1　B
　　　　　　　　　　　　　　　　持分4分の1　C
　　　　　　　　　　　　　　　　持分4分の1　D
　　　　　　　　　　　　　　　　持分4分の1　E
　　固定資産評価額　　金○○○万円

以　上

（附属書類）

原　　告　X
被　　告　Eほか9名
共有者全員持分全部移転登記手続請求事件

証 拠 説 明 書

平成○○年○○月○○日

○○簡易裁判所　御中

原告X訴訟代理人司法書士　○　○　○　○　㊞

号証	文書の標目（原本・写しの別）		作成者	作成日	立証趣旨
甲1	閉鎖された土地の登記簿謄本	原本	○○地方法務局	平成27年○月○日	①訴外亡Aが、本件土地を購入し自主占有を開始した事実 ②訴外亡Aが、昭和27年2月8日に死亡し、同人の相続人であった訴外亡Bが相続人の一人となった事実

第2章　Ⅷ　時効取得訴訟の手続と留意点

					②昭和27年2月8日に、訴外亡Bが、自主占有を開始した事実
甲2	全部事項証明書	原本	○○地方法務局	平成27年○月○日	上記に同じ
甲3	平成2年版住宅地図	写し	株式会社ゼンリン	平成2年4月1日（ただし、発行日）	①住宅地図の作成につき現地調査が行われた平成元年1月1日から同年12月31日の間、本件土地上に訴外亡Bの自宅たる旧宅が存在していた事実 ②訴外亡Bが、平成元年から平成2年頃、自宅たる旧宅を所有することにより本件土地を占有していた事実
甲4	字図	写し	○○地方法務局	平成27年○月○日	訴外亡Bが、旧宅を所有することにより本件土地を占有していた事実
甲5	平成元年度固定資産課税（補充）台帳兼名寄帳	原本	○○市税務課	平成元年5月7日	①訴外亡Bが、平成元年1月1日において、本件土地上に所在する自宅たる旧宅を所有していたこと ②訴外亡Bが、平成元年1月1日において、本件土地上にある旧宅を所有することにより、本件土地を占有していたこと ③訴外亡Bが、平成元年1月1日において、本件土地について固定資産税を支払っていた事実
甲6	旧宅の写真1（昭和29年頃撮影）	原本	訴外亡B	昭和29年月日不詳	①訴外亡Bが、昭和29年頃、本件土地上にある旧宅に生活の本拠を置いていた事実 ②訴外亡Bが、昭和29年頃、本件土地を占有していた事実
甲7	旧宅の写真2（昭和48年1月1日撮影）	原本	訴外亡B	昭和48年1月1日	①訴外亡Bが、昭和48年1月1日において、本件土地上にある旧宅に生活の本拠を置いていた事実 ②訴外亡Bが、昭和48年1月1日において、本件土地を占有していた事実
甲8	陳述書	原本	原告X	平成27年○月○日	①訴外亡Bが、昭和27年2月8日、亡Aの死亡と同時に本件土地について自主占有を開始した事実 ②訴外亡Bが、他の共同相続人であった亡C、亡D及びEに対して、本件土地について自己が単独で相続した旨を伝えたこと。これに対して、亡C、亡D及びEから異議がなかった事実

3 訴訟提起から判決までにおける実務上の留意点

※1 　所有権移転登記手続請求事件における訴訟物の価額は、当該目的物の価格である。ただし、土地については、平成6年4月1日から当分の間、固定資産評価額の2分の1の額をもって当該目的物の価格と算定される（昭31・12・12最高裁判所民事甲第412号民事局長通知、平6・3・28最高裁判所民二第389号民事局長通知、平6・3・28最高裁判所民二第79号民事局長通知）。

※2 　予納郵券については、管轄裁判所ごとに具体的な運用が異なるため、管轄裁判所に当事者の人数を伝えて、あらかじめ裁判所書記官と打合せをしておくとよい。

※3 　甲区2番において、B、C、D、Eの共有の名義となっているため、C、D、Eの共有持分全部移転登記手続を求めるものである。なお、「Bを除く」という部分は、不動産登記手続においては意味を有するが（登記の目的となるため）、請求の趣旨の「被告らは」との部分と内容的に重複するために、省略する場合もある。

※4 　「訴訟費用は、被告らの負担とする」という部分について、「原告の負担とする」または「被告らが請求原因を争わないときは、原告の負担とする」という記載をする例もある（前記1(2)参照）。

※5 　本件訴訟を提起する前提として、亡Aから亡B、亡C、亡D、Eへの法定相続分に基づく所有権移転登記を経ることは必ずしも必要ではなく、亡Aの名義のまま本件訴訟を提起することも可能である。ただし、他の共同相続人である亡C、亡D、Eに対して、現在の権利関係や本件訴訟の提起が必要な事情を説明するために、あえて相続登記を経たものである。

※6 　共同相続人の一人は、他の共同相続人の持分については他主占有であるが、他の共同相続人に対して所有の意思のあることを表示することにより、民法185条の規定に従って自主占有へ転換する場合である。

※7 　所有権の全部の時効取得を主張するためには、亡Bの共同相続人全員が時効を援用する必要がある。本事例では、遺産分割協議によりXが亡Bから遺産である本件土地を単独で相続したうえで、Xが単独で時効を援用しているものである。

※8 　不在者C_1について、本件訴訟を提起する前提として、Xが利害関係人として、不在者財産管理人選任の審判申立てをしている事案である。Xが自ら申

し立てた場合でなくとも、不在者財産管理人が選任されている場合には、利害関係があることを疎明して、不在者財産管理人選任審判書等の謄本の請求をすることができる（家事事件手続法47条）。

※9　訴状の記載上、「別紙」の一覧を表示することはない。むしろ、別紙の一覧を記載することにより頁数が増えてしまうおそれがある。ここでは、講学のために記載した。

※10　相続関係説明図は、必ずしも訴状の別紙として必要ではない。しかし、事後に勝訴判決を取得した際に、訴状別紙はそのまま判決正本の一部となるため、相続関係説明図を別紙として付属させておくと、時効取得に基づく共有者持分全部移転登記手続や、その前提登記としての代位により申請する相続を原因とする所有権移転登記手続を申請するのに便利である。

※11　訴訟当事者が請求原因を争わない場合には擬制自白が成立するので、当事者の陳述書などの証拠書類は全く不要である。したがって、訴訟提起時において当事者が争うのか争わないのかが不明な場合には、訴訟当事者をいたずらに刺激することを避けるために陳述書などの証拠の提出は見送る場合も多い。その場合、事後、証拠の提出が必要となった際に、あらためて提出することとなる。本事例においては、訴訟当事者に成年後見人や不在者財産管理人が含まれており、立証を尽くす必要があることが最初から明白であるため、訴訟提起時に陳述書を提出しているものである。

※12　不動産に関する事件の訴えを提起する場合には、全部事項証明書の原本を訴状に添付する必要がある（民事訴訟規則55条）。なお、全部事項証明書は、必ずしも「甲号証」として提出する必要はないが、訴訟当事者に対して請求の趣旨や請求の原因を理解させる補助資料ともなるため、ほとんどの事案において甲号証としても添付したほうがよいであろう。

※13　成年後見登記事項証明書は、プライバシーの保護の観点から、本人および4親等内の親族に請求権者が限られている（後見登記等に関する法律10条）。したがって、成年後見人が選任されている場合において、訴訟当事者となる成年後見人やその親族の協力が得られる場合には、任意に登記事項証明書の取得を依頼して、訴状に添付することとなる。しかし、事案によっては、対立的な関係となる成年後見人や親族の協力は見込めない場合もある。そのよ

うな場合においては、本人（成年被後見人）の住所を頼りに管轄家庭裁判所を探し出し、そのうえで、利害関係人として成年後見開始審判書の謄本等を請求するほかないであろう。

(2) 占有に関する尋問（当事者尋問、証人尋問）

民法186条2項により、二つの時点の占有が立証されれば、その間の占有の継続が推定される。したがって、訴訟手続上では、占有の開始の時点における占有と、現時点での占有状態の二つを立証することにより、占有の開始の時点から時効期間満了までの占有が継続したことを立証していくことが多い。

このうち、現在の占有状態については、現況の写真、報告書、課税明細書等を書証として提出することにより、尋問（人証）を待たずに、立証を尽くすことができる。

他方、占有の開始の時点での占有については、売買その他の契約にかかる契約書類、領収書等があれば、それらに従って尋問（最低限として当事者尋問、必要に応じて証人尋問）を行うことにより、立証は容易であろう。

また、相続により占有が開始した場合についても、死亡の事実により占有が開始されたことは明らかであるので、立証は比較的容易である。

> コラム　尋問の技術
>
> 簡裁事件において、当事者尋問・証人尋問など、尋問が行われるのは稀である。そのため、代理人となる司法書士の側の習熟度はかなり低いと思われる。この点、尋問は、いうまでもなく、尋問を受ける者に対し「自己が経験し、記憶している事実」を尋ねることにより、その回答をもって、裁判官による事実の認定のための証拠資料とするものである。この点、司法書士代理人の尋問において陥りやすい間違いとして、①意見を求める尋ね方になっている、②当事者とのやりとりが感情的になっている、③要件事実に沿った聞き方ができていないなどの指摘を裁判官から受けることがあり、尋問の分野での司法書士の研鑽が求められている。

第2章 Ⅷ 時効取得訴訟の手続と留意点

4　判決確定・登記申請における実務上の留意点

　判決確定・登記申請の段階の事件処理の内容は、判決・和解調書等の債務名義の取得（判決の場合の確定証明書の取得）、承継執行文・条件成就執行文が必要な場合の執行文付与の手続、代位による相続登記申請、時効取得を原因とする所有権移転登記申請が中心となるが（前記Ⅶ1［図17］参照）、ここでは、次の(1)(2)について触れておきたい。

(1)　更正決定の要否

　登記手続上は「A持分全部移転登記手続をせよ」とあるべきところ、債務名義である判決または和解調書に「所有権移転登記手続をせよ」という記載がある場合、債務名義に関する更正決定（民事訴訟法275条1項）を経ることなく、登記手続を完了することができるのが登記実務である。「A持分全部移転」というのは、あくまでも不動産登記実務上の話であって、実体法上の間違いではないと考えられるからである。

　これに対して、住所の間違い、氏名の字体の間違い等がある場合には、更正決定を要する。更正決定は、いわば裁判所の過誤であるので、いつでも、申立てを待たずに職権により原裁判所がなすことができる。実務上は、口頭によりまたは上申書により裁判所書記官に申告すると、即日に更正決定を出す取扱いである。

　ただし、更正決定については、即時抗告が許されているので（民事訴訟法275条2項）、登記申請を行うには、さらに確定（1週間）を待たなければならないことに注意を要する。もちろん、更正決定に係る確定証明書も登記申請に必要となる。

> **コラム　債務名義の書き間違い**
> 　判決や和解調書などの債務名義を受け取ったら、その確定を待たずに、直ちに内容を精読し、書き間違い等がないか精査すべきである。更正決定につ

いても確定が必要なため、時間のロスが生じるからである。

　この点、住所や氏名の書き間違いはけっこう頻繁にあるものである。また、「平成○○年9月31日時効取得を原因として」など、暦のうえであり得ない日付が記載されることもたまにあるので注意を要する（この場合も、当然、更正決定が必要である）。

　(2)　**敗訴後の対応**

　取得時効を原因とする裁判上の請求をしたにもかかわらず、依頼者および訴訟代理人の見込みがはずれて敗訴に至る場合もある。この場合に、次善の策として、依頼者の利益をどのように回復（リカバリー）させるかも、依頼者からの信頼を得るうえで、非常に重要な点であろう。

　　㋐　被告の側に十分な理由があるケース

　被告の側に十分な理由（取得時効の成立を妨げる積極的な事由）があるケースにおいて、①訴訟上の請求の全部について敗訴したとき、②訴訟上の請求の一部（被告の一部）について敗訴したときに分けて整理しよう。

　　(A)　訴訟上の請求の全部について敗訴したとき

　訴訟上の請求の全部について敗訴した場合には、時効取得をあきらめるほかない。どうしても必要な不動産である場合には、今回の裁判により判明した相手方当事者に対して、購入や交換を打診するほかない。

　　(B)　訴訟上の請求の一部（被告の一部）について敗訴したとき

　共有者の一部についての請求についてのみ敗訴した場合、他の共有者（被告）に対する請求では勝訴して、すでに時効取得を達成しているから、依頼者としてはあきらめることができないであろう。敗訴したその当事者に対して購入等を打診することのほか、物権法上の共有となっている当該不動産の共有物分割の請求（民法256条）を検討することが考えられる。

　　㋑　原告の側の立証が不十分であるケース

　訴訟の反対当事者（被告）により積極的な反証がなされていないにもかかわらず、原告の立証活動が不十分だったため、所有の意思や無過失などの要

件事実の立証が果たせず敗訴に至る場合も多い。特に、不在者財産管理人等の法定代理人を被告とする訴訟においては、被告が請求の原因について「不知」との答弁をしただけにもかかわらず、原告が当事者尋問などの立証活動において失敗して敗訴することがままある。

　(A)　訴訟上の請求の全部について敗訴したとき

　不在者財産管理人が選任されている場合には、購入等を打診してみるのが次善の策である。家庭裁判所の許可を要することとなるが、不在者財産管理人も換価を希望するのが通常であるので、妥当な価格であれば、購入等は容易であろう。

　また、今回の敗訴裁判における主張・立証の方法とは別に、他の者（前主等）の占有により取得時効が完成していないかを再度検討してみるべきであろう。前主等の占有による時効取得が主張できるならば、その主張により再度の訴訟提起を行い、前主等からの協力を得て、登記名義を取得することが次善の策である。

　(B)　訴訟上の請求の一部（被告の一部）について敗訴したとき

　その敗訴した当事者に対する関係で、購入や交換（前記(ア)(A)参照）または共有物分割（前記(ア)(B)参照）を検討してみるべきであろう。

　いずれにしても、原告の立証活動が不十分であったために敗訴してしまった場合には、依頼者が最も結果に不満足であろうから、丁寧な事後フォローを行い、最終的に登記名義を取得するところまで付き添うという姿勢が必要であろう。

4　判決確定・登記申請における実務上の留意点

コラム　敗訴後の購入等

　訴訟上の請求の一部（被告の一部）について敗訴した場合については、再度の裁判等を検討することよりも、その被告との交渉が可能であるならば、その者の持分（多くの場合、過少な持分となる）についてのみ購入等を打診したほうが手っ取り早いケースがある。また、その者の持分が小さい場合には、路線価等の妥当な金額で不動産を評価しても、その者の持分に対応する金額は小さく、再度の裁判等を検討するよりも経費が少なくてすむ場合も多い。

　その際、対象土地が農地以外の土地であるならば、「売買」を原因として持分移転の登記申請をすることができる。農地である場合には「売買」を原因とすることが不便である（農地法上の許可を要する）ため、実務上「時効取得」を原因として共同申請で行うこともある（もちろん、占有の実体や時効取得の実体のない場合は除く）。この場合には、法務局から管轄農業委員会に対して、時効取得の真否について照会がなされるのが登記実務である。

コラム　持分放棄を登記原因とする共有持分移転登記の申請

　土地の所有権を得るために時効取得訴訟を提起し、その前提としての相続登記等により自己の持分も登記したが、結局、時効取得訴訟に敗訴してあきらめざるを得ない場合もある。その際は、「持分放棄」を原因として、共同申請で登記することができる。持分放棄については、農地についても農地法上の許可は不要である。

▷司法書士・梅垣晃一

第3章

事例にみる時効取得の裁判・登記の実務

I　当事者間の関係

1　概　説

　時効完成時の所有者は、時効取得者に対する関係では、承継取得の場合の当事者の地位と同視できるので、時効により不動産を取得した者は、登記なくして所有者にその取得を対抗できる。原所有者と時効取得者は物権変動の当事者であり、対抗関係に立たないからである。
　ここでは、時効完成時の原所有者との関係（〈事例1〉）をみていく。

2　時効完成時の原所有者との関係

　時効完成時の原所有者との関係が問題となるのは、次のようなケースである。

〈事例1〉　時効完成時の原所有者との関係
　Aが所有する林地甲（以下、「甲地」という）をBが占有していたところ、Bについて取得時効の要件が満たされた。しかし、登記名義は、依然としてAのままで残っている。Bは、自らの登記名義に変更したい。

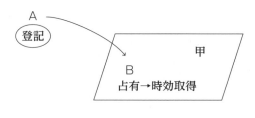

2　時効完成時の原所有者との関係

(1)　検討課題

　林地に限らず、宅地等においても、たとえば、Bが自己の所有地の一部であると思って、Aの所有する隣地の一部を占有していた場合なども、本事例のような関係が生じうる。

　判例は、所有権の時効取得とは、所有権の原始取得であるとされる[1]。また、この判例は、一方の占有者が所有権を取得する結果、時効完成時の所有者は反射的にその所有権が消滅することとなり、時効完成時の所有者は、時効完成により所有権を取得した者に対する関係において、承継取得における当事者たる地位にあるとみなすべきであり、時効完成により所有権を取得した者が第三者に対してその所有権を主張するには登記を必要とするが、時効完成時の所有者に対してその所有権の取得を主張するためには登記を必要としないとしている。したがって、BはAに対して、登記なくして時効による所有権の取得を主張できる。

　しかし、Bが登記なくして所有権の取得を主張できるのは、あくまでAに対してのみであり、A以外の第三者に対しても所有権の取得を主張しようとすれば、Bは甲地の所有権登記を経ておく必要がある。そして、この判例からすれば、時効完成時の原所有者Aと、時効取得を主張するBとの間には直接的な法律行為はなく、Bは自己の権利を保全するために、Aの所有権登記を抹消し、単独でその所有権保存登記ができるはずである。しかし、原所有者が、当該不動産に対し、所有権の登記を受けている場合は、その登記手続は、時効完成時の原所有者と時効取得により所有権を得た者の共同申請の方法により所有権移転登記を申請することとされている[2]。一方、未登記不動産を時効取得した場合には、時効取得者が直接自己のために表題登記を行い、所有権保存登記を行うことができる。

1　大判大7・3・2民録24輯423頁。
2　明44・6・22民事局長回答414号。

(2) 依頼者からの聞き取り

ある不動産を時効取得したといえるためには、①所有の意思をもって、②平穏かつ公然に、③占有開始時に自己の所有と信じ、かつ、そう信じたことに過失がなければ10年、そうでなければ20年の間占有を継続していることが必要である（民法162条1項・2項）。

しかし、占有の継続を立証するのは容易ではない。そこで、民法は、占有者は、所有の意思をもって、善意で、平穏に、かつ公然とその物を占有するものと推定し（同法186条1項）、占有の開始時点とある時点での占有を立証すれば、その間の占有は継続していたものと推定する（同条2項）。つまり、占有さえあれば、所有の意思をもって善意で平穏かつ公然に占有していたことが推定されるので、占有者は占有の開始時点と10年、または20年の経過時点での占有を主張すれば占有はその間継続したものとされるのである。ただし、占有開始時の無過失は推定されないので[3]、10年の短期取得時効を主張する場合には、所有権が自己に属すると信じるべき正当な理由があり、そう信じるに値するだけの原因事実を評価根拠事実として主張・立証しなければならない。なお、無過失の判定時期は占有開始時であり、その後は悪意になってもよいとされる。

さて、依頼者からの聞き取りについては、上記に即して聴取していけばよいので、まずは時効取得の対象となる不動産の占有を開始した時点がいつなのか、またその時の状況を詳細に聞き取る必要がある。売買や贈与などの法律行為があった場合には、売買契約書や贈与契約書、領収書等により占有の開始時点を特定することが可能であると思われる。これらの資料が揃わない場合や、そもそも法律行為を伴わない場合には占有開始時点が明確にならないことも多いかもしれないが、建物の登記事項証明書の新築年月日、住民票や戸籍の附票、空中写真（国土地理院作成等のもの）、固定資産台帳の記載事項などから、おおよその時期を特定できる場合もあろう。また、依頼者から

---

3 最判昭46・11・11判時654号52頁。

詳細に聞き取りをして、できる限り時効開始時点を特定していくことも必要である。たとえば、結婚式や葬式などの冠婚葬祭があった時、子どもが生まれた時、大規模な台風や地震があった時など記憶に残りやすい出来事から、おおよその占有開始時を特定できる場合もある。

そして、占有者が10年の短期取得時効を主張する場合には、占有開始時における無過失も主張・立証する必要がある。しかし、具体的な善意無過失の判断は容易ではなく、人証に頼らざるを得ない側面も有していることを肝に銘じておく必要がある（善意無過失の要件、主張・立証の方法等については、〈事例5－7〉〈事例5－8〉を参照されたい）。ここで、登記事項証明書等を占有者が調査しなかったことが過失にあたるか否かであるが、「相続人が、登記簿に基づいて実地に調査すれば、相続により取得した土地の範囲が甲地を含まないことを容易に知ることができたにもかかわらず、この調査をしなかったために、甲地が相続した土地に含まれ、自己の所有に属すると信じて占有をはじめたときは、特別の事情のないかぎり、相続人は右占有のはじめにおいて無過失ではないと解するのが相当である」という判例があるので注意を要する[4]。

そのほか、占有中に、時効の中断や時効の停止にあたるような事由がなかったかについても、占有者から聞き取り、相手側からの抗弁に備えておく必要があるだろう[5]。

(3) **裁判実務**

(ア) 概　要

前述のとおり、当事者間の関係では、時効取得者は、登記簿上の所有者に対して、登記なくしてその所有権の主張が可能であるが、その他の第三者に対抗するためには、登記をする必要がある。登記簿（登記記録）上の所有者から登記手続の協力を得られる場合には、時効取得者と登記簿上の所有者が共同申請により所有権移転登記の申請を行う。しかし、登記簿上の所有者か

---

[4] 最判昭43・3・1民集22巻3号491頁（裁判要旨）。

第3章　Ⅰ　当事者間の関係

ら任意に登記手続の協力が得られるケースは少ないであろう。登記簿上の所有者から登記手続の協力を得られなければ、時効取得に基づいて所有権移転登記手続請求訴訟を提起することを検討することになる。

　(イ)　主　張
　(A)　原告Ｂの主張

取得時効による所有権移転登記手続請求をする場合、訴訟物は「所有権に基づく妨害排除請求権としての所有権移転登記請求権」となる。

時効取得の要件事実は、長期取得時効を主張する場合には、①平穏かつ公然に、②他人の物を、③所有の意思をもって、④20年間占有したことである（民法162条）。そして、時効の援用6の法的性質につき、判例は不確定効

5　時効の中断とは、時効の基礎である事実状態とは相容れない事実の発生により、それまでの時効期間が消滅してリセットされることをいう。時効の中断には、占有者が占有を中止しまたは他人によって占有を奪われた場合の自然中断（民法164条・165条）、消滅時効と取得時効に共通する法定中断（同法147条以下）がある。法定中断事由には、①請求（同条1号）、②差押え、仮差押え、仮処分（同条2号）、③承認（同条3号）の3種類が規定されている。

　　時効の停止とは、時効の期間満了が近づいているが、相手方が時効を阻止することが不可能もしくは著しく困難な場合に、法律が一定の期間に限って時効の完成を猶予する制度である。時効の停止は、①未成年者または成年被後見人に法定代理人がいない場合（民法158条1項）、②法定の財産管理人に対して未成年者または成年被後見人が権利行使する場合（同条2項）、③夫婦の一方が他の一方に有する権利である場合（同法159条）、④相続財産に関する権利である場合（同法160条）、⑤天災その他避けることのできない事変があった場合（同法161条）に認められ、前記①～④は6カ月、⑤は2週間の完成猶予が与えられる。

6　「時効は、当事者が援用しなければ、裁判所がこれによって裁判をすることができない」（民法145条）。時効援用の意義につき、現在の通説・判例は不確定効果説をとっているといわれ、時効による効果は、時効が援用された時に初めて確定的に生じる。時効の援用は、権利の得喪を確定させる実体上の要件であるから、援用自体は裁判上であると裁判外であるとを問わないとされている。時効の援用権者は、時効によって直接の利益を受ける者であり、間接的に利益を受ける者は当事者にはあたらない。たとえば、被相続人の占有により取得時効が完成した場合において、その共同相続人の一人は、自己の相続分の限度においてのみ取得時効を援用することができるとする判例（最判平13・

2 時効完成時の原所有者との関係

果説のうちの停止条件説に立っているので[7]、時効の援用は権利の得喪を確定させる実体法上の要件となるから、⑤援用権者が相手方に対して時効援用の意思表示をしたことも必要となる。しかし、推定規定により、占有者は所有の意思をもって平穏かつ公然に占有したことが推定され（同法186条1項。前記①③が推定される）、その間占有が継続したものと推定される（同条2項。④が推定される）。また、取得時効の対象物は自己の所有物であってもよいとされるから[8]、占有者は他人の物であることを積極的に主張する必要がない（②は主張不要）。結局、占有者は、ある時点での占有の開始と占有開始から20年が経過したこと（20年の両端の時点における占有の事実）および時効の援用を主張すれば足りることになる。

一方、短期取得時効を主張する場合には、①平穏かつ公然に、②他人の物を、③所有の意思をもって、④10年間占有したこと（民法162条2項）、⑤援用権者が相手方に対し時効援用の意思表示をしたことに加え、⑥占有開始時の善意無過失を主張する必要がある。しかし、前記①～③については、長期取得時効の場合と同様に主張する必要がないから、占有者はある時点での占有の開始、占有開始から10年が経過したこと、および時効援用の主張に加えて、占有開始時に自己に所有権があると信じ、そう信じることについて過失がなかったことを主張すればよい。なお、判例は、「取得時効完成の時期を定めるにあたっては、取得時効の基礎たる事実が法律に定めた時効期間以上に継続した場合においても、必ず時効の基礎たる事実の開始した時を起算点として時効完成の時期を決定すべきものであつて、取得時効を援用する者において任意にその起算点を選択し、時効完成の時期を或いは早め或いは遅

7・10家月54巻2号134頁)、建物の賃借人は土地の取得時効の完成によって直接利益を受ける者ではないから、建物賃借人による敷地所有権の取得時効を援用することができないとする判例（最判昭44・7・15民集23巻8号1520頁）がある。
7　最判昭61・3・17民集40巻2号420頁。
8　最判昭42・7・21民集21巻6号1643頁、最判昭44・12・18民集23巻12号2467頁。

らせることはできないものと解すべきである」と判示するが[9]、実務上、占有者の占有開始時がはっきりしない場合もある。このような場合には、結局のところ、原告としては、現在からさかのぼって起算点を決定したうえで、その起算点から20年または10年が経過したことを主張し、占有開始時の起算点が異なることについては被告からの抗弁を待つしかあるまい。

　また、時効取得において、対象物の所有権を確定的に取得するには時効の援用が必要であることは前述のとおりであり、時効取得を主張する際には時効援用の意思表示が必要となる。その時効援用の方法であるが、あらかじめ内容証明郵便などで相手方に対し時効を援用する旨を通知したのであればその旨を主張し、相手方が行方不明などの事情で時効の援用を通知していない場合は、「平成○○年○○月○○日送達の本件訴状により時効の援用の意思表示をした」と訴状に記載し、訴状上で時効を援用する旨の主張をすればよい。時効の援用は事実の主張であるから、時効取得を主張する者は、第2審の口頭弁論終結までに行う必要があるとされている。

《請求原因──10年の短期取得時効を主張する場合》
1　原告Bは、平成○○年○○月○○日、甲地を占有していた。
2　原告Bは、平成○○年○○月○○日経過時、甲地を占有していた。
3　無過失の評価根拠事実
　○○○○○○○○○○○○○○○○○○○○○。
4　原告Bは、被告Aに対し、平成○○年○○月○○日送達の本件訴状により、上記時効を援用するとの意思表示をした。
5　甲地について、別紙目録（略）記載の被告A名義の所有権移転登記がある。
6　よって、原告Bは、被告Aに対し、所有権に基づき、本件土地につき、平成○○年○○月○○日取得時効を原因とする所有権移転登記手

---

[9]　最判昭35・7・27民集14巻10号1871頁。

続をすることを求める。

(B) 被告Ａの主張

一方、占有は、自主占有であることが推定されるので（民法186条1項）、時効取得を争う者（被告Ａ）は、原告Ｂが他主占有であることを主張・立証する必要がある[10]。そこで、取得時効の成立を争う被告Ａは、原告Ｂに対する抗弁として、「所有の意思がないこと」を主張することが必要となる。ここでいう「所有の意思」は、占有者の内心の意思ではなく、占有の根拠となった権原または占有に関する事情により客観的に定められるというのが判例である[11]。たとえば、賃貸借により占有を取得した者は、占有者の内心の意思いかんにかかわらず他主占有とされるし、不動産の所有者であれば当然とるべき行動をとらなかったような場合も他主占有とみなされる。

そのほか、被告Ａの抗弁としては、占有の開始時が、原告Ｂの主張する時効の起算点とは異なるという事実、時効の中断事由があった事実などが主張できよう。また、原告Ｂの短期取得時効の主張に対しては、被告Ａは、「原告Ｂが占有開始時に甲地の所有権が自己に属すると信じていなかったこと」を主張できる。この場合、被告Ａは、客観的にみて原告Ｂが占有の意思を有していなかった具体的事実（悪意）を主張していくことになる。

(ウ) 立　証

(A) 原告Ｂの立証

原告Ｂが立証すべき事実は、①甲地をある一定時期において占有をしていた事実、②その時期から10年または20年が経過した事実、③時効の援用をした事実である。10年の短期消滅時効を主張する場合には、さらに、④占有開始時において無過失であったことの評価根拠事実を述べる必要がある。

前記①の事実については、占有を開始したのが売買、贈与、交換などの特

10　最判昭58・3・24民集37巻2号131頁。
11　最判昭45・6・18判時600号83頁。

定の法律行為によるものであれば、売買契約書や領収書などによって、占有の開始時期を特定できることが多いと思われる。当時の固定資産税の納付書、代金を支払った履歴のある通帳の写しなどもあれば立証に役立つ。そのほか、図面や空中写真など、当時の資料をできる限り用意してもらい、客観的に占有開始時を特定できるか否かを判断したい。客観的な資料がなかったり、資料だけでは立証が難しいと思われる場合には陳述書を作成することになるが、本人の陳述書だけでなく、民生委員など信用性のある第三者からも陳述書を入手できればなおよいであろう。

　前記②の事実については、10年後または20年後に占有していた事実を立証することになるので、現場の写真、住民票、固定資産税の納付書等が有効な書証になるであろう。

　前記③の事実については、すでに時効を援用しているのであれば、時効の援用を通知した内容証明郵便で立証する。もし訴訟上で時効を援用するのであれば、訴状に時効援用する旨を記載することになる。

　前記④の事実については、占有開始時に善意であることについて無過失であることを根拠づける具体的事実（無過失の評価根拠事実）を立証していくことになる。

　　(B)　被告Aの立証

　一方、被告Aからの抗弁としては、原告Bの占有の開始時が原告主張の時期より遅く、まだ時効取得の期間を経過していないこと、原告Bが占有当時に他主占有であったことを示す客観的事実、原告Bに時効の中断事由があった事実などを立証していくことが考えられる。原告が占有開始時を売買契約、交換契約または贈与契約などで主張しているのであれば、その法律行為に瑕疵があった事実、原告の占有が賃貸借や使用貸借に基づく他主占有である事実、原告の占有が第三者に侵奪された事実や、時効の中断があった事実などを立証していく必要がある。

　しかし、通常、原告はそれなりの根拠をもって時効取得を主張することが

多いであろうから、被告としては、「原告が所有者であれば当然とるべき態度や行動をとらなかった」などの事実を積み重ねることによって、他主占有の立証をしていくことになることが多いと思われる。また、原告Ｂが短期取得時効を主張している場合には、原告Ｂが占有開始につき過失があったことを根拠づける具体的事実（無過失の評価障害事実）を立証していくことになる。

そのほか、占有の立証については、〈事例５－１〉〈事例５－２〉〈事例５－３〉を参照されたい。

> **コラム　登記名義の変更と固定資産税の負担**
>
> 　不動産の取引においては、不動産の所有権を取得した者は、現在の所有権登記名義人に対して所有権移転登記を求めるのが通常であろう。また、不動産の所有者であれば、不動産の固定資産税を自ら支払うのが常識的であろう。
>
> 　そこで、不動産の時効取得を主張する者が、占有の継続中に、登記簿（登記記録）上の登記名義人に対して、所有権移転登記を求めなかったことや、不動産に賦課されていた固定資産税を負担しなかったことが、「所有の意思」との関係でどのように扱われるかが問題となる。
>
> 　まず、所有の意思について、判例は「所有の意思の推定は、占有者がその性質上所有の意思のないものとされる権原に基づき占有を取得した事実が証明されるか、又は占有者が占有中、真の所有者であれば通常はとらない態度を示し、若しくは所有者であれば当然とるべき行動に出なかつたなど、外形的客観的にみて占有者が他人の所有権を排斥して占有する意思を有していなかつたものと解される事情が証明されるときは、覆される」として、占有取得の原因である権原だけでなく、占有に関する事情も考慮して判断されるとした[12]。しかし、その一方で、「土地の登記簿上の所有名義人甲の弟である乙が右土地を継続して占有した場合に、甲の家が本家、乙の家が分家という関係にあり、乙が経済的に苦しい生活をしていたため甲から援助を受けたこともあり、乙は家族と共に居住するための建物を建築、移築、増築して右土地

12　前掲（注10）最判昭58・3・24。

第3章 I 当事者間の関係

を使用し、甲はこれに異議を述べたことがなかったなど判示の事実関係の下においては、乙が、甲に対して右土地の所有権移転登記手続を求めず、右土地に賦課される固定資産税を負担しなかったことをもって、外形的客観的にみて乙が他人の所有権を排斥して占有する意思を有していなかったものと解される事情として十分であるということはできない」と判断し、占有者が所有権の移転登記を求めないことや固定資産税を負担していないことのみをもって所有の意思の推定が覆るわけではないとしている[13]。占有者が、所有者に対して所有権移転登記を求めなかったり固定資産税を支払っていなかったとしても、事情によっては、所有の意思が認められることがあるということに注意しておきたい。

(4) 登記実務

前述のとおり、時効取得の法的性質は原始取得である。したがって、時効により取得した不動産が未登記不動産の場合、時効取得者が自ら表題登記を行ったうえで所有権保存登記をすることができる。しかし、表題登記のみがされている不動産を時効取得した場合には、いったん表題部所有者の名義保存登記を行ったうえで、原所有者と時効取得者の共同申請で時効取得を原因とした所有権移転登記を行うことになる。所有権の登記がすでにある場合も同様に、時効完成時の原所有者と、時効取得により所有権を得た者の共同申請の方法により所有権移転登記を申請することとされている[14]。これは、時効による所有権取得は、そこに全く新しい不動産が生じたわけではなく、単に時効の完成により時効完成者が所有権を取得する結果、反射的に原所有者が所有権を失うだけであるから、権利の移転を公示するという不動産登記法の趣旨からすれば承継取得と同様に解することができるし、そのような登記手続をすることが当事者にとっても便宜であるからである。したがって、時効完成時の原所有者から登記手続に対する協力を得られるのであれば、原所

---

13 最判平7・12・15民集49巻10号3088頁。
14 前掲（注2）を参照。

有者と時効取得により所有権を取得した者との間で、共同申請による所有権移転登記を申請することとなる。この場合、時効取得はあくまで原始取得であるとされているので、取得の効果が占有開始日にさかのぼるため、登記原因の日付は占有開始日となることに注意を要する。なお、判決により時効取得が認められた場合であって、判決の主文において時効の起算日が記載されていないようなときには、登記の原因日を「年月日不詳時効取得」として登記することができるとされている[15]。

本事例における共同申請による所有権移転登記の登記申請書（【書式5】）、確定判決による所有権移転登記の登記申請書（【書式6】）は、それぞれ次のとおりである。また、作成上の留意点については、「※」を付しているので参考にされたい。

【書式5】　登記申請書（共同申請の場合）

登記申請書

登記の目的　所有権移転
原　　因　　平成〇〇年〇〇月〇〇日時効取得（※1）
権　利　者　〇〇県〇〇市〇〇町〇〇丁目〇〇番〇〇号
　　　　　　B
義　務　者　〇〇県〇〇市〇〇町〇〇丁目〇〇番〇〇号
　　　　　　A
添付書類　　登記原因証明情報　登記識別情報　住所証明書
　　　　　　印鑑証明書　代理権権限証書
平成〇〇年〇〇月〇〇日申請　〇〇法務局
代　理　人　〇〇県〇〇市〇〇町〇〇丁目〇〇番〇〇号

15　登記研究244号68頁（1981）。

第3章 Ⅰ 当事者間の関係

```
                司法書士  ○  ○  ○  ○   ㊞
    登録免許税   金○,○○○円
    不動産の表示
      所  在   ○○市○○町○○丁目
      地  番   ○○番
      地  目   宅地
      地  積   ○○○㎡
```

（添付書類）

登記原因証明情報（※2）

1　登記申請情報の要領（略）
2　登記の原因となる事実又は法律行為
 (1)　Bは、平成○○年○○月○○日甲地を所有の意思をもって平穏、公然、善意、無過失にて占有を開始した。なお、Bは前所有者から甲地を買い受けた際に、売買契約書を取り交わして売買代金も全額支払っており、自己の物と信じて所有していた。（※3）
 (2)　Bは、平成○○年○○月○○日まで継続して10年間、甲地を占有した。
 (3)　Aは、甲地の所有権登記名義人である。
 (4)　平成○○年○○月○○日、BはAに対して時効を援用した。
 (5)　よって、甲地の所有権は、平成○○年○○月○○日、AからBに移転した。
（以下、略）

※1　登記原因日は、占有開始日である。
※2　10年の短期取得時効を主張する場合。

2 時効完成時の原所有者との関係

※3 無過失の主張については、占有の事実のみでは推定されないので、具体的事実の記載を要する。

【書式6】 登記申請書（判決による場合）

登記申請書

登記の目的　所有権移転
原　　　因　年月日不詳時効取得（※1）
権　利　者　〇〇県〇〇市〇〇町〇〇丁目〇〇番〇〇号
　　　　　　（申請人）B
義　務　者　〇〇県〇〇市〇〇町〇〇丁目〇〇番〇〇号
　　　　　　A
添付書類　　登記原因証明情報（※2）　住所証明書
　　　　　　代理権権限証書
（以下、略）

※1 判決の主文中に時効の起算日が記載されていない場合、「年月日不詳時効取得」と記載することができる。
※2 所有権移転登記を命じた判決正本と確定証明書を添付する。

▷司法書士・三浦直美
▷司法書士・石川　亮

Ⅱ　第三者との関係

第1　時効完成前の第三者

1　概　説

　時効完成時の原所有者は、その取得者に対する関係では、承継取得の場合の当事者と同様の地位にあるものであるから、時効により所有権を取得した者は、登記なくしてその取得を対抗できるのであるが（〈事例1〉）、時効完成前に、原所有者がその所有権を譲渡し、その譲受人が登記を経由していた場合は、どのような法律関係となるのか。

　判例は、時効完成当時の原所有者との関係と同様に、不動産の時効取得者は、原所有者からの譲受人に対して、登記なくして時効取得を主張できるとしている[16]。

　ここでは、時効完成前の第三者との関係（〈事例2－1〉）、時効完成前の複数の第三者との関係（〈事例2－2〉）、時効完成前の第三者から買主の地位の移転を受けた者との関係（〈事例2－3〉）をみていく。

2　時効完成前の第三者との関係

　時効完成前の第三者との関係が問題となるのは、次のようなケースである。

〈事例2－1〉　時効完成前の第三者との関係
　Aが所有する土地甲（以下、「甲地」という）をBが占有していたところ、AがCに甲地を譲渡し、Cが所有権移転登記を経由した。その後、

16　最判昭41・11・22民集20巻9号1901頁。

Bについて取得時効の要件が満たされた。登記がC名義になっていたので、Bは、甲地を自らの登記名義に変更したい。

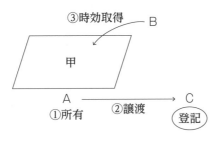

(1) 検討課題

　時効取得の趣旨は、ある一定の事実状態を継続した場合に、その状態を法的に保護する価値のあるものとして扱う制度であるから、時効取得者が10年または20年の間、その占有を継続していれば、時効取得の主張ができる。したがって、その間に、当該不動産に法律上の物権変動があり、それに基づいて登記がなされたとしても、時効取得者の占有状態に変更はないから、不動産を時効取得した者は、時効完成前の第三者に対して時効取得の効果を主張できると考えられる。そして、時効完成時の所有者は、時効完成により所有権を取得した者に対する関係においては、当事者たる地位を有するにすぎないから、所有権の時効取得者は、時効完成時の登記上の所有者に対して、時効取得を原因とした所有権移転登記を請求することができる。そこで、Bは、Cに対して、時効取得を原因とした所有権移転登記手続を請求できることになる。

　一方、不動産の時効完成後に、原所有者から所有権を取得した第三者に対しては、時効取得者は、登記なくしてその第三者に対抗することはできない[17]（時効完成後の第三者との関係については、〈事例2-4〉を参照されたい）。

17　最判昭33・8・28民集12巻12号1936頁。

そして、取得時効の起算点について、時効の基礎たる事実が開始された時を起算点として計算すべきで、時効援用者において起算点を選択し、時効完成の時期を早めたり遅らせたりすることはできないというのもまた確定した判例であるから[18]、時効取得の主張に際しては、占有者の占有開始時がいつになるのか、そして第三者の所有権の取得時期がいつであるのかを確認することが非常に重要なポイントとなる（取得時効の起算点については、〈事例3－1〉〈事例3－2〉〈事例3－3〉を参照されたい）。

(2) **依頼者からの聞き取り**

時効完成前に、原所有者から所有権を譲り受けた第三者との関係においては、その第三者を当事者と同様に考えてよいので、基本的には、当事者間の関係（〈事例1〉）と同様に解してよい。

しかし、所有権を取得した第三者と時効取得者との関係は、時効の完成と第三者の所有権取得の時期がポイントになってくるので、不動産の占有開始時についての事情は、詳細に聞き取る必要がある。当時の売買契約書や贈与契約書など、占有の時期がある程度はっきりする証拠書類が存在していれば問題はないが、実際問題としては、占有開始時がはっきりわからない場合もあるだろう。占有の起算点が明確に特定できない場合には、とりあえず現時点から逆算して10年あるいは20年の時効を主張することも、やむを得ないと思われる。

(3) **裁判実務**

(ア) 概　要

占有開始時から時効完成までの間に、占有開始時の原所有者から所有権を譲り受けた第三者が、その旨の所有権移転登記を経由した場合、被告として訴状に記載すべき相手方は、原所有者となるか、現在の所有権登記名義人となるかは一応問題となる。時効の効力がその起算日にさかのぼることを考えれば、占有開始時の原所有者が被告となりそうにも思えるからである。しか

18　前掲（注9）最判昭35・7・27。

し、取得時効の完成によって権利を喪失するのは、現在の所有権登記名義人であるから、時効完成時の所有者・所有権登記名義人を被告とするのが一般的であろう。そこで、登記事項証明書において、現在の所有権登記名義人が誰であるかを確認することに加え、登記名義人に住所や氏名の変更事項はないか、登記名義人に相続が発生していないかなどは必ず確認しておく必要がある。もし登記名義人に住所や氏名の変更がある場合、相続が発生している場合には、判決後に代位登記を申請して所有権登記名義人を変更し、その後、時効取得に基づく所有権移転登記を申請することになる。

(イ) 主　張

時効完成前の第三者は、占有開始時の原所有者に対する訴訟と同様に扱うことができるので、時効取得に基づく所有権移転登記手続を請求する場合には、当事者との関係（〈事例1〉）と同じく、訴訟物は「所有権に基づく妨害排除請求権としての所有権移転登記請求権」となる。また、20年の長期取得時効を主張する場合には、①ある時点での占有の開始、②占有開始から20年が経過したこと、③時効の援用を主張すれば足り（民法162条1項）、10年の短期取得時効を主張する場合には、前記①～③に加えて、④占有開始時の善意無過失を主張することになる（同条2項）。

前述のとおり、時効取得を主張する者において、時効の起算点を任意にずらして時効の完成時期を早めたり遅らせたりすることはできないというのが判例の立場である[19]。しかし、実務上、時効の起算点がはっきりしないこともあり、特に第三者が登場してくるケースの場合には、時効取得を主張する原告Bは、訴訟時点から10年あるいは20年を逆算して占有開始時とし、被告Cの譲受け後に時効が完成した旨を主張する場合もあるだろう。その場合には、所有権移転登記を経由した被告Cから原告Bに対して、被告Cが不動産を取得する前に、原告Bが当該不動産を時効取得していたという抗弁を許すことになるので、このようなケースでは、まさに時効の起算点が争点とな

19　前掲（注9）最判昭35・7・27。

第3章 Ⅱ 第三者との関係

ろう。

　㈦ 立　証

　立証については、当事者間の関係（〈事例1〉）における立証を参照されたい。

　(4) 登記実務

　登記実務については、当事者間の関係（〈事例1〉）における登記実務を参照されたい。

3　時効完成前の複数の第三者との関係

　時効完成前の複数の第三者との関係が問題となるのは、次のようなケースである。

〈事例2－2〉　時効完成前の複数の第三者との関係

　Aが所有する土地甲（以下、「甲地」という）をBが占有していたところ、Aが甲地につきC、D、Eの3人に対して持分3分の1ずつを譲渡した。登記がA名義のままであったところ、Bにつき取得時効が完成した。その後、C、D、Eが甲地のそれぞれの持分につき登記を経由した。BはC、D、Eに対して時効取得を主張して、甲地の所有権登記を得たい。

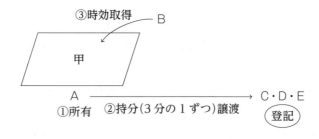

174

(1) 検討課題

　不動産の時効取得者は、時効完成前に不動産を取得した第三者に対しては登記なくして対抗することができることについては、前述のとおりである。そして、そのことは、第三者が複数であっても扱いが異なるものではない。本事例においては、C、D、EはBの時効完成後に登記を経由しているが、時効完成前にすでに原所有者から所有権の譲渡を受けており、時効完成後に対抗要件を備えたというだけであるから、BとC、D、Eとの関係は、あたかも承継取得者と同様の関係となる。

　判例も、不動産を時効取得した者と時効完成時の所有者は、土地所有権の得喪のいわば当事者の立場に立つのであるから、不動産の時効取得者はその時効取得を登記なくして時効完成時の所有者に対抗できる筋合であり、このことは、時効完成時の所有者が、その後、所有権取得登記を経由することによって消長を来さないものというべきであると判示している[20]。ただし、時効完成前の第三者が複数であれば、C、D、Eそれぞれの所有権取得の時期が異なることもあり、時効の完成もそれぞれについて検討しなければならない。たとえば、CのみがBに対して立退きの請求を行った場合など、複数所有者の一人に時効中断事由が発生している可能性もあるので十分に注意する必要がある。

(2) 依頼者からの聞き取り

　当事者が複数となるため、各当事者について、時効が完成しているといえるかどうかが問題となる。占有の様態については、相手方によって異なることはないが、時効中断事由については、相手方によって異なる可能性があるので、時効中断事由の有無についても相手方全員に対して確認をしておく必要があろう。また、第三者が所有権を取得した時期と所有権移転登記を行った時期にずれが生じている場合には、その第三者が、一見すると時効完成後に所有権を取得した第三者であるようにみえてしまう可能性があるので注意

20　前掲（注8）最判昭42・7・21。

が必要である。登記事項証明書の原因年月日と登記の受付年月日にも注意しながら、占有者の時効取得が可能であるか否かを検討しなければならない。

(3) **裁判実務**

(ｱ) 概　要

占有者が時効取得の要件を満たした際、その相手方当事者が複数であれば、個々の事情はさまざまであるため、任意に登記手続に対する協力が得られる者、得られない者がいるだろう。一部の者のみであっても、登記手続に対する協力が得られるのであれば、その者のみを登記義務者として共同申請を行うことができる。この場合は、訴訟手続によらず、通常の登記事件として処理できるが、登記手続に対する協力が得られない者がいる場合には、訴訟手続によるほかないであろう。この場合、登記手続に協力してくれない者のみを被告として訴訟手続を行えばよい。

また、相手方当事者が複数である場合は、「訴訟の目的である権利又は義務が……同一の事実上及び法律上の原因に基づくとき」（民事訴訟法38条）であるから、通常共同訴訟として訴訟を提起することができる。

(ｲ) 主　張

各当事者に対する主張については、当事者間の関係（〈事例1〉）における主張を参照されたい。

(ｳ) 立　証

立証については、当事者間の関係（〈事例1〉）における立証を参照されたい。

(4) **登記実務**

一部の者のみから登記手続の協力が得られた場合、その一部の者との共同申請によって登記手続を行うことができる。登記手続の協力を得られなかった者に対しては判決を得て単独で登記申請を行う。書式については、当事者間の関係（〈事例1〉）における登記実務（【書式5】【書式6】）を参照されたい。

4 時効完成前の第三者から買主の地位の移転を受けた者との関係

時効完成前の第三者から買主の地位の移転を受けた者との関係が問題となるのは、次のようなケースである。

〈事例２−３〉 時効完成前の第三者から買主の地位の移転を受けた者との関係

Aは、自ら所有する土地甲（以下、「甲地」という）をBに引き渡した。一方、Aは、さらにCとの間で売買契約を締結し、Cは所有権移転仮登記を経たが、Cは頭金を支払っただけで残代金の支払いはなされず、甲地の引渡しは行われなかった。その後、BもCに遅れて所有権移転請求権仮登記をしたが本登記はなされず、そのままBについての時効期間が経過した。Cは、その後、Dに対して買受人としての地位を譲渡し、DはCの有する仮登記につき移転の付記登記を経由した。

そこで、DはBに対して、仮登記に基づく本登記手続についての承諾を求めて訴えを提起した。

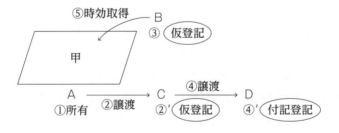

(1) 検討課題

本事例のポイントは二つあり、一つは所有権移転の効力がいつ生じるかという問題、もう一つは買受人の地位を譲り受けた者と時効取得者との優劣の問題である。

第3章 Ⅱ 第三者との関係

　　㋐　所有権移転の効力発生時期

　まず、所有権移転の効力発生時期について、本事例の素材となった裁判例21は、従来の判例22を踏襲し、「特にその各土地の所有権の移転が将来なさるべき約旨がされたことが認められないのであるから、右各売買契約と同時に買主に所有権移転の効力を生ずると解すべきである」と判示し、AからCへの所有権移転時期は、特約がない限りあくまで売買契約締結時であるということを確認した。物権変動の時期については、売買代金の支払い、不動産の引渡しあるいは所有権移転登記のいずれかが履行されるまでは所有権は移らないとする有力学説、移転の時期を画一的に決めるのではなく、所有権を個々の権能の束と考えてそれら個々の権能ごとにそれがいつ移転するかを考えればよいとする段階的所有権移転説などいろいろな説があるが23、時効取得者と第三者との関係では、特にこの所有権移転の時期が時効完成の前か後かで結論が大きく変わってくることを意識しなければならない。本事例のように、残代金の支払いと引渡しが行われておらず登記も仮登記にとどまるようなケースでは、所有権の移転時期について十分に注意を払う必要があるといえるだろう。

　売主の所有である特定物売買において、判例は、あくまで、その所有権移転が将来になされるべき特約のない限り、買主への所有権移転の効力は直ちに生じるとしている24。しかし、次の①〜③のような事情がある場合には、売買契約と所有権の移転時期との間にずれが生じるので注意が必要である。

　① 当事者間で所有権の移転時期について特約を結んでいる場合　　たとえば、「本件不動産の所有権は、売主が売買代金を全額支払った時に売主に移転する」というような、所有権移転の時期を代金完済時にするケ

21　東京高判昭54・12・26判時956号60頁。
22　最判昭33・6・20民集12巻10号1585頁。
23　内田貴『民法Ⅰ総則・物権総論〔第4版〕』（東京大学出版会・2008）432頁以下、河上正二『物権法講義』（日本評論社・2012）64頁以下などを参照。
24　前掲（注22）最判昭33・6・20（裁判要旨）。

ースが典型的である。また、ある一定金額の支払いが完了すれば所有権の移転を認めるという分割払いの特約にかからせる特約、一定の時期や条件の成就によって所有権の移転時期を決する特約も有効である。

② 農地法や裁判所の許可など、法律上の障害がある場合　たとえば、農地法の許可を要する場合には、農地法の許可書が到達した日に条件が成就し所有権が移転する。

③ 他人物売買（民法560条）の場合　他人の不動産を売却することも法律上は有効である。しかし、他人物売買の売主は不動産の真の所有者から所有権を取得して買主に移転する義務を負うから、売主が真の所有者から所有得権を取得した時に買主は所有権を取得することになる。

　(イ)　買受人の地位の譲受人と時効取得者との優劣

　また、買受人の地位を譲り受けた者と時効取得者との優劣の問題について、裁判例は、Dは、Cが取得した甲地につきAに対して取得した買受人の地位（または買受人の権利義務）をAの承諾のもとに譲り受けて甲地の所有権を取得したものであるから、Cと法律上は同一の地位に立つものと解するのが相当であるとし、買受人の地位の譲受人は従前の買主と法律上同一の地位に立つことを明らかにしている[25]。とすれば、買受人の地位を譲り受けた者と時効取得者との優劣の問題は、結局は原所有者からの譲受人と時効取得者の関係と全く同様であり、本事例では、C（＝Cから買主の地位を譲り受けたD）は、Bの時効完成前にAから所有権の移転を受けているので、C（＝Cから買主の地位を譲り受けたD）は、Bに対抗できないという結論になる。

　売買契約の買主が、その買主の地位を第三者に譲渡することは許されており、買主と買主の地位の譲渡を受けた第三者は、法律上同一の地位に立つとされている。日本司法書士会連合会では、「買主の地位の譲渡契約」と「第三者のためにする契約」を従来の中間省略登記との対比において、これを「直接移転取引」と称し、直接移転取引が、売主から第三者へ直接所有権が

25　前掲（注21）東京高判昭54・12・26。

移転して、かつ、所有権移転登記も直接売主から第三者へなされる契約であることを確認している[26]。買主の地位の譲渡契約には、①売主、買主および第三者の三者間において契約が締結される形態、②買主と第三者でなされた合意に対して売主が承諾を与える形態の2種類があるとされている[27]。

(2) **依頼者からの聞き取り**

㋐ 依頼者がDである場合

Dから依頼を受けた場合には、CがAから甲地を買い受けた経緯と、DがCから買主の地位を譲り受けた経緯の両方を丁寧に聞き取る必要がある。特に、CがAから甲地を購入した際の売買契約がある場合には、売買契約書を精査して所有権の移転時期の特約があるか、代金の支払いや引渡しの状況などを調査して所有権が移転した時期を確認する。売買契約書が存在しない場合には、CとAとの間でどのような売買契約があったのか、支払いの領収書

---

[26] 平成19年12月12日付け日司連発第1339号「直接移転取引に関する実務上の留意点について（お知らせ）」。

[27] 平19・1・12法務省民二第52号民事局民事第二課長通知は、買主（丙。登記権利者）と第三者（乙。買主の地位の譲受人）でなされた合意に対して、売主（甲。登記義務者）が承諾を与える形態において、下記の登記原因証明情報を提供して行われた甲から乙への直接の所有権の移転の登記の申請を認めている。

> (1) 甲は、乙に対し、平成〇〇年〇〇月〇〇日、その所有する不動産（以下「本件不動産」という。）を売り渡す旨の契約を締結した。
> (2) (1)の売買契約には、「乙から甲への売買代金の支払いが完了した時に本件不動産の所有権が乙に移転する。」旨の所有権の移転時期に関する特約が付されている。
> (3) 地位の譲渡契約
> 　乙は、甲との間で、平成〇〇年〇〇月〇〇日、(1)の売買契約における買主としての地位を丙に売買により譲渡する旨を約し、甲は、これを承諾した。
> (4) 代金の支払い
> 　平成〇〇年〇〇月〇〇日、丙は、甲に対し、(1)の売買代金全額を支払い、甲はこれを受領した。
> (5) よって、本件不動産の所有権は、平成〇〇年〇〇月〇〇日、甲から丙に移転した。

や銀行振込みの控えなどが残っているかを確認し、引渡しや占有の状況を含めて所有権の移転時期を調べる必要がある。CD間の契約が甲地の売買契約である場合と買主の地位の譲渡契約である場合とでは、所有権の移転時期が異なる結果、本事例のようなケースでは、Bとの関係において、当事者の立場になるか対抗関係に立つかという結論を異にすることになるので注意が必要である。

　　(イ)　依頼者がBである場合

　一方、時効取得者であるBが依頼者の場合には、Bは、CやDの存在すら知らなかったと主張することが多いであろう。Bが甲地の登記事項証明書を定期的に調査して、甲地の所有者が誰であるかを確認しながら時効取得期間の経過を待つようなことは通常考えにくいからである。しかし、時効取得者Bとしては、現在の登記事項証明書上の所有者を相手方として時効取得の主張をすればよいから、Bが、CやDの存在を知らなかったとしても、問題になることはない。

　そのほか、聞き取りの方法については、時効完成前の第三者との関係（〈事例2－1〉）における依頼者からの聞き取りを参照されたい。

　(3)　**裁判実務**

　　(ア)　概　要

　仮登記に基づく本登記を申請するにあたっては、登記上の利害関係を有する第三者がいる場合には、その第三者の承諾が必要となる（不動産登記法109条）。もし第三者の承諾が得られない場合には、本登記を請求する者は、利害関係を有する第三者に対して、訴訟を提起しなければならない。本事例のように、Dが所有権移転の本登記を得ようとすれば、Dの仮登記の後に、所有権移転請求権仮登記を受けているBは利害関係を有する第三者となり、Dは、Bの承諾がなければ所有権の本登記を申請することができない。そこで、Dが、Bから任意に承諾を得ることができなければ、Dは、Bに対して所有権移転登記の本登記手続の承諾を求める訴訟を提起することになる。

なお、本事例の素材となった裁判例[28]では、被告Bから原告Dに対して、Bの時効取得を理由とした仮登記の抹消登記手続請求を反訴として提起し、結果として、Bの主張が認められている。

　　(イ) 主　張

　所有権移転請求権の本登記手続を求める承諾請求訴訟の訴訟物は、「所有権に関する仮登記に基づく妨害排除請求権としての承諾請求権」であり、請求の趣旨は、「原告は、被告に対し、別紙登記目録記載の○○法務局○○支局平成○○年○○月○○日受付第○○号をもってなされた所有権移転請求権仮登記に基づき本登記手続をすることを承諾せよ」となろう。

　原告Dが主張・立証すべき事実は、①原告に仮登記原因が実体的にあること、②原告が、これに基づき仮登記を経由したこと、③仮登記原因と同一性のある実体上の原因に基づいて本登記原因が発生したこと、④被告が「登記上の利害関係を有する第三者」にあたる事実となる[29]。

　一方、被告Bの時効取得の主張については、当事者間の関係（〈事例1〉）における主張を参照されたい。

　　(ウ) 立　証

　立証については、当事者間の関係（〈事例1〉）における立証を参照されたい。

(4) 登記実務

　所有権移転請求権仮登記に基づいて本登記申請を行う場合、登記上の利害関係を有する第三者の承諾もしくは承諾に代わる判決が必要であることは、前述のとおりである。そして、その利害関係人のした権利の登記は、本登記をするときに登記官が職権で抹消する（不動産登記法109条2項）。これは、その本登記が実体関係に合致した有効なものであれば、その本登記により、利害関係人の登記が順位保全効力によって否定されることになるからで

28　前掲（注21）東京高判昭54・12・26。
29　藤田耕三＝小川英明編『不動産訴訟の実務〔七訂版〕』（新日本法規・2010）279頁。

ある。

　本事例における所有権移転請求権仮登記に基づいた共同申請による本登記の登記申請書（【書式7】）は、次のとおりである。また、作成上の留意点については、「※」を付しているので参考にされたい。

【書式7】　登記申請書（所有権移転請求権仮登記に基づいた共同申請による本登記の場合）

登記申請書

登記の目的　〇〇番仮登記の所有権移転本登記
原　　因　　平成〇〇年〇〇月〇〇日売買（※1）
権　利　者　〇〇県〇〇市〇〇町〇〇丁目〇〇番〇〇号
　　　　　　D
義　務　者　〇〇県〇〇市〇〇町〇〇丁目〇〇番〇〇号
　　　　　　A
添付書類　　登記原因証明情報　登記識別情報　印鑑証明書
　　　　　　住所証明書　代理権権限証書　承諾書（※2）
（以下、略）

※1　登記原因は、仮登記の登記原因と同一であるか、または、それと関連することを要する。仮登記の原因が売買予約であれば、売買が成就した日を登記原因日とする。
※2　判決の場合には、承諾書に代わり判決正本と確定証明書を添付する。

第2　時効完成後の第三者

1　概説

　時効完成前の第三者に対しては、時効取得者は登記なくして対抗できるとされているが、時効完成後の第三者の場合はどうなるのであろうか。判例は、「取得時効による不動産の所有権の取得についても、登記なくしては、時効完成後当該不動産につき旧所有者から所有権を取得し登記を経た第三者に対して、その善意たると否とを問わず、時効による所有権の取得を対抗し得ないと解するを相当とする」と判示し、時効完成後の第三者と時効取得者の関係は、対抗関係になるとしている[30]。
　ここでは、時効完成後の第三者との関係（〈事例2－4〉）をみていく。

2　時効完成後の第三者との関係

　時効完成後の第三者との関係が問題となるのは、次のようなケースである。

〈事例2－4〉　時効完成後の第三者との関係
　Aが所有する土地甲（以下、「甲地」という）がBに譲渡されたが、登記はA名義のままであった。Bは甲地を占有し続け、取得時効の要件が満たされた。その後、甲地は、AからCに二重譲渡され、Cが先に所有権移転登記を行った。

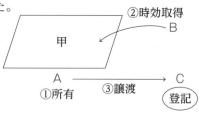

30　前掲（注17）最判昭33・8・28。

(1) 検討課題

前述のとおり、時効取得者と、時効取得完成後に原所有者から所有権を譲り受けた者は、いわゆる所有権の二重譲渡の関係と同様であり、時効取得を主張する者は登記を経由していなければ所有権の譲受人に対抗することができないとするのが判例である[31]。その一方で、前述のとおり、時効取得者の占有開始時から時効完成までの間に原所有者から所有権を譲り受けた第三者に対しては、時効取得者は登記なくして所有権を譲り受けた第三者に対抗することができるとしている[32]。

このように、取得時効の完成時を基準にして、第三者の登場が基準時より先か後かで結論が異なるという結果に対しては学説による批判も強い。なぜなら、占有開始時を任意に動かすことができないとすれば、占有期間が10年の善意占有者よりも、占有期間に20年を要する悪意占有者を常に保護する結果になってしまうからであり（つまり、第三者が登場してきた場合には、時効の完成時を遅らせたほうが有利になる）、また、時効取得者が、時効完成後すぐに原所有者に対して所有権移転登記を要求するということは通常考えにくく、登記を先にしたほうが勝つという対抗要件の原理になじまないとも思えるからである。学説には、取引の安全を確保するために第三者との関係では常に登記を必要とする登記尊重説[33]、取得時効は占有という事実を尊重するものであるから時効取得には登記を不要とする占有尊重説[34]、時効取得の紛争を境界紛争型と二重譲渡型に分類し、二重譲渡型は登記を優先し境界紛争型は占有の継続を尊重する類型説[35]などが存在する。しかし、近時の複

---

31 前掲（注17）最判昭33・8・28。
32 前掲（注16）最判昭41・11・22。
33 我妻榮（有泉亨補訂）『新訂　物権法（民法講義Ⅱ）』（岩波書店・1983）116頁以下などを参照。
34 川島武宜『新版　所有権法の理論』（岩波書店・1987）239頁以下などを参照。
35 星野英一「取得時効と登記」竹内昭夫編『現代商法学の課題㊥』（岩波書店・1985）847頁以下などを参照。

雑な境界争いについても、裁判所は、あくまで従来の裁判例に則って判断しており、実務上は取得時効の完成時期を見極めることが極めて重要であるといえよう。

ところで、平成18年1月17日の最高裁判決では、時効完成後の第三者と時効取得者との関係において背信的悪意の認定につき興味深い判断を行っているが[36]、これについては、背信的悪意者の認定（〈事例2−6〉）を参照されたい。

(2) **依頼者からの聞き取り**

時効完成後に第三者が現れて、その第三者が登記を経由してしまうと、時効取得者は第三者に敗れることになり、新たにその第三者との関係で時効期間を経過しない限りは所有権の取得ができなくなってしまう。そのため、第三者が所有権を時効完成前に取得したのか、それとも時効完成後に取得したのかは、時効取得を主張する際の最大のポイントである。したがって、占有者の占有開始時がいつなのか、また、占有開始後に新たな占有開始といえる事実はないかなどを丁寧に聞き取ることが必要である。

一方、第三者が所有権を取得した時期については、登記事項証明書から判明することが多いと思われるが、関係人から事実関係を聞いておくことも必要な調査事項であろう。たとえば、悪意で占有を開始したとしても、占有中に新たに善意での占有を開始したといえる事実があれば、占有開始から20年経過後の第三者が登記を経由したとしても、新たに善意での占有を開始した時点から10年経過する前の第三者と評価することができる事実があるかもしれない。また、相続の発生により、相続人の自主占有が認められるケースがあるかもしれない。時効期間経過中についての出来事についても、できる限り事実聴取をしておきたい。

---

36 最判平18・1・17民集60巻1号27頁。

(3) 裁判実務

㋐ 概　要

　本事例において、後から甲地を譲り受けたＣが先に所有権移転登記を経由した場合、Ｃが完全な所有権を取得できることになるから、これらの登記について、ＢがＣの所有権登記の抹消を請求するのは容易ではない。Ｂが時効取得を主張する場合には、ＡＣ間の取引の無効を主張して、Ｃへの所有権移転を認めないか、Ｃが所有権移転登記を経由したことについて背信的悪意者であることを主張して、Ｃの登記がＢに対抗できないことを主張していくしかないと思われる。Ｂは、現所有者Ｃに対して所有権移転登記抹消登記を請求するとともに、原所有者Ａに対して時効取得による所有権移転登記を請求することになろう。

　Ｂが自己の所有権取得の基礎として時効取得の主張をするのであれば、実際には、Ｂが現時点からさかのぼって10年あるいは20年の時効取得を主張することのほうが現実的であると思われ、Ｂの時効完成後にＣが所有権を取得したという事実は、Ｃの抗弁事由になるであろう。また、Ｃが所有権移転登記を経由した時点から、Ｂが再度の時効取得の要件を満たしていれば、これを主張して所有権移転登記を請求することができることは、判例の示すとおりである[37]。

㋑ 主　張

　Ｂは、Ｃに対しては、所有権移転の原因である法律行為の無効を主張するか、Ｃが背信的悪意者であることを主張するなどして、ＡＣ間の所有権移転登記の抹消登記手続を、Ａに対しては、時効取得に基づく所有権移転登記手続を請求することになる。この場合の訴訟物は、Ｃに対しては「所有権に基づく妨害排除請求権としての所有権移転登記抹消登記請求権」であり、Ａに対しては「所有権に基づく妨害排除請求権としての所有権移転登記請求権」である。請求の趣旨は、Ｃに対しては「被告Ｃは、別紙物件目録記載の土地

---

[37]　最判昭36・7・20民集15巻7号1903頁。

について、○○地方法務局平成○○年○○月○○日受付第○○号の所有権移転登記の抹消登記手続をせよ」となり、Aに対しては「被告Aは、原告に対し、別紙登記目録記載の土地について、平成○○年○○月○○日時効取得を原因とする所有権移転登記手続をせよ」となる。

AC間の登記を抹消するためには、AC間の法律行為の無効を主張するか、Cが背信的悪意者であることを主張するということは、前述のとおりであり、その詳細は事情によりさまざまであると考えられる。

しかし、前述のとおり、本事例のようなケースにおいて時効取得を主張するには、原告Bは訴訟時点から10年あるいは20年を逆算して占有開始時とし、被告Cの譲受け後に時効が完成した旨を主張することが現実的であろう。そのときの主張・立証の方法は、時効完成前の第三者との関係（〈事例2－1〉）における主張を参照されたい。

　　(ウ)　立　証

時効取得の立証については、今まで述べたところと変わりはない。なお、Cが背信的悪意者であることを主張・立証するに場合には、背信的悪意者の認定判断（〈事例2－5〉〈事例2－6〉）を参照されたい。Cが所有権移転登記を経た後、再度時効取得の要件を満たした場合については、再度の時効取得（〈事例4－1〉〈事例4－2〉）において詳しく述べることとする。

　(4)　登記実務

時効完成後に第三者が所有権を取得し登記も経由している場合、たとえ第三者が時効取得者への所有権移転を任意に承諾したとしても、現在の所有権登記名義人である第三者から時効取得者への時効取得を原因とする所有権移転登記は認められない[38]。この場合には、第三者の所有権移転登記をいったん抹消して、原所有者に登記を戻した後で、原所有者から時効取得者への所有権移転登記を申請しなければならない。

本事例における代位による所有権移転登記の抹消の登記申請書（【書式8】）

---

[38]　昭57・4・28民三2986号回答。

は、次のとおりである。また、作成上の留意点については、「※」を付しているので参考にされたい。

【書式8】 登記申請書（代位による所有権移転登記の抹消の場合）

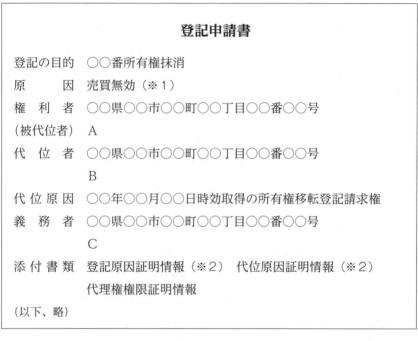

※1 所有権の移転の登記の登記原因が無効または不成立の場合には、「売買無効」「所有権移転無効」「錯誤」などと記載する。登記原因の日付の記載は不要である。
※2 判決正本と確定証明書を添付する。

第3 背信的悪意者の認定判断

1 概　説

(1) 問題の所在

たとえば、不動産の二重譲渡のケースにおいて、第一譲受人が登記をしないまま占有を継続し、その一方で第二譲受人が先に登記を経た場合、果たして第一譲受人は第二譲受人に対して10年または20年の取得時効を主張できるであろうか。

時効取得と対抗要件の関係性については、条文上明らかではない。このような場合に、常に時効取得を認めるとすれば、民法が、「不動産に関する物権の得喪及び変更は、……登記をしなければ、第三者に対抗することができない」（同法177条）とした趣旨を没却することになる。また、時効完成後の第三者と時効取得者は対抗関係に立つとした判例にも反することになる[39]。

逆に、時効取得者と第三者との優劣関係が常に登記の先後で決まるとすれば、長期にわたって継続している事実状態を保護するという時効の存在意義に反するし、不動産の時効取得者は、占有開始時から時効完成までの間に、原所有者から所有権を譲り受けた第三者に対し、登記なくして対抗できるとする判例[40]、取得時効の完成後に第三者が登記をしたものの、その後に再度の時効取得を認めた判例[41]との整合性も問題となろう。

つまり、時効取得と第三者との関係については、時効取得を優先するか対抗要件を優先するかという難問が最後に残っているのである。

近時の判例は、時効取得者と第三者の関係について、あくまで登記を軸とした対抗関係に立つことを維持しながらも、民法177条にいう「第三者の範

---

[39] 大判大14・7・8民集4巻412頁、前掲（注17）最判昭33・8・28など。
[40] 前掲（注16）最判昭41・11・22。
[41] 前掲（注37）最判昭36・7・20。

囲」と「背信的悪意者の認定」について興味深い判断を行っている。

(2) 第三者の範囲

まず、第三者の範囲についてであるが、判例は、通行地役権の承役地について、「通行地役権の承役地が譲渡された場合において、譲渡の時に、右承役地が要役地の所有者によって継続的に通路として使用されていることがその位置、形状、構造等の物理的状況から客観的に明らかであり、かつ、譲受人がそのことを認識していたか又は認識することが可能であったときは、譲受人は、通行地役権が設定されていることを知らなかったとしても、特段の事情がない限り、地役権設定登記の欠缺を主張するについて正当な利益を有する第三者には当たらない」[42]と判断している。通行地役権という特殊性ゆえの判決ともいわれるが、この判決文中では、「背信的悪意者であることを理由としない」と明言しており、この判決は、民法177条の第三者を制限する制限説をとりつつ、背信的悪意者以外の第三者にも登記なくして対抗できる場合があることを認めた判決であるとされている。

(3) 背信的悪意者の認定

また、背信的悪意者の認定にあたっては、所有権の時効取得について、「甲が時効取得した不動産について、その時効完成後に乙が当該不動産の譲渡を受けて所有権移転登記を了した場合において、乙が、当該不動産の譲渡を受けた時点において、甲が多年にわたり当該不動産を占有している事実を認識しており、甲の登記の欠缺を主張することが信義に反するものと認められる事情が存するときは、乙は背信的悪意者に当たるというべきである」という判決が存在する[43]。この判決は、甲が多年にわたって占有の継続があることを知って取引に入った乙は、たとえ甲の時効取得の事実そのものを知らなかったとしても、乙は背信的悪意者に該当する可能性があるということを示している。その理由として、「取得時効の成否については、その要件の

---

42 最判平10・2・13民集52巻1号65頁。
43 前掲（注36）最判平18・1・17。

充足の有無が容易に認識・判断することができないものである」から、たとえ時効取得の事実そのものを知らなかった場合でも（時効取得について善意であっても）、長期にわたる占有の認識があれば、背信的悪意者に該当する可能性があるという判断をしているのである。

　では、背信的悪意者とは一体どのような者を指すのかを最後に確認しておこう。まず、民法176条は、「物権の設定及び移転は、当事者の意思表示のみによって、その効力を生ずる」と定めており、不動産の二重譲渡の例で考えれば、意思表示によって第一譲受人に所有権が移っている以上、第二譲受人は無権利者から不動産の譲渡を受けたことになり、第二譲渡はそもそも不可能のように思える。しかし、その一方で、同法177条は、「不動産に関する物権の得喪及び変更は、……登記をしなければ、第三者に対抗することができない」と定めている。これは、第一譲受人が登記をしていない間に、第二譲受人が先に登記を備えてしまえば、第一譲受人は第二譲受人に対抗することができなくなるということを意味しており、譲渡を受けた順番ではなく、登記を先にしたほうが勝つという結果を導くことになる。この176条と177条との関係については多くの学説があるが、その多くは二重譲渡を認めて、先に登記を経た譲受人を優先させつつ、177条の第三者の範囲を絞り込むことによって妥当な解決を図ろうとしている。いずれにせよ、177条にいう第三者の範囲を無制限に考えているわけではなく、第三者の範囲を制限するのが今日の通説・判例である。制限を受ける第三者の例としては、まず、登記がないことを主張することができない第三者として、不動産登記法は、「詐欺又は強迫によって登記の申請を妨げた」者（同法5条1項）、「他人のために登記を申請する義務を負う」者（同条2項）を明示的に規定している。そして、民法177条の第三者の範囲について、判例は、「当事者若しくは包括承継人以外の者であって、不動産に関する物権の得喪および変更の登記欠缺を主張する正当の利益を有する者をいう」という第三者制限説をとる[44]。

44　大判明41・12・15民録14輯1276頁。

さらに、このときの第三者は、原則として善意・悪意を問わないとされているが、物権変動の事実を知っている者の中で、当該物権変動について登記がないことを主張することが信義則に反するものと認められる事情がある場合には、登記の欠缺につき正当の利益を有しない第三者（背信的悪意者）にあたるとされている。要約すれば、背信的悪意者とは、当該事実を知っている者であり、さらにその者の行動が信義則に反する場合を指すことになる。

背信的悪意と評価された例としては、他人が山林を買い受けて多年にわたり占有している事実を知っている者が、買主に高く売りつける目的で購入し、先に登記を経た場合[45]、山林の遺贈者と受贈者との和解契約に立会人として署名した者が、この不動産を差し押さえた場合[46]などをあげることができる。また、背信的悪意者からの譲受人については、譲受人自身が背信的悪意者と評価されるのでない限り所有権を有効に取得できるというのが判例である[47]。

ここでは、民法177条の第三者の範囲（〈事例2－5〉）、背信的悪意者の認定（〈事例2－6〉）をみていく。

2　民法177条の第三者の範囲

民法177条の第三者の範囲が問題となるのは、次のようなケースである。

〈事例2－5〉　民法177条の第三者の範囲
　BはAから分譲地を購入したが、その分譲地が公道に通じていなかった。そこで、公道に出る通路にAとBの間で黙示的に通行地役権の設定がなされた。その後、通路部分を購入して登記を経たCが、Bの通行地役権を否定してBの通行を妨害した。

45　最判昭43・8・2民集22巻8号1571頁。
46　最判昭43・11・15民集22巻12号2671頁。
47　最判平8・10・29民集50巻9号2506頁。

第3章 Ⅱ 第三者との関係

(1) 検討課題

通行地役権[48]については、黙示の合意で設定されその登記がされてない場合が多く、地役権者が承役地の新たな所有者に登記なくして対抗できるのかが実務上問題となっている。

民法177条は、不動産の物権変動は、その登記をしなければ第三者に対抗することができないと定めていることから、BとCが対抗関係にある以上、Bは地役権設定の登記なくしてCに対抗できないのが原則である。しかし、同条の第三者は制限的に解されており、不動産登記法5条の登記がないことを主張することができない第三者や、背信的悪意者である者などは、第三者から排除されることになっている。

---

[48] 地役権は「地役権者は設定行為で定めた目的に従い、他人の土地を自己の土地の便益に供する権利を有する」という権利である（民法280条）。便益に供するとは、要役地自体の客観的な便益を意味し、それにより要役地の使用価値が客観的に増大するものでなければならないとされる。便益の態様については制限がないが、解釈上、地役権者が承役地を占有する権能を含んではならないとされる。特に通行のために設定される地役権を通行地役権と呼ぶ。民法283条は「地役権は、継続的に行使され、かつ、外形上認識することができるものに限り、時効によって取得することができる」と規定する。また、通行地役権の取得時効は、通路を要役者自身が開設している場合でなければならない（最判昭30・12・26民集9巻14号2097頁）。これは、承役地の所有者が地役権の存在に気がつかないおそれがあり、時効中断行為を期待しにくいということと、地役権は、承役地所有者の好意によって承役地の利用を認めている場合があり、そのような場合にまで地役権の時効取得を認めるべきではないからである。

そこで、本事例では、Bが登記なくしてCに対抗できるか、つまりCが民法177条にいう「第三者」から排除される者にあたるか否かが問題となる。

判例は、「承役地が要役地の所有者によって継続的に通路として使用されていることがその位置、形状、構造等の物理的状況から客観的に明らかであり、かつ、譲受人がそのことを認識していたか又は認識することが可能であったときは、譲受人は、通行地役権が設定されていることを知らなかったとしても、特段の事情がない限り、地役権設定登記の欠缺を主張するについて正当な利益を有する第三者には当たらない」と判断している[49]。この判決は、背信的悪意者の法理によることなく民法177条の第三者から排除される場合があることを示したものであるとされている。つまり、承役地の譲受人が、地役権の設定があることを知らなかったとしても、「登記の欠缺を主張することが信義に反すると認められる事由がある場合」があるとしたうえで、「継続的に通路としていることが物理的状況から客観的に明らかであり、かつ譲受人がそのことを認識していたか又は認識することが可能であった場合」には、譲受人は同条の第三者から排除されることになる。

本事例に即していえば、承役地の譲受人Cが、公道に出る通路につきAとBとの間に地役権設定契約があったことを知らなかったとしても、Bが継続的に通路として使用していることが物理的状況から客観的に明らかであり、かつ、そのことをCが知っていたかまたは知ることが可能であった場合には、Cは民法177条の第三者には該当せず、Bは登記なくしてCに通行地役権の主張ができることになる。

(2) 依頼者からの聞き取り

まずは、登記事項証明書、公図、地積測量図等から対象地を調べ、Bの立会いのもと、現地で直接対象地を確認することが必要である。場合によっては、建築関係法規や条例などから公道に至るための他の土地の通行権（囲繞

---

49 前掲（注42）最判平10・2・13。

地通行権)50が認められる範囲なども調べておく必要がある。

　そして、本人が要役地を購入した経緯、通行地役権が設定されるに至った事情、通路の幅員や形状、舗装の程度、排水溝の有無、他に通行できる土地あるか否か、Ｂや近隣の人を含めた通路の利用状況、自宅建物の玄関の位置、駐車場の有無と設置場所などを確認しながら、判例にいう「要役地の所有者によって継続的に通路として使用されていることがその位置、形状、構造等の物理的状況から客観的に明らか」であったか否かを聞き取ることになる51。

　そのうえで、Ｃが道路部分を購入した経緯、Ｃが地役権の存在を知っていたか、もしくは購入時において地役権の存在を知る可能性があったかを聞き取っていく必要がある。

　(3)　**裁判実務**

　　(ア)　概　要

　通行利用権をめぐる争いは、主に隣地者間でよくみられる紛争の一つである。通行利用権は隣人間の好意による黙示的な合意にとどまることが多く、権利関係もあいまいなことが多い。通路所有者が通路を利用者に好意で無償使用させている間は問題ないが、通路の所有者や利用者が代わると、その利用方法について紛争になることがある。通行利用権は当事者間の合意に基づいて設定されることが多いと思われるので、一義的には通行地役権を有する

50　囲繞地通行権は「他の土地に囲まれて公道に通じない土地の所有者は、公道に至るため、その土地を囲んでいる他の土地を通行することができる」権利である（民法210条）。この通行権の場所および方法は「通行権を有する者のために必要であり、かつ、他の土地のために損害が最も少ないものを選ばなければならない」が、「通行権を有する者は、必要があるときは、通路を開設すること」ができる（同法211条）。囲繞地通行権は、法律上当然に発生する権利であるが、地役権は法律行為によって発生する権利であるところに違いがある。平成16年民法改正により、「囲繞地通行権」の文言は「公道に至るための他の土地の通行権」に改められた。本書では、便宜上「囲繞地」および「囲繞地通行権」の文言を使用する。

51　前掲（注42）最判平10・2・13。

ことの主張をし、地役権が認められない場合に囲繞地通行権を主張するのが通常である。

　㈦　主　張
　(A)　原告Bの主張

　Bは、主位的主張として、Bが通行地役権を有していることの確認を求め、予備的主張として、通行地役権の時効取得もしくは囲繞地通行権を有することの確認を求めることができる。あわせて、地役権の地役権設定登記請求、地役権に基づく物権的請求権としての妨害排除も請求できる。

　Cの通行妨害が顕著な場合には、仮処分によって杭や縄の除去、あるいは建築開始の禁止、さらに将来に向けて通行妨害の禁止を求めることができる。

　(B)　被告Cの主張（否認・抗弁）

　Cとしては、AとBの間で通行地役権が設定されたことの否定（否認）、仮にAB間の地役権設定を認めたとしても、Cはその地役権設定者の地位を承継していないという主張（抗弁）が考えられる。また、通行地役権が設定されたとしても、Cは民法177条の第三者にあたるから、Bが対抗要件を備えるまでは地役権の主張を認めないとの主張も考えられるだろう。囲繞地通行権に関しては、対象土地が囲繞地に該当しないとの主張や、囲繞地通行権の必要性や他に損害の少ない土地が他にある旨の主張が可能である。

　(C)　原告Bの主張（再抗弁）

　Bの再抗弁として、「被告は、本件土地を買い受けるに当たって、土地及び建物の状況かからみて本件土地が継続的に原告の通路に供されていることを認識していた、又は認識することが可能であったのであるから、原告の通行地役権の登記の欠缺を主張する正当な利益を有する第三者には当たらない」という主張をしていくことになる。

　㈢　立　証

　通行地役権は黙示による設定が多いため、証人を用意して通行地役権の設定を立証したい。また、地図や写真などから継続的に通路を使用していたこ

とが客観的にわかる資料を用意する必要があるだろう。囲繞地通行権は法定の通行権であるため、囲繞地通行権の要件にあてはまるような具体的資料を用意する必要がある。

(4) **登記実務**

通行地役権の承役地の譲受人が地役権設定登記の欠缺を主張するについて、正当な利益を有する第三者にあたらない場合には、地役権者は、譲受人に対し、同権利に基づいて地役権設定登記手続を請求することができるとするのが判例である[52]。なお、登記原因日は、黙示合意による地役権が成立した日とされている。登記記載事項として、承役地には、目的、原因、範囲、特約、要役地などが記載され、承役地に地役権の設定登記がされると、登記官の職権で要役地にもその旨の登記がされることになる。

なお、囲繞地通行権は登記できない権利である。

本事例における地役権設定登記の登記申請書(【書式9】)は、次のとおりである。また、作成上の留意点については、「※」を付しているので参考にされたい。

【書式9】 登記申請書(地役権設定)

登記申請書

登記の目的　地役権設定
原　　　因　平成〇〇年〇〇月〇〇日設定(※1)
目　　　的　通行
範　　　囲　南側6m幅2mの12㎡
権　利　者　〇〇県〇〇市〇〇町〇〇丁目〇〇番〇〇号
　　　　　　B

52　最判平10・12・18民集52巻9号1975頁。

```
義 務 者　○○県○○市○○町○○丁目○○番○○号
　　　　　　C
添付書類　登記原因証明情報　登記識別情報
　　　　　　印鑑証明書　代理権権限証書
　　　　　　地役権図面（※2）
（以下、略）
```

※1　通行地役権の設定契約日が登記原因日になる。
※2　承役地の一部分の設定の場合には、地役権図面の提出を要する。

3　背信的悪意者の認定

背信的悪意者の認定が問題になるのは、次のようなケースである。

〈事例2-6〉　背信的悪意者の認定

　Aが所有する土地の一部である土地甲（以下、「甲地」という）を、Bが自己の不動産だと思い占有していたところ、甲地についてBの時効取得が完成した。その後、Aは、甲地を含む土地をCに売却し、Cは、所有権移転の登記を行った。その際、Cは、甲地について、Bが時効取得していることを知らなかったが、甲地をBが何年も占有していることをAから聞いていた。

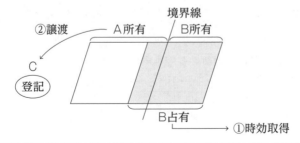

第3章 Ⅱ 第三者との関係

(1) 検討課題

　時効完成後に当該所有権が第三者に譲渡された場合、時効取得者と第三者の関係は対抗関係に立つというのが判例である[53]。なぜなら、AからBへの時効による所有権移転と、AからCへの譲渡による所有権移転とが、あたかも不動産の二重譲渡があった場合と同様に考えることができるので、BとCは対抗関係に立ち、Bは登記がなければCに対して時効による所有権の取得を主張することができないと考えられるからである。また、時効の起算点は固定され、Bは、AからCへの所有権を譲渡した後に時効取得が完成するよう時効の起算点をずらすことも許されない[54]。もし起算点をずらすことが許されれば、時効取得者は、常に登記なくして第三者に所有権を対抗できることになり、民法177条が登記を対抗要件とした趣旨が没却されるからである。

　しかし、事例のようなケースでは、単純な二重譲渡のケースとは異なり、Bに取得時効が完成すると同時に所有権移転の登記を要求することは酷であるといえよう。通常、Bは甲地を自己の土地だと思って占有しており、他人から土地の所有権を主張されて初めて他人の土地であったことに気づき、時効取得の主張をすることが多いと思われるからである。このような時効取得を主張する者に所有権の登記を要求することは、そもそも不可能を強いるようなものなのである。このようなケースにつき、判例は、「甲が多年にわたり当該不動産を占有している事実を認識しており、甲の登記の欠缺を主張することが信義に反するものと認められる事情が存在するときは、乙は背信的悪意者に当たるというべきである」と判断し、あくまで甲と乙は対抗関係に立ち、登記なくしてはお互いに所有権を主張できない関係にあるとしながらも、背信的悪意者の認定判断において柔軟な姿勢を示している[55]。

　本事例に即していえば、Cが甲地を含む土地の譲渡を受けた時点におい

53　前掲（注39）大判大14・7・8、前掲（注17）最判昭33・8・28など。
54　前掲（注9）最判昭35・7・27。
55　前掲（注36）最判平18・1・17。

て、Bが多年にわたり甲地を占有している事実をCが認識していた場合には、たとえCが先に登記を備えたとしても、その行為態様が信義則に反するようであればCは背信的悪意者に該当し、Bは登記なくしてCに対抗できるということになる。ここで重要なのは、CがBの時効取得の事実そのものを知らなかったとしても、Bが長期にわたって占有しているという事実をCが知っていれば、Cは背信的悪意者に該当する可能性があるということなのである。

(2) **依頼者からの聞き取り**

まず、時効取得の成否を検討しなければならない。時効取得の完成における依頼者からの聞き取りについては、当事者との関係（〈事例1〉）における依頼者からの聞き取りを参照されたい。

そして、CがBの時効完成後の第三者であり、先にCが登記を経由していたとしても、Cが甲地の譲渡を受けた時点においてBが多年にわたり当該土地を占有している事実をCが認識している場合には、Cが背信的悪意者にあたる可能性があるというのが判例である[56]。

そこで、Bからの聞き取りの内容として、①Bが甲地をどのような経緯で占有するようになったか、そしてどのように利用し、どの程度の使用状況であったのか、②誰からみてもBの占有状況が明らかであるといえるか（公然性が認められるほど占有状況が明確であったか）、③そもそも甲地がAの所有であるという認識がAにあったか否か、かつてAから甲土地について異議を述べられたことがあったか、④Aがどのような経緯でCに土地を譲渡したのか、⑤AからCへの譲渡の際に、境界確認などで立ち会ったことがあるか、⑥Cが調査をすれば容易に甲地の占有事実を知ることができたか否か、⑦AからCへの譲渡後、Cが甲地を封鎖するなど強要な姿勢をみせていないか、またCから本件の解決策として不当に高額な金銭を要求されるなど信義に反すると認められるような事情はなかったかなどを丁寧に聞き取る必要があ

---

56 前掲（注36）最判平18・1・17。

(3) 裁判実務

本事例では、CからBに対し、所有権に基づく不動産の明渡請求訴訟が提起されていることが想定される。Bの時効取得による所有権喪失の抗弁については、当事者間の関係（〈事例1〉）における裁判実務を参照されたい。

さらに、Cから、対抗要件の再抗弁もしくは対抗要件具備における所有権喪失の再抗弁が出された場合に、Bがその再々抗弁として背信的悪意者の抗弁を出すことが考えられる。背信的悪意者であることをいうための要件事実は、①Bが多年にわたり当該不動産を占有している事実を認識していたこと、②CがBの登記の欠缺を主張することが信義則に反するものであることを基礎づける具体的事実である。前記②の信義則に反するものであることを基礎づける事実は、規範的要件とされる。

そこで、具体的な事実として、たとえば、AとCが親戚関係にあり、CがAから、Bが多年にわたり甲地を占有していたことを聞いていた事実、あるいは、Cの購入時に事実調査を行いBが多年にわたり甲地を占有していたことを知った事実、AとCの譲渡代金が著しく廉価もしくは無償である事実、CがBに対して不当な利益の取得を目的として譲り受けた事実などを主張・立証する必要がある。

(4) 登記実務

登記実務については、時効完成後の第三者との関係（〈事例2－4〉）を参照されたい。

▷司法書士・三浦直美
▷司法書士・石川　亮

III 時効の起算点

1 概説

第三者との関係（前記II参照）でみたとおり、時効取得者と第三者との関係については、時効の完成前と完成後とで大きく異なる。そのため、時効期間をいつから起算するかが重要な問題となる。

ここでは、境界紛争型の場合（〈事例3－1〉）、二重譲渡型の場合（〈事例3－2〉）、第三者が抵当権者である場合（〈事例3－3〉）における時効の起算点をみていく。

2 境界紛争型の場合における時効の起算点

境界紛争型の場合において時効の起算点が問題となるのは、次のようなケースである。

〈事例3－1〉 境界紛争型の場合における時効の起算点

　Aが、土地甲（以下、「甲地」という）を所有し、Bが、甲地の隣地乙（以下、「乙地」という）を所有していた。しかし、Aが、甲地と乙地の境界を越境して、甲地とあわせて乙地の一部をも占有し、その乙地の一部について、Aの取得時効が完成した。その後、Bは、Cに乙地全体を譲渡し、Cは、乙地の所有権移転登記を経由した。Aは、依然として乙地の一部をも占有し続けている。

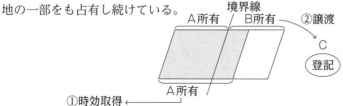

第3章　Ⅲ　時効の起算点

(1)　検討課題

　本事例では、乙地の一部についてのAの取得時効が完成した後、Cが、乙地について、譲渡により所有権を取得したので、Cは、時効完成後の第三者にあたる。判例によれば、AとCとの関係は対抗問題となり[57]、本事例では、すでにCが所有権移転登記を経由しているため、Aは、取得時効による所有権取得をCに主張できない。

　判例によれば、取得時効の起算点は、取得時効の基礎となった事実が開始した時点（所有権の取得時効であれば、自主占有を開始した時点）に固定されなければならない[58]。そのため、Aが依然として乙地の一部を占有し続けている点に着目して、たとえば、Aの現在の占有から逆算して20年または10年の時点を起算点として任意に選択し、Cの所有権取得後に時効が完成するようにすることは認められない。

　もっとも、時効援用者には短期取得時効と長期取得時効の主張選択が認められることから、その限りにおいて、時効の起算点を任意に選択したのと同様の効果を享受することができる可能性はある。たとえば、短期取得時効であればCは時効完成後の第三者となるが、長期取得時効であれば時効完成前の第三者となる場合、時効援用者としては、長期取得時効に係る時効の起算点を主張すればよい。一方、長期取得時効であればCは時効完成後の第三者となるが、短期取得時効であれば時効完成前の第三者となる場合、時効援用者としては、短期取得時効に係る時効の起算点を主張すればよい。

　また、占有開始時が起算点になるとしても、時効援用者がその占有開始時を必ず主張・立証しなければならないということではない。時効援用者であるAとしては、長期取得時効の完成をいうためには、①ある時点における占有、②前記①から20年経過時における占有を主張・立証すれば足りる。これに対し、第三者Cは、自己が時効完成後の第三者であること、すなわち

57　前掲（注39）大判大14・7・8。
58　前掲（注37）最判昭36・7・20。

民法177条の「第三者」に該当することを根拠づけるため、Aの主張する前記①の時点よりも前からAの占有があることを主張・立証することができる[59]。要するに、Aとしては、自主占有を開始した時を確定しなければならないものではなく、ある一定の時点における占有の主張・立証で足り、それよりも前から自主占有が開始していたことの主張・立証は、Cにおいて行う必要がある。

なお、Cが時効完成後の第三者にあたるとしても、Cが乙地の譲渡を受けた際の認識いかんによっては、背信的悪意者に該当し、Aは、登記なくして取得時効による所有権取得を対抗できる可能性がある[60]（背信的悪意者についての詳細は、〈事例2−6〉を参照されたい）。また、Aは、時効完成後も引き続き乙地の一部を占有しているから、Cの所有権移転登記時を起算点とする再度の時効取得が認められる可能性がある（再度の時効取得についての詳細は、〈事例4−1〉〈事例4−2〉を参照されたい）。

また、本事例は、一筆の土地の一部を時効取得する場合であるから、それに特有の検討課題については、〈事例5−3〉を参照されたい。

(2) 依頼者からの聞き取り

　㋐　依頼者がAである場合

Aが、乙地の一部について占有を開始した際の状況を詳細に聞き取る。本事例のような境界紛争型においては、占有者であるAが占有開始時を明確に認識していない場合も多いと思われるので、乙地の一部を占有するに至った事情や甲地との関連性などを聞き取る必要もあろう。

たとえば、①乙地の一部の占有を開始したのはAが甲地の所有権を取得した時期と同じだったか、②乙地の一部の占有開始時期が甲地の所有権取得時期と異なる場合、遅くともいつ頃からは占有していたか、③乙地の一部を何に利用していたか、④乙地の一部は、甲地の利用上、どのような関連性があ

---

[59] 佐久間毅『民法の基礎(2)物権』（有斐閣・2006）110頁を参照。
[60] 前掲（注36）最判平18・1・17。

ったか、⑤占有開始時において甲地と乙地との境界は公簿上または現地においてどのように示されていたか、⑥実際に境界を調査したかなどを聞き取ることが考えられる（なお、前記⑤⑥については、短期取得時効の要件事実である占有者の無過失にも関係する）。そして、占有開始時を明示する客観的な資料があるか、占有開始時を証言してもらえる関係者はいるかなど、証拠方法についても調査・検討する必要がある。

さらに、短期取得時効では時効完成後にＣが登場することになる場合において、Ａの占有のみでは長期取得時効である20年間の占有に足りないが、前主や前々主の占有をあわせて主張すれば20年間となって、時効完成前にＣが登場することになるような場合もある。このように、前主や前々主の占有をもあわせて主張すればＡに有利な結果となる可能性があることから、この点も考慮に入れ、前主や前々主の占有に関する情報も調査すべきである。

　　(イ)　依頼者がＣである場合

時効援用者の主張する占有時から起算すると時効完成が遅れて第三者が時効完成前の第三者となるような場合、第三者は、当該時点よりも前から時効援用者の自主占有が開始されていたことを抗弁として提出して、時効完成を早めることができる。このような抗弁を提出する必要性があることを考慮に入れ、第三者Ｃから依頼を受ける場合であっても、Ａの占有開始時がいつであったかを調査しておく必要があろう。

また、時効の中断事由や停止事由に該当する事実がないかを聞き取る必要がある。

　(3)　**裁判実務**

　　(ア)　概　要

Ａは、ＢおよびＣを共同被告とし、所有権に基づき、Ｃに対してはＣ名義の所有権移転登記の抹消を、Ｂに対しては時効取得を原因とするＡへの所有権移転登記をそれぞれ請求することができる。また、Ｃのみを単独被告とし、真正な登記名義の回復を原因とするＣからＡへの所有権移転登記請求を

2　境界紛争型の場合における時効の起算点

することもできる[61]。

　これに対し、Cは、対抗要件の抗弁や対抗要件具備による所有権喪失の抗弁を主張するであろうから、Cの背信的悪意など、Aの再抗弁が認められなければ、Aの請求は棄却されよう。その場合、本事例では、再度の時効取得が認められない限り、Aは、Cに対し、時効取得を原因とする所有権移転登記請求をすることはできない。

　なお、本事例は、一筆の土地の一部を時効取得する場合であるから、それに特有の事項については、〈事例5－3〉を参照されたい。

　また、本事例のような登記手続請求事件においては、登記請求権を保全するため処分禁止の仮処分を事前に求めるのが通例であろうが、一筆の土地の一部について処分禁止仮処分命令を得たとしても、土地の分筆登記手続が完了していなければ、その執行（処分禁止仮処分の登記）を行うことができない。そして、土地の分筆登記は、仮処分債権者が債務者に代位して申請することができるが、今日の分筆登記実務では、隣接地所有者の境界立会いを要するので、債務者に知られずに短期間で分筆登記手続を完了させることは事実上不可能であって、一筆の土地の一部についての処分禁止仮処分命令は、画餅にすぎないとの指摘がある[62]。

　　　(イ)　主　張
　　　(A)　Cに対する所有権移転登記抹消登記請求

　Cに対する所有権移転登記抹消登記請求の請求の趣旨については、「被告は、別紙物件目録記載の土地について、○○地方法務局平成○○年○○月○○日受付第○○号の所有権移転登記の抹消登記手続をせよ」との記載となる。

　長期取得時効の請求原因は、①ある時点における占有、②前記①から20

---

[61] 岡口基一『要件事実マニュアル(1)総論・民法1〔第4版〕』（ぎょうせい・2013）247頁、司法研修所編『改訂　紛争類型別の要件事実』（法曹会・2006）82頁を参照。
[62] 大塚明「一筆の一部の土地の所有権移転請求訴訟仮処分と本訴と分筆登記との関連」神院41巻3・4号103頁（2012）を参照。

年経過時における占有、③時効の援用、④Ｃの登記の存在であり、短期取得時効を主張する場合には、さらに、⑤前記①の時点における無過失が要件事実となる。

　前記の請求原因①の時点から起算すると、時効完成がＣの所有権取得時期より遅れる場合（Ｃが時効完成前の第三者となる場合）は、Ｃは、抗弁として請求原因①の時点よりも前から原告が占有していたことを主張することができる。なお、長期取得時効であれば時効完成前の第三者となるが短期取得時効であれば時効完成後の第三者となる場合、長期取得時効の請求原因に対し、Ｃは、Ａの善意無過失を主張して、自己が短期取得時効完成後の第三者であることを主張できるかが問題となる。この点、下級審の裁判例は、取得時効の相手方であるＣには時効の援用権がないとして否定している[63]。

　時効完成がＣの所有権取得時期より早い場合は、Ｃは、対抗要件の抗弁や対抗要件具備による所有権喪失の抗弁を主張することができる。具体的には、対抗要件の抗弁においては、①ＢＣ間の所有権移転原因事実、②対抗要件の抗弁を提出するという意思の表明を主張・立証し、対抗要件具備による所有権喪失の抗弁においては、①時効完成以前にＢが乙地を所有していたこと、②ＣがＢから乙地を譲り受けたこと、③前記②が時効完成後であること、④ＢがＣに乙地の所有権移転登記をしたことを主張・立証する。

　これらの抗弁に対し、Ａは、再抗弁として、Ｃの背信的悪意を主張することができる（背信的悪意についての詳細は、〈事例２－６〉を参照されたい）。

　　(B)　Ｂに対する所有権移転登記請求

　Ｂに対する所有権移転登記請求の請求の趣旨および請求原因については、通常の取得時効の場合と同様である（〈事例１〉を参照されたい）。

　　(C)　Ｃに対する所有権移転登記請求

　Ｃに対して真正な登記名義の回復を原因とする所有権移転登記請求をする場合の請求の趣旨は、「被告は、別紙物件目録記載の土地について、真正な

---

[63] 東京高判昭51・2・9判タ339号267頁、札幌地判昭47・5・11判タ282号359頁。

登記名義の回復を原因とする所有権移転登記手続をせよ」との記載となる。
　請求原因、抗弁、再抗弁については、前記(A)を参照されたい。
　　㈦　立　証
　占有開始時がいつであったかに関する証拠としては、次のようなものが考えられる。
　まず、占有者が乙地の一部に工作物を設置したりその他の工事をしたりしていた場合には、請負業者の工事完了引渡証明書や陳述書が考えられる。占有者が乙地の一部は甲地に属するものと誤信して占有を開始した場合は、甲地の所有権取得に関する資料（売買契約書や贈与証書、遺産分割協議書）が考えられる。
　また、占有者が甲地や乙地の一部を住居の敷地として利用していた場合は、住所移転日から占有開始時を推測するため、住民票や戸籍の附票を証拠とすることも考えられよう。
　そのほか、過去の写真や近隣者の証言などが証拠として考えられる。
　(4)　**登記実務**
　判決による登記が多いであろう。もっとも、CやBの協力が得られるときは、共同申請により登記手続を行う。本事例では、①BC間の所有権移転登記を抹消して、その後にBからAへの所有権移転登記（登記原因は時効取得）を行うか、②CからAへの所有権移転登記（登記原因は真正な登記名義の回復）を行うこととなる[64]。

---

[64]　青山修『不動産登記申請MEMO権利登記編〔補訂新版〕』（新日本法規・2009）203頁を参照。なお、所有権移転登記の抹消登記については、BC間の譲渡契約はあくまで有効である以上、その登記原因は「年月日合意解除」など後発的な事由によることになると思われる。また、真正な登記名義の回復による所有権移転登記については、自己が背信的悪意者であることをCが自認して登記に応じることは稀であろうから、その登記申請がなされる場合は、かなり限定されるものと思われる（たとえば、BC間の譲渡契約がそもそも無効であった場合や合意解除がなされた場合において、Bが所有権移転登記の抹消登記に応じないとき）。

第3章 Ⅲ 時効の起算点

　これに関連して、「昭和23年7月11日売渡」によるBへの所有権移転、「昭和54年5月2日贈与」によるBからCへの所有権移転の各登記が経由されている不動産について、「昭和23年月日不詳時効取得」を原因とするCからAへの所有権移転の登記の申請は、受理すべきではないとの登記先例がある[65]。これは、Aが悪意であったとしても、昭和43年には時効完成により当該土地の所有権を取得したことになり、Aは登記なくしてCに対抗することができず、AとCとの間においては昭和23年を起算日とする時効が完成することはないことが登記記録上明らかであるから、当該申請は方式不適合となるためである。

3　二重譲渡型の場合における時効の起算点

　二重譲渡型の場合において時効の起算点が問題となるのは、次のようなケースである。

〈事例3－2〉　二重譲渡型の場合における時効の起算点

　Aは、自らが所有する土地甲（以下、「甲地」という）をBに譲渡し、Bが甲地を占有していたが、登記はA名義のままであった。Aは、甲地をCに二重譲渡し、Cが登記を具備した。その後、Bの占有期間は10年以上にわたったので、Bは時効による甲地の取得を主張したい。これに対して、Cは、自らの登記具備が、Bの時効の起算点であると主張している。

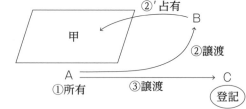

---

[65] 昭57・4・28民三第2986号民事局第三課長回答。

3 二重譲渡型の場合における時効の起算点

(1) 検討課題

本事例においては、Bは、Aから甲地の譲渡を受けていたから、第二譲受人であるCが所有権移転登記を経由したことによって完全に所有権を喪失するまでは、「自己」の土地を占有し続けてきたことになる。とすれば、民法162条の「他人の物」という要件を満たしておらず、Bが完全に所有権を喪失した時点、すなわち、Cの所有権移転登記経由時をもって取得時効の起算点とすべきではないかが問題となる。

この点、判例は、「民法162条所定の占有者には、権利なくして占有をした者のほか、所有権に基づいて占有をした者をも包含するものと解するのを相当とする」。「けだし、……所有権に基づいて不動産を永く占有する者であっても、……所有権の取得を第三者に対抗することができない等の場合において、取得時効による権利取得を主張できると解することが制度本来の趣旨に合致する」として、自己物の取得時効を正面から認めている[66]。これによれば、取得時効の起算点は、Bが占有を開始した時となる。

また、別の判例は、本事例のような二重譲渡の事例において、「その所有権は、売主から第2の買主に直接移転するのであり、売主から一旦第1の買主に移転し、第1の買主から第2の買主に移転するものではなく、第1の買主は当初から全く所有権を取得しなかったことになるのである。したがって、第1の買主がその買受後不動産の占有を取得し、その時から民法162条に定める時効期間を経過したときは、同法条により当該不動産を時効によって取得しうるものと解するのが相当である」として、Bの占有開始時を起算点としている[67]。

このように理由づけは大きく異なるものの、いずれにしても判例を前提とする限り、本事例のような二重譲渡の場合においても、Bの占有開始の時から取得時効を起算すべきこととなる。

---

66 前掲（注8）最判昭42・7・21。
67 最判昭46・11・5民集25巻8号1087頁。

そして、AからCへの譲渡の時点が（AC間の譲渡契約の締結時であって、Cの所有権移転登記時ではないことに留意を要する）、Bの取得時効の完成より前であれば、Cは時効完成前の第三者であるから、判例によれば、BはCに対して、登記なくして取得時効による所有権取得を主張できる[68]。

(2) **依頼者からの聞き取り**

(ｱ) 依頼者がBである場合

Bが依頼者であるときは、BがAから本件土地の引渡しを受けた時期を詳細に聞き取る。Aとの譲渡契約の内容やその締結時期等についても詳細に聞き取り、間接事実を補強しておきたい。譲渡が売買による場合は、不動産の引渡しは代金支払いと近接した時期に行われるのが通常であるから、代金支払時期は有力な間接事実となろう。そして、これらの事実を明示する客観的資料はあるか、証言をしてくれる関係者はいるかなど、証拠方法についても検討する。

また、取得時効と登記が問題となる場面においては、第三者Cが所有権を取得した時期が極めて重要であることから、Cの所有権取得時期がBの時効完成よりも前であることを、その所有権移転登記における登記原因の記載等によって確認しておくべきである。

(ｲ) 依頼者がCである場合

Cが依頼者であるときは、時効の中断事由や停止事由に該当する事実がないかを中心に聞き取ることになる。

(3) **裁判実務**

(ｱ) 概　要

Bは、Cを被告として、所有権に基づき、時効取得を原因とする所有権移転登記請求を行うことができる。登記手続請求事件においては、本案訴訟に際して、登記請求権を保全するため処分禁止の仮処分を事前に求めるのが通例である。

68　前掲（注67）最判昭46・11・5。

(イ)　主　　張

　Bが、Aから甲地の引渡しを受けた日が起算日となる。

　そのほかは、通常の取得時効の裁判と同様である（〈事例1〉を参照されたい）。

　(ウ)　立　　証

　占有開始時がいつであったかに関する証拠としては、譲渡契約書や不動産の引渡証明書が考えられる。譲渡が売買によるときは、不動産の引渡しは代金支払いと近接した時期に行われるのが通常であるから、代金の領収書や振込明細書、預貯金取引明細なども証拠とすることが考えられよう。

　また、住宅の敷地として利用する目的で譲渡を受けた場合には、住所移転日から不動産の引渡日を推測するため、住民票や戸籍の附票などを証拠とすることも考えられる。

　そのほか、不動産仲介業者の証言や近隣者の証言などが考えられる。

　(4)　登記実務

　判決による登記が多いと思われるが、Cから協力が得られる場合は共同申請により所有権移転登記手続を行う。その登記原因は「年月日時効取得」であり、原因日付は引渡しを受けた日となる。

4　第三者が抵当権者である場合における時効の起算点

　第三者が抵当権者である場合において時効の起算点が問題となるのは、次のようなケースである。

〈事例3-3〉　第三者が抵当権者である場合における時効の起算点

　A所有の土地甲（以下、「甲地」という）をBが占有し続け、Bのもとで取得時効が完成した。その後、Cが甲地に対する抵当権の設定を受け、同抵当権の登記を具備した。Bは、依然として甲地を占有し続けている。Bは、Cの抵当権抹消を求めたい。

第3章 Ⅲ 時効の起算点

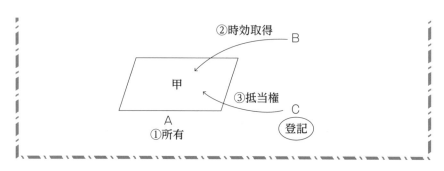

(1) 検討課題

〈事例3-1〉〈事例3-2〉では、第三者が所有権者であるのに対し、本事例では、第三者が抵当権者である。所有権と抵当権とは、同一不動産の上に同時に成立するという意味において互いに両立するものではあるが、時効取得者が取得する所有権に抵当権の負担があるか否かでは大きな違いがある以上、第三者が所有権者であろうと抵当権者であろうと、時効取得者と対抗関係に立つことには変わりがない。よって、第三者が抵当権者であっても、時効取得者は、時効完成前に抵当権を取得した第三者には、登記なくして時効による所有権取得を対抗できる。一方、時効完成後に抵当権を取得した第三者には、登記なくして時効による所有権取得を対抗できず、第三者の抵当権設定登記が先になされてしまうと、時効取得者は、抵当権が付いた不動産を取得することとなる[69]。

本事例では、甲地について、Bの取得時効が完成した後、Cが甲地に対する抵当権を取得したので、Cは、時効完成後の第三者にあたる。そして、Cが抵当権設定登記を具備しているので、Aは、取得時効によって甲地を原始取得したことによるCの抵当権の消滅をCに対して主張することができず、Cの抵当権の負担が付いた所有権を取得せざるを得ない。

もっとも、Cが甲地に対する抵当権の設定を受けた際の認識いかんによっ

---

69 最判平15・10・31集民211号313頁、最判平24・3・16民集66巻5号2321頁を参照。

ては、背信的悪意者に該当し、Aは、登記なくして取得時効による所有権取得を主張できる可能性がある[70]。

また、Bは、依然として甲地を占有し続けていることから、Cの抵当権設定登記時を新たな起算点とする再度の時効取得が認められる可能性がある（詳細は、〈事例4－2〉を参照されたい）。

(2) **依頼者からの聞き取り**

依頼者からの聞き取りについては、〈事例3－1〉〈事例3－2〉を参照されたい。

(3) **裁判実務**

(ア) 概　要

Bは、AおよびCを共同被告とし、所有権に基づき、Aに対してはBへの所有権移転登記を、Cに対してはC名義の抵当権設定登記の抹消を求めることができる。登記手続請求事件においては、本案訴訟の提起に際し、登記請求権を保全するため処分禁止の仮処分を事前に求めておくのが通例である。

Bの請求に対し、時効完成後の第三者であるCは、対抗要件の抗弁や登記保持権原の抗弁を主張するであろうから、これに対するBの再抗弁が認められなければ、BのCに対する請求は棄却されよう。

(イ) 主　張

(A) Aに対する所有権移転登記請求

Aに対する所有権移転登記請求については、Aは時効完成時の原所有者であるから、通常の取得時効の裁判と同様である（詳細は、〈事例3－1〉を参照されたい）。

(B) Cに対する抵当権設定登記抹消登記請求

Cに対する抵当権設定登記抹消登記請求については、請求の趣旨は、「被

70　前掲（注36）最判平18・1・17は、第三者が所有者の事例であったが、第三者が抵当権者の場合でも、背信的悪意者に該当する可能性を否定する理由はないように思われる。

告は、別紙物件目録記載の土地について、別紙登記目録記載の抵当権設定登記の抹消登記手続をせよ」のように記載する。請求原因は、〈事例3－1〉を参照されたい。

これに対して、Cは、Bの対抗要件の欠缺を問題とする対抗要件の抗弁を提出することができる。また、自己が対抗要件を具備したとして、登記保持権原の抗弁を提出することもできる。登記保持権原の抗弁の要件事実は、①時効完成以前に、Aが甲地を所有していたこと、②被担保債権の発生原因事実、③AC間で前記②の債権を被担保債権とし、甲地を目的とする抵当権設定契約が成立したこと、④前記③が時効完成後であること、⑤Cの登記が前記③に基づくことである。

　㈦　立　証

立証については、〈事例3－1〉〈事例3－2〉を参照されたい。

(4)　**登記実務**

判決による登記が多いと思われるが、AやCから協力が得られる場合は、共同申請により登記手続を行う。本事例では、①AからBへの時効取得を原因とした所有権移転登記をした後で、②BとCとの共同申請により抵当権抹消登記手続を行うこととなる。

抵当不動産の所有権を時効取得した場合における抵当権抹消登記の登記原因は「所有権の時効取得」であるが、本事例のように抵当権者が時効完成後の第三者である場合、登記原因は「解除」や「放棄」によることが多いと思われる。

これに関連して、たとえば、「平成27年4月1日金銭消費貸借同日設定」を原因とするCの抵当権設定登記が経由されている不動産について、「平成6年月日不詳時効取得」を原因とするAからBへの所有権移転登記がなされた場合、「平成6年月日不詳所有権の時効取得」を原因とする上記抵当権の抹消登記の申請は、認められるかが問題となる。この点、Bが悪意であったとしても、平成26年には時効完成により当該不動産の所有権を取得したこ

4 第三者が抵当権者である場合における時効の起算点

とになるから、平成27年に抵当権を取得したＣは、Ｂとの関係において時効完成後の第三者であることが明らかとなる。そして、Ｃが抵当権設定登記を経由したということは、Ｃは、自己と対抗関係にある物権取得者の権利主張を認めないという態度をとったということであるから、Ｃが抵当権設定登記を経由しながら、自己に対抗できない所有権の時効取得の効果を認めるというのは、背理であろう。自己に対抗できない時効取得の効果をＣが容認して抵当権の抹消に応じることは、抵当権の放棄または解除と評価すべきではなかろうか。このような観点からすれば、上記の場合において、「平成6年月日不詳所有権の時効取得」を原因とする抵当権抹消登記は認められないのではなかろうか。

▷司法書士・新丸和博

Ⅳ 再度の時効取得

1 概 説

　時効完成後の第三者が時効取得者より先に対抗要件を具備した場合、その対抗要件具備の時点を起算点とした新たな時効期間が進行するか。これが再度の時効取得の問題である。

　ここでは、時効完成後の第三者が所有権者である場合（〈事例4－1〉）と第三者が抵当権者である場合（〈事例4－2〉）に分けて、再度の時効取得をみていく。

2 第三者が所有権者である場合における再度の時効取得

　時効完成後の第三者が所有権者である場合において再度の時効取得が問題となるのは、次のようなケースである。

〈事例4－1〉 第三者が所有権者である場合における再度の時効取得
　A所有の土地甲（以下、「甲地」という）をBが占有し、Bにつき取得時効が完成した。その後、Aは、Cに甲地を譲渡し、Cが登記を具備した。しかし、Bは、その後も甲地を占有し続け、Cの登記から10年以上がすでに経過した。

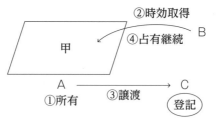

2 第三者が所有権者である場合における再度の時効取得

(1) 検討課題

本事例では、甲地についてのBの取得時効が完成した後、Bが甲地について所有権を取得したので、Cは、時効完成後の第三者にあたる。そして、すでに、Cが所有権移転登記を具備しているため、Bは、取得時効による所有権取得をCに主張できない。しかし、Cが所有権移転登記を了して完全な所有権を取得した（Bからすれば所有権を喪失した）ことにより、Bは、新たに「他人」の物の占有を開始したといえるので、第三者の所有権移転登記後に、さらに占有者が引き続き時効取得に必要な期間占有を継続した場合には、第三者の所有権移転登記時を起算点とする新たな時効取得が完成する（再度の時効取得）。そして、再度の時効取得においては、Cはまさに物権変動の当事者であるから、Bは登記なくして時効取得を主張できることとなる[71]。

では、再度の時効取得の完成に必要な時効期間は10年か20年か。この点は、時効の起算点（第三者の所有権移転登記時）における占有者の善意無過失の問題であるが、占有者が自己の時効完成後に登場した第三者（所有権者）の存在を知っているときは、その者が所有権移転登記を経由すれば取得時効による所有権取得を主張できなくなる可能性を認識していると考えられ、少なくとも自己の所有権の存在を疑っているといえるであろうから、悪意による占有として時効期間は20年になると思われる。では、占有者が時効完成後の第三者（所有権者）の存在を知らないときはどうか。この点、当初の占有開始時に善意無過失であった占有者については、そもそも自己以外の所有権者の存在を調査・認識することを期待できないであろう。また、当初の占有開始時には、悪意または善意有過失であった占有者についても、20年の占有により取得時効が完成して自己が所有権者になったと考えているであろうし、時効完成後の第三者（所有権者）がいつ登場するかは、自己の与り知らないところであるから、その存在について調査・認識することは期待できないであろう。とすれば、いずれにしても無過失と評価できる場合が多く、

---

71 前掲（注37）最判昭36・7・20。

時効期間は10年となることが多いのではなかろうか。
(2) 依頼者からの聞き取り
(ア) 依頼者がBである場合
Bが依頼者であるときは、〈事例3－1〉〈事例3－2〉で述べたことに加え、Cの所有権移転登記がなされた時期からこれまでの占有の状況を聞き取る。Cが所有者であることを知った時期についても聞き取り、短期取得時効が成立するか否かを検討する。
(イ) 依頼者がCである場合
Cが依頼者であるときは、時効の中断事由や停止事由に該当する事実がないかを中心に聞き取ることになる。

(3) 裁判実務
(ア) 概　要
Bは、Cを被告として、所有権に基づき、Bへの時効取得を原因とする所有権移転登記を請求することができる。登記手続請求事件においては、本案訴訟に際して、登記請求権を保全するため処分禁止の仮処分を求めるのが通例である。

(イ) 主　張
起算日がCの所有権移転登記時となることを除いては、通常の取得時効の裁判と同様である。

短期取得時効を主張する場合の要件事実である占有者の無過失については、当初の占有開始時を起算点とする取得時効が完成したことが、その評価根拠事実になると考える。

なお、再度の時効取得（Cの所有権移転登記時からの占有の継続）の主張は、Cの対抗要件具備による所有権喪失の抗弁に対する再抗弁ではなく、当初の占有開始時を起算日とする請求原因とは別個の請求原因であることに留意を要する[72]。

72　岡口・前掲（注61）250頁を参照。

㈢　立　証

　時効の起算点（Ｃの所有権移転登記時）を立証するための証拠として、登記事項証明書を提出する。

　(4)　登記実務

　判決による登記が多いと思われるが、Ｃから協力が得られる場合は共同申請により所有権移転登記手続を行う。その登記原因は「年月日時効取得」であり、原因日付はＣの所有権移転登記の日である。

3　第三者が抵当権者である場合における再度の時効取得

　時効完成後の第三者が抵当権者である場合において再度の時効取得が問題となるのは、次のようなケースである。

〈事例４－２〉　第三者が抵当権者である場合における再度の時効取得

　Ａ所有の土地甲（以下、「甲地」という）をＢが占有し、Ｂにつき取得時効が完成した。所有権の登記は、Ａのままであった。その後、Ｃの抵当権が甲地につき設定され、同抵当権の登記がなされた。Ｂは、さらに甲地を占有し続け、Ｂについての取得時効が再度完成した。Ｂは、Ｃの抵当権を抹消し、自らの所有権の登記を得たい。

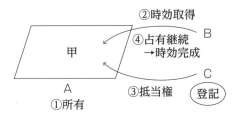

---

(1)　検討課題

　〈事例４－１〉では、第三者が所有権者であるのに対し、本事例では、第

三者が抵当権者である。第三者が抵当権者である場合、その抵当権が実行されて買受人が現れると、占有者は、当初の占有開始時を起算点とする時効取得を対抗できないこととなる。その意味で、占有者と抵当権者との間には、抵当権設定登記時から権利の対立関係が生じるが、これは、第三者が所有権者である場合に比肩する。また、第三者が所有権者の場合は、再度の時効取得が認められて第三者が所有権を喪失する可能性があるのに、第三者が抵当権者の場合は、再度の時効取得が認められないとするのは不均衡である。

　こうした観点から、判例は、取得時効の完成後、所有権移転登記がされないまま、第三者が原所有者から抵当権の設定を受けて抵当権設定登記を了した場合につき、上記不動産の時効取得者である占有者が、その後、引き続き時効取得に必要な期間占有を継続し、その期間の経過後に取得時効を援用したときは、抵当権の存在を容認していたなど抵当権の消滅を妨げる特段の事情がない限り、上記占有者が上記不動産を時効取得する結果、上記抵当権は消滅すると判示した[73]。

　〈事例4－1〉と同様、本事例においても、再度の時効完成に必要な時効期間は10年か20年かが問題となる。この点は、占有者の善意無過失の問題であるが、その対象は、当該不動産について自己に所有権があるか否かであって、当該不動産上の抵当権の存在を知っているかどうかは、再度の時効取得の時効期間に影響を及ぼさないとされている[74]。

　なお、占有者が当初の占有開始時を起算日とする取得時効の援用により所有権を取得して、その旨の登記を経由した場合は、当該取得時効の完成後に設定登記のされた抵当権に対抗するため、その抵当権設定登記時を起算点とする再度の時効取得の主張は認められない[75]。当初の占有開始時を起算点とする取得時効をいったん援用しながら、他方で抵当権設定登記時を起算点と

73　前掲（注69）最判平24・3・16。
74　最判昭43・12・24民集23巻12号3366頁。
75　前掲（注69）最判平15・10・31。

して主張することは、まさに時効の起算点を任意に選択するものであって許されないためである。

判例によれば、抵当権の存在を容認していたなど抵当権の消滅を妨げる特段の事情があるときは、占有者は、抵当権が付着した所有権を時効取得することとなる[76]。問題は、どのような場合が、抵当権の存在を容認した占有といえるかである。この点、少なくとも、占有者が抵当権が設定されたことおよびその旨の登記の存在を知らない限り、抵当権の存在を容認したとはいえないが、では、それらを知っていれば抵当権の存在を容認したことになるのか、この判決からは明らかではない。

(2) **依頼者からの聞き取り**

(ア) 依頼者がBである場合

Bからは、当初の占有開始時を起算日とする時効取得を援用していないかを聞き取るとともに、当初の占有開始時を起算日とした時効取得を原因とする所有権移転登記を了していないかを調査する。また、時効完成後の第三者の存在を知っているかどうかを聞き取り、再度の時効取得について短期消滅時効が成立するか検討する。さらに、Cの抵当権の存在を知ったのはいつかを聞き取る。

(イ) 依頼者がCである場合

Cからは、時効の中断事由や停止事由に該当する事実がなかったか、自己が抵当権者であることをBに対して通知したか等を中心に聞き取ることになる。

(3) **裁判実務**

(ア) 概　要

Bは、AおよびCを共同被告とし、所有権に基づき、Aに対してはBへの所有権移転登記を、Cに対してはC名義の抵当権設定登記の抹消をそれぞれ請求することができる。登記請求権を保全するため、本案訴訟の提起に際し

76　前掲（注69）最判平24・3・16。

第3章 Ⅳ 再度の時効取得

て処分禁止の仮処分を求めるのが通例である。

　なお、時効の起算日については、Aに対する請求においても、Cの抵当権設定登記時を主張すべきことに留意が必要である。これを当初の占有開始時としてしまうと、Cに対する請求において、Cの抵当権設定登記時を起算点とする再度の時効取得の主張は許されなくなろう。

　　　(イ)　主　張
　　(A)　Aに対する所有権移転登記請求
　Aに対する所有権移転登記請求について、時効の起算日は、Cの抵当権設定登記時である。
　そのほかは、通常の時効取得の裁判と同様である（〈事例1〉を参照されたい）。
　　(B)　Cに対する抵当権設定登記抹消登記請求
　Cに対する抵当権設定登記抹消登記請求について、請求の趣旨は、「被告は、別紙物件目録記載の土地について、○○地方法務局平成○○年○○月○○日受付第○○号の抵当権設定登記の平成○○年○○月○○日所有権の時効取得を原因とする抹消登記手続をせよ」のように記載する。時効の起算日は、Cの抵当権設定登記時である。
　請求原因や抗弁等については、〈事例3－3〉を参照されたい。本事例では、Bが抵当権の存在を容認していたなど抵当権の消滅を妨げる特段の事情があることや、当初の占有開始時を起算点とする取得時効をBが援用したことも抗弁となる。
　　　(ウ)　立　証
　時効の起算点（Cの抵当権設定登記時）を立証するための証拠として、登記事項証明書を提出する。
　(4)　登記実務
　判決による登記が多いと思われるが、AやCから協力が得られる場合は共同申請により登記手続を行う。本事例では、①AからBへの時効取得（登記

3　第三者が抵当権者である場合における再度の時効取得

原因日付はＣの抵当権設定登記時）を原因とした所有権移転登記をした後で、②ＢとＣとの共同申請により所有権の時効取得（登記原因日付はＣの抵当権設定登記時）を原因とした抵当権抹消登記手続を行うこととなる。

本事例における抵当権抹消登記の登記原因証明情報（【書式10】）は、次のとおりである。

【書式10】　登記原因証明情報（抵当権抹消登記）

登記原因証明情報

1　登記申請情報の要領
　(1)　登記の目的　　抵当権抹消
　(2)　登記の原因　　平成○年○月○日所有権の時効取得
　(3)　当事者　　　　○○県○○市○○町○○丁目○○番○○号
　　　　　　　　　　権利者　Ｂ
　　　　　　　　　　○○県○○市○○町○○丁目○○番○○号
　　　　　　　　　　義務者　Ｃ
　(4)　不動産の表示　（略）

2　登記の原因となる事実又は法律行為
　(1)　Ｂは、昭和○○年○○月○○日、本件土地につき、登記簿、公図等の調査及び現地調査をしたうえで、自己の所有する○○市○○町○○番の土地の一部であると信じ、資材置き場として利用を開始した。
　(2)　Ｂは、昭和○○年○○月○○日、本件土地につき(1)の占有を継続していた。
　(3)　よって、昭和○○年○○月○○日の経過により、本件土地につ

き、Bの取得時効が完成した。
(4) Cは、平成○○年○○月○○日、Aとの間で、本件土地について、Aを債務者とする抵当権を設定し、同日その登記をなした。
(5) Bは、平成○○年○○月○○日、本件土地につき、自己の所有に属すると信じ、(4)を知らないまま、引き続き(2)の占有を継続していた。
(6) Bは、平成○○年○○月○○日、本件土地につき、(5)の占有を継続していた。
(7) よって、平成○○年○○月○○日の経過により、本件土地につき、Aの取得時効が再度完成した。
(8) Bは、平成○○年○○月○○日、Aに対し、(7)の時効を援用した。
(9) 以上より、Bは、平成○○年○○月○○日、本件土地の所有権を時効により取得したので、本件抵当権は消滅した。

(以下、略)

▷司法書士・新丸和博

V 占有・自主占有・善意無過失の立証

第1 占有の立証

1 概　説

　時効取得の要件である占有については、住宅の敷地の占有のように客観的に明確なものもあれば、山林や原野のように外部からは認識しにくいものもある。また、農地法の許可を得ていない譲受人による占有や一筆の土地の一部についての占有が認められるかという問題もある。
　ここでは、山林（〈事例5－1〉）、農地（〈事例5－2〉）、一筆の土地の一部（〈事例5－3〉）における占有の立証をみていく。

2 山林の占有の立証

　山林の占有の立証が問題となるのは、次のようなケースである。

〈事例5－1〉　山林の占有の立証
　Aは、山林甲（以下、「甲地」という）につき、亡父から相続した土地の一部であると思い込み、年に数回見回りを行うとともに、数年に1回の割合で間伐などを実施した。ただし、甲地の周囲に柵を設置するとか、立木に記名票を設置するなどの明認方法はとらなかった。甲地につき、Aの単独の占有が成立するか。

第3章 Ⅴ 占有・自主占有・善意無過失の立証

(1) 検討課題

　占有とは、物が社会観念上ある者の事実的支配に属すると客観的に認められる状態のことであるから、その事実的支配はある程度の継続性と排他性を備えるものであり、外部から認識が可能であることを要するというべきである。そうでなければ、真の所有者から時効の中断の措置をとることもできないからである。

　この点、判例は、「一定範囲の土地の占有を継続したというためには、その部分につき、客観的に明確な程度に排他的な支配状態を継続しなければならない」と判示している[77]。

　これを土地の種別ごとに検討してみると、宅地の場合には、建物その他の工作物の敷地として利用されているかどうかによって、また、耕作している農地（田・畑）の場合には作物を栽培しているかどうかによって、ある程度明確になるといえよう。これに対して、山林や原野の場合には、占有といっても観念的なものとなり、外部から認識しにくいものであるため、占有の成否が重要な問題となる。

　山林の裁判例においては、立木の手入れをしてきたという程度では概して占有を否定するものが多い。具体的には、「山林の時効取得の要件としての占有は、成長した杉立木の年数回の見回り、木払いとか、数年に1回の間伐などをなしたのみでは足りず、適当な場所に標木を立ててこれに目印をするなどしていわゆる明認方法を施すとか、立木周辺に柵を設けるなどのように他人が立木が何人の支配に属するかを知りうるような施設をなし、もって排他的支配の意思を明確に表示するなどして客観的に明確な程度に排他的な支配状態を続けることを要すると解すべき」とする裁判例がある[78]。

(2) 依頼者からの聞き取り

　上記判例を前提とすれば、取得時効の要件たる占有があるというために

77　最判昭46・3・30判時628号52頁。
78　宮崎地判昭59・4・16判タ530号206頁。

は、①継続性、②排他性があり、かつ、③外部から認識可能な事実的支配があることを要するのであるから、依頼者からの聞き取りにおいては、この三つの観点により事情を聞き取っていくことが必要となる。

所有権の時効取得を主張したいとする依頼者は、概して、自己の占有の根拠（占有の開始の原因）となる事実を明らかにする資料（前所有者との覚書、領収書、公租公課の支払いに関する資料等）を持参して相談にくる場合が多く、それなりに根拠があるよう感じられることがほとんどであるが、他方、特に山林や原野などの場合には、現地において認識可能な事実的支配が存在していない場合も多く、まずは、対象地の現場に足を運び、明認方法の有無やその他の占有状態を十分に確認してから事件の受任を検討する必要がある。

(3) **裁判実務**

(ア) 概　要

時効取得を主張する者は、長期取得時効および短期取得時効の共通の要件として「占有」（民法162条1項・2項）の存在を主張・立証することとなる。

(イ) 主　張

長期取得時効の場合、請求の原因を「原告は、昭和○○年○○月○○日、別紙物件目録記載の土地につき、所有の意思をもって、平穏に、かつ、公然と占有を開始した。原告は、平成○○年○○月○○日、前項の占有を継続していた」のように記載する。短期取得時効の場合には、上記に加え、「原告は、占有を開始した当時において、自己に所有権がないことを知らなかった」旨を記載し、さらに、知らなかったことにつき原告に過失がなかったこと（善意無過失）の評価根拠事実を記載する。

ただし、要件事実としては上記で足りるものの、占有の成否について紛争が生じている場合には、占有の開始の事実について、占有の取得の経緯や事情をも間接事実として主張・立証していくことが必要となり、また、占有の継続についてはその間の占有の中断がないとの事情等を主張・立証していくこととなる。

なお、占有者は、所有の意思をもって、平穏かつ公然と占有しているものと推定される（民186条2項）。また、前後の二つの時点において占有をした証拠があるときは、占有はその間継続したものと推定される（同項）。したがって、時効取得を主張する者は、前後の両時点での占有を主張・立証すればよいことになる。これに対して、時効取得を争う者は、占有の中断の事実や、占有が平穏でないこと（強暴）、占有が公然でないこと（隠避）の反証をすることとなる。

　(ウ)　立　証

占有の立証方法については、次の①～⑤のような証拠を提出することが考えられる。

① 　地図　　公図、字図、地籍測量図、住宅地図等により占有の範囲および占有の状態を明らかにする。

② 　現地の写真　　現在のものと過去のもの。地図とともに事実的な支配状態を明らかにする。占有の開始の時に近い時点において撮影されたものがあれば、有力な証拠となる。

③ 　陳述書　　占有の取得の経緯や占有の継続の事情等を明らかにする。依頼者の作成のものはもちろんのこと、第三者の作成に係るものがあればなおよい。地域（集落）の民生委員、農業委員、森林組合などの占有状態を認識する立場にある第三者に依頼することが考えられる。

④ 　固定資産税その他公租公課の支払いの証明書　　所有の意思や占有の意思を明らかにする。

⑤ 　前所有者との契約書・覚書、前所有者の作成に係る領収書　　占有を開始した事実や事情を明らかにする。

(4)　**登記実務**

共同申請の方法により時効取得を原因とする所有権移転登記を申請する場合、登記原因証明情報には、長期取得時効（【書式11】参照）、短期取得時効（【書式12】参照）のそれぞれについて、次のような記載をすることになる。

第1　占有の立証

【書式11】　登記原因証明情報（長期取得時効の場合）

登記原因証明情報

1　登記申請情報の要領（略）
2　登記の原因となる事実又は法律行為
　(1)　登記権利者（A）は、昭和○○年○○月○○日、本件不動産につき、所有の意思をもって、平穏かつ公然に占有を開始した。
　(2)　Aは、平成○○年○○月○○日、本件不動産につき、前項の占有を継続していた。
　(3)　よって、同日の経過により、民法第162条第1項に基づき、本件不動産に関するAの取得時効が完成した。
　(4)　Aは、平成○○年○○月○○日、登記義務者（B）に対して、前項の取得時効を援用する旨の意思表示をした。
　(5)　したがって、Aは、昭和○○年○○月○○日に遡って、本件不動産の所有権を時効取得した。
（以下、略）

【書式12】　登記原因証明情報（短期取得時効の場合）

登記原因証明情報

1　登記申請情報の要領（略）
2　登記の原因となる事実又は法律行為
　(1)　登記権利者（A）は、昭和○○年○○月○○日、本件不動産につき、所有の意思をもって、平穏かつ公然に占有を開始した。
　(2)　Aは、前項の占有の開始の当時、Aに所有権がないことにつき善

意かつ無過失であった。

(3) Aは、平成○○年○○月○○日、本件不動産につき、前項の占有を継続していた。

(4) よって、同日の経過により、民法第162条第2項に基づき、本件不動産に関するAの取得時効が完成した。

(5) Aは、平成○○年○○月○○日、登記義務者（B）に対して、前項の取得時効を援用する旨の意思表示をした。

(6) したがって、Aは、昭和○○年○○月○○日に遡って、本件不動産の所有権を時効取得した。

（以下、略）

3　農地の占有の立証

農地の占有の立証が問題となるのは、次のようなケースである。

〈事例5-2〉　農地の占有の立証

　Aは、土地甲（登記地目は畑。以下、「甲地」という）の所有者Bから、農業委員会の許可は不要な売買であるとの虚偽の説明を受け、甲地につき売買契約を締結して代金を支払った。その後、Aは、甲地を通路として利用してきたが、登記名義についてはBのまま放置した。売買契約の日から10年以上が経過したが、Aは、甲地の時効取得を主張しうるか。また、20年を経過したときはどうか。

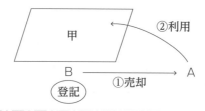

(1) 検討課題

　農地法の対象となる田や畑についても、取得時効の対象となることについて異論はなく、また、取得時効の要件となる占有の成否は、農地法上の許可の有無は関係がない。

　この点、裁判例は、「農地法3条による都道府県知事等の許可の対象となるのは、農地等につき新たに所有権を移転し、又は使用収益を目的とする権利を設定若しくは移転する行為にかぎられ、時効による所有権の取得は、いわゆる原始取得であって、新たに所有権を移転する行為ではないから、右許可を受けなければならない行為にあたらないものと解すべきである」と判示している[79]。

　したがって、農地については、農地法上の許可の有無に関係なく、他の種類の土地と同様に、①継続性、②排他性、③外部からの認識可能な事実的支配の有無という観点から占有の成否を検討することとなる。

　ただし、農地については、農地法上の許可を得ていない場合には、占有の開始において善意かつ無過失ということはほとんど考えられないこと、したがって、短期取得時効（民法162条2項）の成立する場面がほとんどないことが、他の種類の土地との相違点である。

(2) 依頼者からの聞き取り

　田や畑の利用状態、すなわち、耕作の現況（どのような作物を耕作しているのか、遊休農地なのか、自ら利用しているのか、他人に利用させているのか）などを確認して、占有の成否を確認することが第一である。

　この際、占有の継続を裏づける資料として、固定資産課税台帳上の記載や農業委員会が記録する農地基本台帳の記載があれば有力な証拠となるが、農業委員会の許可を得ていない場合には、時効取得を主張する者に有利な証拠としてこうした記録を取得できる場合はほとんどないのが実情であろう。

---

[79] 最判昭50・9・25民集29巻8号1320頁。

第3章　V　占有・自主占有・善意無過失の立証

(3) **裁判実務**

(ア)　概　要

　非農地を対象とする取得時効との相違点は、10年の短期取得時効がほとんどの場合、成立し得ないことである。そのほかは、非農地と同様である。

(イ)　主　張

　主張については、山林の占有（〈事例5－1〉）の主張を参照されたい。

(ウ)　立　証

　立証については、山林の占有（〈事例5－1〉）の立証にあげた証拠のほか、農地については、次のような証拠が考えられる。

① 　農地基本台帳　　農業委員会が作成し記録するもの。占有（具体的には利用または耕作の状況）を明らかにする。
② 　農業収支に関する確定申告書の控え　　時効取得者が、当該農地を継続的に利用してきたことを間接的に明らかにする。

(4) **登記実務**

　登記実務については、山林の占有（〈事例5－1〉）の登記実務のうち、長期取得時効（【書式11】参照）の場合の登記原因証明情報を参照されたい。なお、農地については、共同申請による方法においても、短期取得時効を原因とする所有権移転登記申請は、受け付けられないのが登記実務である。

4　一筆の土地の一部の占有の立証

　一筆の土地の一部の占有の立証が問題となるのは、次のようなケースである。

〈事例5－3〉　一筆の土地の一部の占有の立証
　甲土地（以下、「甲地」という）は、登記簿（登記記録）上一筆の土地であり、A、B、Cの持分3分の1ずつの割合による共有地となっているところ、A、B、Cの話合いにより、Aは最東端の部分（面積は、甲

地全体の約3分の1）を独占的に利用することが認められ、その部分に住宅を建築した。その後、共有物の分割や分筆の手続をとらないまま、B、Cは死亡し、それらの相続人の中に行方不明者が生じた。Aの住宅建築から20年を経過した後、Aは独占的に利用してきた甲地の一部について取得時効を主張することができるか。

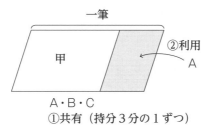

(1) 検討課題

　土地は、本来的には連続しているものであって、個数が数えられるものではないが、不動産登記制度に基づいて登記簿上に一筆の土地として区画することにより初めて個数を数えることができる。一方、一物一権主義ということがいわれ、一つの物の上には一つの所有権しか存在し得ないという原則が存在するとされている。そこで、登記簿上は、一筆の土地として区画されている土地の一部について占有を継続した場合、その一部の土地の部分について取得時効が成立しうるのかという問題が生じる。

　この点、裁判例は、「他人の所有する土地に権原によらずして自己所有の樹木を植え付けた者が、右植付の時から所有の意思をもって平穏かつ公然と右立木を20年間占有したときは、植付の時に遡ってその立木の所有権を時効により取得するものであり、その法理は、一筆の土地の平面的一部分について時効取得の要件を充足した場合、当該一部分が時効により取得されることと別異に取り扱わなければならないような合理的根拠がない」との原審の

判断は相当として是認すべきであるとし[80]、一筆の土地の一部についての取得時効を認める立場をとっている[81]。

したがって、一筆の土地の一部についても取得時効の要件である占有が成立すると考えることができ、本事例のように、多数の者の共有に属する土地が、事実上各共有者に分割されており、それぞれが単独でその分割地の占有を継続してきたような場合、各分割地について取得時効が成立しうるものとなる。

(2) 依頼者からの聞き取り

一筆の土地の一部の取得時効を主張する場合には、その独占的に占有をしてきた土地の一部分が、どの範囲のものであるのか、他の部分との識別が可能な程度に特定していなければならない。そうでなければ、その部分について事実的支配である占有が継続性、排他性、外部からの認識可能性をもって継続してきたということができないからである。依頼者からの聞き取りにおいては、その観点から詳しく事情を確認するとともに、現場に足を運び、占有の状況を確認することが初めに必要である。また、最終的に登記を経由するためには、分筆の登記を前提としなければならないことから、事件の受任の最初の段階から土地家屋調査士等に協力を求め、分筆のための図面の作成等を依頼することも有益であろう。

(3) 裁判実務

(ｱ) 概　要

取得時効の対象たる一筆の土地の平面的な一部を具体的に特定するために、図面を調製して、訴状の別紙とすることが必要である。

また、訴訟物の価額の計算においては、土地の固定資産評価額に対して、その部分の面積の割合を乗じた金額が基準となる。そのほかは、通常の取得

80　最判昭38・12・13民集17巻12号1696頁。
81　前掲（注80）最判昭38・12・13のほか、古い判例として、大判昭14・2・23新聞4390号15頁も、一筆の土地の一部の取得時効を容認している。

時効の場合と異なるところはない。

　(イ)　主　張

　請求の趣旨の記載の仕方としては、対象となる土地の一部分を特定するために別紙図面を調製したうえで、「被告は、原告に対して、別紙物件目録記載の土地のうち、別紙図面イ、ロ、ハ、ニ、イの各点を順次直線で結んだ範囲内の部分につき、昭和〇〇年〇〇月〇〇日時効取得を原因とする所有権移転登記手続をせよ」との記載となる。請求の原因については、土地の一部分を対象として、通常の取得時効の場合と同様に要件事実を記載していくこととなる。具体的には、山林の占有（〈事例5－1〉）の主張を参照されたい。

　(ウ)　立　証

　立証については、土地の一部分を継続性、排他性、外部からの認識可能性をもって事実的支配をしてきたことを立証するために、写真や陳述書を証拠として提出するほか、共有者間での実質的な共有物分割協議が行われている場合には、そのことを証する協議書や覚書等を証拠として提出することなる。そのほかの立証については、山林の占有（〈事例5－1〉）の立証を参照されたい。

　(4)　**登記実務**

　一筆の土地の一部について取得時効が成立する場合には、まずは、土地の一部を登記上区分するために、分筆登記申請を行う必要がある。この分筆登記は、所有権登記名義人として登記されている者から申請することとなるが、本案判決により所有権の時効取得が認められた者は、所有権登記名義人に代位して、分筆登記の申請を行うことができる。そのうえで、その分筆された土地について、共同申請の方法によりまたは確定判決等に基づく単独申請の方法により所有権移転登記を申請することとなる。分筆登記後の所有権移転登記については、通常の取得時効の場合と異なるところはない。具体的には、山林の占有（〈事例5－1〉）の登記実務を参照されたい。

第3章 Ⅴ 占有・自主占有・善意無過失の立証

第2　自主占有の立証

1　概　説

　占有者は、所有の意思をもって占有するものと推定されている（民法186条1項）から、占有の立証に成功している限り、通常の場合、自主占有の成否はあまり問題とならない。しかし、対立する当事者により他主占有の反証がなされた場合には、積極的に自主占有を主張・立証していく必要がある。

　ここでは、所有の意思の立証責任（〈事例5－4〉）をみたうえで、境界紛争型の場合（〈事例5－5〉）、公有地の場合（〈事例5－6〉）における自主占有の立証をみていく。

2　所有の意思の立証責任

　所有の意思の立証責任が問題となるのは、次のようなケースである。

〈事例5－4〉　所有の意思の立証責任
　A所有の土地甲（以下、「甲地」という）を、Aの子Bは、Aから贈与を受けたと信じて占有を続けていた。しかし、実際には、甲地の処分権限が付与されていたにとどまり、甲地の所有権の贈与がなされたわけではなかった。その後、Aが死亡して、BとCが相続した。Bは、Cに対して、単独所有を主張したい。

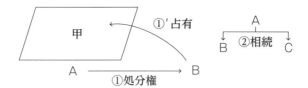

第2　自主占有の立証

(1)　検討課題

　取得時効は、占有者が「所有の意思をもって」（民法162条1項・2項）占有をする場合（これを「自主占有」と呼ぶ）にのみ成立する。ここで、「所有の意思」の有無は、占有者の主観的な内心の意思により区別されるのではなく、占有を根拠づけた権原の性質により客観的に判断されると解されている。たとえば、売買契約、贈与契約（あるいは、窃取）の場合には、占有者には所有の意思があるとされ、賃貸借契約や寄託契約等であれば所有の意思のない占有（これを「他主占有」と呼ぶ）であると解されている。ここで、占有の権原となった契約は、それ自体が有効であるか無効であるかは自主占有の成否に関係ないと解されており、たとえば、贈与契約が無効であったとしても、それに基づいて受贈者が目的物の引渡しを受け占有を開始すれば、その占有は自主占有である。

　ところで、「占有者は、所有の意思をもって……占有するものと推定」されている（民法186条1項）。したがって、取得時効の成立を主張する者は、自主占有であることを主張・立証する必要はなく、単に、占有の事実について主張・立証をすれば足りる。そして、取得時効を争う者が、他主占有であることの主張・立証責任を負担することとなる。

　本事例においても、贈与を受けたと信じて占有を続けたBは、取得時効を主張するについて、占有の事実のみを主張・立証すれば足り、これを争う側（C）が、他主占有の立証責任を負担することとなる。

(2)　依頼者からの聞き取り

　取得時効が問題となる事案において、贈与契約や売買契約など占有の権原の存在が明らかな事案はそれほど多くない。むしろ、占有の権原（占有の開始の事情）が非常に不明確な中で、自主占有であるか他主占有であるかの見立てをして、時効取得の成否を検討しなければならないのが実務であろう。

　この点、理論的には、前述のとおり、自主占有は法律上推定されているから占有者は訴訟手続上優位な立場にあるといえるが、反証される可能性を十

分に検討しておく必要がある。具体的には、自主占有者であれば通常とらない行動（たとえば、固定資産税を他人に負担させる、地代を支払う、他人による使用を黙認するなど）がなかったどうかを確認しておくことが必要である。

(3) 裁判実務

(ｱ) 概　要

前述のとおり、取得時効の成立を主張する者は、占有の事実のみを主張・立証すれば足りる。反対に、取得時効の成立を争う者は、他主占有であることを主張・立証する責任を負う。

この点、判例は、「民法186条1項の規定は、占有者は所有の意思で占有するものと推定しており、占有者の占有が自主占有にあたらないことを理由に取得時効の成立を争う者は右占有が所有の意思のない占有にあたることについての立証責任を負うのであるが、……占有者がその性質上所有の意思のないものとされる権原に基づき占有を取得した事実が証明されるか、又は占有者が占有中、真の所有者であれば当然とるべき行動に出なかったものと解される事情が証明されるときは、占有者の内心の意思いかんを問わず、その所有の意思を否定し、時効による所有権取得の主張を排斥しなければならないものである」と判示している[82]。

(ｲ) 主　張

自主占有の推定について反証を試みる者は、上記の判例に従えば、①占有の権原が他主占有を基礎づけるものであったことの主張・立証を行うか、または、②所有者であれば当然とるべき行動に出なかったという事情（これを「他主占有事情」と呼ぶ）について主張・立証を行うこととなる。

前記①については、たとえば、寄託契約や賃貸借契約により占有を取得したなどの主張・立証を行うことが考えられる。②については、たとえば、固定資産税を納付しなかった、農地について所有権移転に必要な農地法の許可の申請手続をしなかった、あるいは、地代を支払っていたなどの事実につい

82　前掲（注10）最判昭58・3・24。

て主張・立証を行うことが考えられる。

(ウ) 立 証

占有の取得の原因（権原）については、取得時効が問題となる事例において、売買契約や贈与契約のような処分証書が存在していることはかなり珍しい（そのような場合には、取得時効によらずに、これらの処分証書により裏打ちされる契約の内容により所有権移転の手続が済んでしまうからである）。そのため、書証を補完する意味での人証の存在が重要となる。この点、当事者尋問に備えて陳述書を作成することはもちろんであるが、占有の取得の事情について見聞きしたことのある第三者の証言が得られないかどうか、慎重に検討を行う必要がある。

次に、他主占有事情については、依頼者からの聞き取りのほか、固定資産税の納税証明書、農業委員会に備え付けられている農地台帳などの客観的な資料を取り寄せて検討していく必要がある。

(4) 登記実務

登記実務については、山林の占有（〈事例5－1〉）の登記実務の長期取得時効（【書式11】参照）および短期取得時効（【書式12】参照）の場合の登記原因証明情報を参照されたい。

3　境界紛争型の場合における自主占有の立証

境界紛争型の場合において自主占有の立証が問題となるのは、次のようなケースである。

〈事例5－5〉　境界紛争型の場合における自主占有の立証
　　Aは、自らが所有する土地甲（以下、「甲地」という）をBに譲渡した。Bは、甲地の占有を開始したが、その際、隣地乙（以下、「乙地」という）の一部をも越境して占有してしまった。その後、乙地を相続で取得したCとの間で紛争が生じた。Bは、乙地の一部についても時効取得したと

主張している。

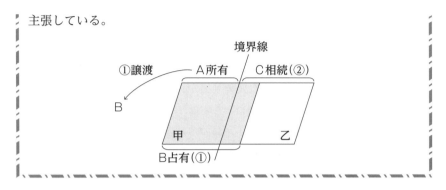

(1) 検討課題

　本事例のような境界紛争型について、所有権に基づかずに越境して占有した他人の隣接地について自主占有が成立するか否かが問題となる。

　この点、「本件土地（越境して占有した他人の土地）は本件建物の敷地で本件買受地の一部であると信じ、……本件売買契約に基づき本件買受地及び本件建物の引渡しを受けたものであるから、所有の意思がないものとされる権原に基づき占有を取得したとの事実を認めることができない」（かっこ内は筆者）とする裁判例がある[83]。

　したがって、上記裁判例に基づけば、真正な所有権に基づいて占有を開始した土地の一部として誤認して越境して占有している他人の土地についても、自主占有が成立する。

(2) 依頼者からの聞き取り

　具体的に、隣接地のうち越境したどの部分について、誤認して占有していたのかを正確に把握する必要がある。土地家屋調査士などの他の専門職の協力を得て、排他的・継続的な占有を行った範囲を把握し、図面等を作成しておくことが第一である。

---

[83] 東京高判平12・3・22判タ1091号263頁。

(3) **裁判実務**
　(ｱ)　概　要
　占有の事実が立証された場合には、所有の意思が推定されるから（民法186条1項・2項）、自主占有を争う側において、①占有の権原が他主占有を基礎づけるものであった、または、②所有者であれば当然とるべき行動に出なかったという事情（他主占有事情）を主張・立証すべき責任を負う。
　(ｲ)　主　張
　本事例のような誤認による越境の場合には、前記(ｱ)①については、取得時効を争う側からは故意の不法占拠であるとの主張（反証）が考えられる。これに対して、取得時効を主張する側は、真正な所有権に基づく占有であると誤認したことを主張・立証していくこととなる。
　また、前記(ｱ)②については、越境した土地について、隣接地所有者または第三者の使用を認めていたか否か、固定資産税の納付があったか否かなどが問題となろう。
　なお、隣接地の一部について越境している場合には、その土地の一部を明示するために、「別紙物件目録記載の土地のうち、別紙図面上のア、イ、ウ、エを順次直線で結んだ線によって囲まれた範囲の土地」などの記載により対象土地を特定する必要がある。
　(ｳ)　立　証
　誤認による越境があったか否かについては、所有権を取得した甲地についての売買契約書、贈与契約書の内容がどのようなものであったかが重要であろう。それゆえに、これらの契約に関する処分証書があれば、それらが有力な証拠となる。また、処分証書がない場合には、関係者の尋問等が最低限必要となるだろう。
(4) **登記実務**
　隣接地の一部について越境している場合には、時効取得を原因とする所有権移転登記の前提として、隣接地の一部について分筆登記を経由する必要が

第3章　V　占有・自主占有・善意無過失の立証

ある。そのために、土地家屋調査士等の他の専門職の協力が不可欠となる。具体的には、一筆の土地の一部の占有（〈事例5-3〉）の登記実務を参照されたい。

4　公有地の場合における対応

公有地の場合における対応が問題となるのは、次のようなケースである。

〈事例5-6〉　公有地の場合における対応
　国Aが所有する河川堤防の土地甲（以下、「甲地」という）を、Bが占有し続け20年以上が経過した。Bは、甲地を時効取得により取得したと主張している。

(1)　検討課題

道路、河川、海浜、公園、堤防など国または地方公共団体その他のこれに準ずる公共団体により公共の目的のために供用されている物を一般に公物という。これらの公物が、その本来の目的のために現に利用されているときは、私人による排他的な占有の継続を観念し得ないから取得時効の成立の余地はないであろう。

一方、これらの公物が、公用廃止の行政処分等がないのにもかかわらず、いつの間にか本来の公共の目的のために供用されなくなり、しかもその状態が継続すると、私人がこれを平穏かつ公然に長期間占有し、取得時効の成否が問題となる場合が生ずる。

この点、判例は、「公共用財産が、長年の間事実上公の目的に供用されることなく放置され、公共用財産としての形態、機能を全く喪失し、その物のうえに他人の平穏かつ公然の占有が継続したが、そのため実際上公の目的が害されるようなこともなく、もはやその物を公共用財産として維持すべき理由がなくなった場合には、右公共用財産については、黙示的に公用が廃止されたものとして、これについて取得時効の成立を妨げないものと解するのが相当である」と判示している[84]。

(2) **依頼者からの聞き取り**

前述のとおり、判例は河川堤防などの公物についても、取得時効の成立の余地を認めている。ただし、それは黙示的に公用が廃止されたと解される場合に限られる（黙示的公用廃止説）。しかし、本事例の河川堤防などのように、当該取得時効の対象となる土地が周囲の土地と一体化してはじめて機能を有している公物について、上記判例の基準に照らして黙示的に公用廃止されたと評価された例は多くはないであろう[85]。

したがって、公物についての取得時効に関する依頼があった場合に、公共用財産としての形態、機能を全く喪失しているか、その物のうえに私人による平穏かつ公然の占有が継続したが、そのための実際上公の目的が害されるようなことがないことなどの上記判例の基準に照らして検討を行うことが必要となる。

(3) **裁判実務**

㋐ 概　要

公物に関する取得時効の主張をする者は、判例の基準に従って、黙示的に公用廃止されたと主張・立証することが必要となる。これに対して、これを争う者は、黙示的な公用廃止はなかったとして反証をすることのほか、自主占有の成否など取得時効のその他の要件について反証を行うこととなる。

84　最判昭51・12・24民集30巻11号1104頁。
85　大阪高判平15・5・22判タ1151号303頁。

第3章 V 占有・自主占有・善意無過失の立証

　　　(イ) 主　張
　判例の基準に照らして、①長年の間事実上公の目的に供用されることなく放置されていること、②公共用財産としての形態、機能を全く喪失していること、③その物の上に他人の平穏かつ公然の占有が継続したが、そのため実際上公の目的が害されるようなこともなくなったこと、④それゆえに、もはやその物を公共用財産として維持すべき理由がなくなったことなどを主張・立証することとなる。
　これに対して、これを争う者は、上記各事実に関する反証を行うことのほか、自主占有の成否など他の取得時効の要件について反証をあげていくこととなる。この点、河川堤防上の家屋のみを購入して土地については不法占拠していたにすぎない者については、その性質上、所有の意思のないものとされる権原に基づき占有を取得したものというべきであって他主占有であるとする裁判例がある[86]。

　　　(ウ) 立　証
　前記(イ)①～④の立証については、公物の設置された根拠法令にまでさかのぼって、公共用財産として維持すべき理由がなくなったことを立証しなければならず、一般には、黙示の公用廃止の立証は非常に困難であろう。ただし、公物のうち、周囲と完全に切り離して使用されることが観念できるような物（たとえば、私人の住宅地の一部として現に使用されているが、道路指定がなされたままとなっている道路など）は、立証が成立する余地があると考えられる。

　(4) **登記実務**
　公物に関する時効取得について共同申請による登記または嘱託登記はほとんど考えられないから、登記権利者となる者が、確定判決を登記原因証明情報として単独申請により登記申請を行うこととなるのが通常であろう。

86　前掲（注85）大阪高判平15・5・22。

第3　善意無過失の立証

1　概　説

　短期取得時効の要件たる「善意無過失」については、概して、その無過失を立証することが困難であるといえ、それゆえに実務においては、短期取得時効を本来援用することができる場合であっても、長期取得時効の主張に代えて訴訟手続を進める場合もある。ただし、対立する当事者の主張の仕方によっては、短期取得時効の主張を貫かなければならない場合もあり、善意無過失の主張・立証が問題となる。

　ここでは、善意無過失の立証責任（〈事例5－7〉）、善意無過失の基準時（〈事例5－8〉）をみていく。

2　善意無過失の立証責任

善意無過失の立証責任が問題となるのは、次のようなケースである。

〈事例5－7〉　善意無過失の立証責任
　Aが死亡した際、親族間で協議が行われた結果、Aの家業を継ぐ者として、自らをAの相続人と信じたBが、Aの所有財産であった甲地の占有を開始し、10年以上が経過した。その後、Aの相続人Cが現れ、自らの名義で甲地の所有権につき登記を具備した。これに対して、Bは甲地を時効取得したと主張している。

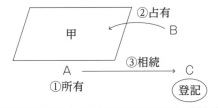

(1) 検討課題

民法162条2項の短期取得時効の要件は、「10年間、所有の意思をもって、平穏に、かつ、公然と他人の物を占有」することに加えて、その占有の開始の時に、「善意であり、かつ、過失がなかった」ことを要件とする。後者の「善意」「無過失」の意義とその立証責任の分配が問題となる。

この点、「善意」とは、学説では、自己に所有権があると確信することとする立場（確信説）と、所有権取得を妨げる事情の存在を知らないこととする立場（不知説）があるとされているが、一般には、後者の意味に解されている。占有者の善意については、民法186条1項により推定されている。

また、「無過失」とは、善意であることについて過失のないことであり、古い判例によれば、「相当ノ注意ヲ為スニ於テハ権原ノ瑕疵ヲ発見シ得ヘキニ拘ハラス注意ノ不足ニ因リテ之ヲ発見シ得サリシコトヲ意味スル」とされている[87]。ただし、無過失は、これ自体が規範的評価であるから、無過失という規範的評価を根拠づける具体的事実は何かということが検討されなければならない。なお、無過失については、推定規定はないから、取得時効の成立を主張する者が主張・立証責任を負う。

(2) 依頼者からの聞き取り

本事例のように相続によって占有を承継した場合にも、自主占有が成立し10年の取得時効が成立しうるというのが判例の立場である[88]。そのうえで、「善意無過失」と評価できるかどうかを慎重に検討しなければならない。具体的には、相続により占有を承継した当時において、甲地の現況はどのようなものであったか（物理的な形状等が他の相続財産等一体的なものであったか否かなど）、Aの生前に甲地につきどのような説明を受けていたか、Bは甲地についてどのような調査をしたか（登記簿（登記記録）の調査、字図の調査、固定資産課税台帳の確認、農地台帳その他の公簿がある場合にその確認をし

---

87 大判大2・6・16民録19輯637頁。
88 最判昭37・5・18民集16巻5号1073頁。

たか）などの具体的な事実を洗い出して、善意無過失と評価できるか否かを検討していくこととなる。

(3) **裁判実務**

(ア) 概　要

10年の取得時効の成立を主張する者は、善意無過失の立証責任を負う。そこで、善意無過失の主張・立証が問題となるが、無過失の内容は、占有取得の類型ごとに個別に検討されるべき事項であると考えられる。本事例のように、相続を原因として占有を承継した場合には、売買等の法律行為によって占有を取得した場合と異なり、必ずしも登記簿の調査は必要とされず、登記簿を閲覧しなかったからといって、直ちに無過失が否定されるわけではないとする判例がある[89]。

(イ) 主　張

取得時効の成立を主張する立場からは、その不動産を自己の所有と信じる（または所有権の取得を妨げる事実がないと信じる）ことについて、過失がなかったことの評価根拠事実である具体的な事実を主張・立証していくこととなる。具体的には、その誤信（錯誤）の原因となった事情（不動産の物理的形状、前主からの説明、第三者の言動）、誤信した者の調査の状況（占有の取得に際しての不動産の調査）などを具体的に主張していくこととなる。

反対に、取得時効を争う立場からは、評価障害事実となる具体的事実、たとえば、誤信の生じにくい不動産の現況があったとか、登記簿の調査をしなかったこととか、誤信を生じさせないための第三者の言動があったなどの事実関係を主張・立証していくこととなる。

(ウ) 立　証

善意無過失の立証については、人証（当事者尋問、証人尋問）が、ほぼ不可欠なものであると考えられる。つまり、当事者または事情を知っている第三者に具体的な事実関係を証言してもらい、善意無過失の評価根拠事実また

---

[89] 最判昭42・6・20判時492号49頁。

第3章 Ⅴ 占有・自主占有・善意無過失の立証

は評価障害事実を洗い出していくこととなる。

ただし、10年以上前の占有の開始の当時の事情を聞き出すこととなるため、当事者および第三者の記憶は相当にあいまいになっている部分もあり、尋問を行うにあたっては、記憶の引き金となるような書証を適切に引用しながら、証言を引き出すことが肝要となってくる。

(4) 登記実務

相手方との共同申請により10年間の短期取得時効を原因とする所有権移転登記を申請する場合には、山林の占有（〈事例5－1〉）の登記実務のうち、短期取得時効（【書式12】参照）の場合の登記原因証明情報を参照されたい。確定判決による場合には、判決正本および確定証明書が登記原因証明情報となり、時効取得者が単独で登記を申請することができる。

3 善意無過失の基準時

善意無過失の基準時が問題となるのは、次のようなケースである。

〈事例5－8〉 善意無過失の基準時

Aが所有する土地甲（以下、「甲地」という）に、Bが、建物乙を建築して占有していたところ、Aが、Bに対して損害賠償を求める訴訟を提起した。その後、Bの占有継続期間が10年を超えるに至った。Bは、甲地を時効取得したと主張している。

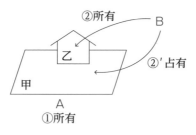

(1) 検討課題

民法162条2項は、「その占有の開始の時に、善意であり、かつ、過失がなかったときは」と規定し、占有の取得の時点における善意無過失を要件としている。反対に、占有の開始の時に善意無過失であれば、その後に悪意または有過失となる事実が生じても取得時効の成否にかかわらない。

本事例のように、真正な所有権者による損害賠償請求がなされた場合には、その時点（たとえば、その旨の通知を受けた時、あるいは、訴状の送達を受けた時）で、自己の所有権を妨げる事実について悪意（知っている）か、または、少なくともこれを知らないことについて有過失であるといえるだろう。

この点、土地の無権原の占有につき、建物所有者が土地の所有者から損害賠償請求の訴訟を提起された事件につき、少なくとも訴状の送達以後は過失があると判断された裁判例がある[90]。

(2) 依頼者からの聞き取り

善意無過失を評価障害事実として、真正な所有権者からの請求がなかったか否かなどの聞き取りが必要である。占有者による所有権の取得と矛盾する内容の請求を他人から受けていたり、訴状の送達を受けていたりした場合には、悪意または有過失と判断される。ただし、その評価の基準時は、占有の開始の時点であるから、時系列に従って依頼者からの聞き取りを丁寧に行うことが必要である。

(3) 裁判実務

(ア) 概　要

占有の開始の時点における善意無過失は、法律上の推定規定がないから、取得時効の成立を主張する側が主張・立証責任を負う。これを争う側は、その評価障害事実を主張して、悪意または有過失であることの反証を行う。

90　最判昭41・6・9集民83号747頁。

第3章　Ⅴ　占有・自主占有・善意無過失の立証

　　㈦　主　張
　善意無過失の評価障害事実の主張としては、たとえば、上記のとおりの真正な所有権者からの請求や裁判上の請求を受けたという事実のほか、取得時効の主張をする側が、①不動産に関する必要な調査（登記簿、公図等）を怠っていた、②売買、贈与などの所有権移転をもたらす法律行為について、取引の相手方が代理権（法定代理権、任意代理権）を有しないことにつき明らかであったのに、これに関する調査確認を行わなかった、③売買、贈与などの契約の相手方が無権利者であることが明らかであったのに、これに関する調査確認を行わなかったなどの事情をあげることができよう。いずれも、占有の取得の時点において判断される。

　　㈧　立　証
　善意無過失については、書証のみならず人証（当事者尋問、証人尋問）が、ほぼ不可欠となることについては、前述のとおりである。

(4)　**登記実務**
　登記実務については、山林の占有（〈事例5－1〉）の登記実務を参照されたい。

▷司法書士・梅垣晃一

Ⅵ 占有の承継、他主占有から自主占有への転換

第1 前主の占有の承継

1 概説

占有は承継的に取得することもできる。そのため、時効期間の進行中に占有の主体が変わったとしても占有期間は中断せず、現在の占有者は、前の占有者（前主）の占有期間を合算して主張することもできる。

ここでは、前主の占有の承継の主張・立証（〈事例6－1〉）についてみた後、善意無過失の前主の占有の承継（〈事例6－2〉）についてみていく。

2 占有の承継の主張・立証

占有の承継の主張・立証が問題となるのは、次のようなケースである。

〈事例6－1〉 占有の承継の主張・立証

Aが所有する土地甲（以下、「甲地」という）につき、Bが占有を開始し、その占有が、CからD、DからEへと承継された。Bの占有からすでに20年以上が経過している。そこで、Eは、Bから自らに至る占有の承継を主張しつつ、時効により甲地を取得したとAに求めている。しかし、実際には、CからDに直接占有が承継されたのではなく、Fが介在していた。

第3章 Ⅵ 占有の承継、他主占有から自主占有への転換

(1) **検討課題**

　占有は、原始取得によるほか、前の占有者から承継的に取得することができる。たとえば、ある契約に基づき、ある物の引渡しを受けた者は、自己のためにする意思をもってその物を所持しているから、自己の占有を原始的に取得するとともに（民法180条）、前の占有者の占有を承継することとなる（同法182条～184条。相続による承継も認められる）。そして、承継人は、その選択に従い、自己の占有のみを主張することも、自己の占有に前の占有者の占有をあわせて主張することもできる（同法187条1項）。なお、同項の「前の占有者」は、直前の占有者に限られず、占有が順次承継されてきた限り、承継人より前のすべての占有者が含まれる。そして、どの占有者の占有からあわせて主張するかも、承継人の選択に委ねられている。

　本事例では、甲地についての占有は、B→C→F→D→Eと順次承継されているので、Eは、B、C、F、D、Eの占有期間を合算して主張することができる。ところが、本事例では、Eは、実際の事実と異なり、B→C→D→Eと順次承継されて取得時効が完成した旨を主張している。このような場合、裁判所は、実際の事実どおり、B→C→F→D→Eと事実認定することができるかが問題となるが、判例によると、B→C→D→Eと順次承継されて取得時効が完成した旨の主張には、仮に、B→C→Dの間に他の者が介在することが証拠上認められるとすれば、その者の占有期間をも含めて上記取得時効の期間として主張する趣旨が含まれていると解されるので、明示的にはB→C→D→Eの順次承継の主張しかなされていなくとも、B→C→F→D→Eと事実認定することができるとされている[91]。

(2) **依頼者からの聞き取り**

　B→C→（F→）D→Eへの承継が、どのようになされたかをEから詳細に聞き取るとともに、これらの事実を明示する客観的資料があるか、証人となってもらえる関係者がいるかなど、証拠方法について検討する。そのほか

91　最判昭49・11・22集民113号225頁。

は、通常の取得時効と同様である（〈事例１〉を参照されたい）。
　(3)　**裁判実務**
　　㈦　概　要
　Eは、自己の占有のほか、B、C、FおよびDのそれぞれの占有をあわせて主張し、Bの占有開始時から20年が経過しているとして取得時効を援用することとなる。
　これに対し、Aは、Bの占有に所有の意思を欠くこと（他主占有権原や他主占有事情）、時効期間中に占有の喪失があったこと（民法164条・203条・204条）などを抗弁として主張することとなる。
　　㈡　主　張
　長期取得時効の要件事実は、①ある時点における占有、②前記①から20年経過時における占有、③時効の援用である。前記①②については、本事例では、B、C、F、Dの占有をあわせて主張するところ、占有承継の事実については推定されず、Eにおいて主張・立証することを要するので、㋐ある時点におけるBの占有、㋑前記㋐から一定期間経過した時点におけるBの占有およびBからCへの占有承継、㋒前記㋑から一定期間経過した時点におけるCの占有およびCからFへの占有承継、㋓前記㋒から一定期間経過した時点におけるFの占有およびFからDへの占有承継、㋔前記㋓から一定期間経過した時点におけるDの占有およびDからEへの占有承継、㋕前記㋔から一定期間経過した時点におけるEの占有のようになる。なお、所有の意思、平穏、公然および善意は、暫定真実であるから（民法186条1項）、Eにおいて主張・立証する必要はない。
　これに対して、Aは、抗弁として、Bの占有につき、①他主占有権原、②他主占有事情、③暴行・強迫または隠匿による占有であることなどを主張することとなる。また、B、C、F、D、Eのそれぞれの占有期間の継続の主張は、期間の両端の占有のみを主張するもの（民法186条2項）であるから、Aは、④その間に占有が喪失されたことを主張・立証することによって、同

255

項の法律上の推定を覆すことができる。この占有の喪失については、たとえば、「Cは、平成○○年○○月○○日から平成○○年○○月○○日までの間、本件土地を占有しなかった」のように記載する。

　　　㈦　立証
　占有の承継があったことについては、時効援用者であるEが証明責任を負う。占有承継に関する証拠としては、特定承継の場合は、売買契約書や贈与証書、関係者の陳述書などが考えられ、相続など包括承継の場合は、戸籍謄本や遺産分割協議書などが考えられる。

　⑷　**登記実務**
　判決による登記が多いと思われるが、登記義務者であるAから協力が得られる場合は共同申請により所有権移転登記手続を行う。本事例のような場合、登記原因証明情報には、占有が順次承継された事実についても記載することとなる。なお、相続によって占有が承継された場合、登記原因証明情報にその旨の記載があれば足り、それ以外に相続を証する情報（戸籍謄本や遺産分割協議書など）を提供する必要はない。

　また、本事例では、登記原因の日付である占有開始時における占有者はBであるが、時効完成時の占有者であるEを登記権利者として所有権移転登記を申請することに何ら問題はない（時効取得者の出生前の日付を原因日付として、時効取得による所有権移転登記を申請することができるという登記先例92は、占有承継があった場合は、時効完成時の占有者が登記権利者となることを前提としている）。

92　登記研究603号135頁（2012）。

第1 前主の占有の承継

3 善意無過失の前主の占有の承継

善意無過失の前主の占有の承継が問題となるのは、次のようなケースである。

〈事例6－2〉 善意無過失の前主の占有の承継
　Aが所有する土地甲（以下、「甲地」という）をBが善意無過失で占有を開始し、その占有を善意有過失のCが承継した後、さらに、Dが占有を承継した。Dは、Aに対して甲地を時効取得したと主張している。なお、Bの占有開始後15年が経過している（B、C、Dの占有期間は、それぞれ5年、4年、6年とする）。

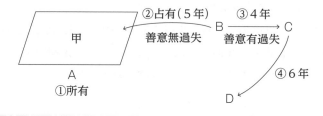

(1) 検討課題

　本事例では、甲地の占有は、B→C→Dと順次承継されているので、Dは、B、C、Dの占有期間を合算して主張することができる（民法187条1項）。ただし、上記占有期間を合算しても15年であるので、短期取得時効（同法162条2項）が認められない限り、Dのもとで取得時効が完成することはない。この点、Bは、善意無過失なので、短期取得時効の要件を満たすが、Cは善意有過失なのでその要件を満たさない。そこで、承継人が複数の前の占有者の占有をあわせて主張する場合、どの占有者を基準として、民法162条2項の善意無過失を判断すべきかが問題となるが、判例によると、最初の占有者について判断するものとされている[93]。

93　最判昭53・3・6民集32巻2号135頁。

本事例では、最初の占有者であるBが善意無過失であるから、CまたはCおよびDの占有に過失があったとしても、Dのもとで短期取得時効が完成することとなる。

(2) 依頼者からの聞き取り
依頼者からの聞き取りについては、〈事例6－1〉を参照されたい。

(3) 裁判実務

(ア) 概 要
Dは、自己の占有のほか、BおよびCのそれぞれの占有をあわせて主張し、Bの占有開始時から10年が経過しているとして、短期取得時効を援用することとなる。なお、Bの占有開始時における無過失については、Dにおいて主張・立証することを要する。

これに対し、Aは、Bの占有に所有の意思を欠くこと（他主占有権原や他主占有事情）、Bが占有開始時に悪意であったこと、時効期間中に占有の喪失があったこと（民法164条・203条・204条）などを抗弁として主張することとなる。

(イ) 主 張
Bの占有開始時における無過失を主張・立証すべき点を除いては、〈事例6－1〉と同様である。無過失の主張については、〈事例5－7〉〈事例5－8〉を参照されたい。

(ウ) 立 証
立証については、〈事例6－1〉と同様である。無過失の立証については、〈事例5－7〉〈事例5－8〉を参照されたい。

(4) 登記実務
登記実務については、〈事例6－1〉を参照されたい。

第2　他主占有から自主占有への転換

1　概　説

取得時効の成立要件の一つは自主占有であり、他主占有をいくら継続しても取得時効は完成しない。そこで、当初は他主占有だったものが後に自主占有に転換することが認められるかが問題となる。

ここでは、所有の意思の表示（〈事例6−3〉）と新権原（〈事例6−4〉）について触れた後、相続と新権原の問題（〈事例6−5〉〈事例6−6〉〈事例6−7〉）についてみていくこととする。

2　所有の意思の表示

所有の意思の表示が問題となるのは、次のようなケースである。

〈事例6−3〉　所有の意思の表示
　A所有の農地甲（以下、「甲地」という）を小作人Bが占有・利用していたが、地代を支払っていなかった。Aは、この状況を容認していた。Bの占有開始後20年以上が経過し、Bは、Aに対して、甲地を時効取得したと主張している。

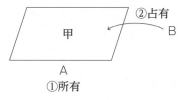

第3章 Ⅵ　占有の承継、他主占有から自主占有への転換

(1)　検討課題

　小作とは、地主から土地を借り、小作料（地代）を支払って、農業を営むことをいう。小作人は、地主が所有者であることを前提として、所有権以外の権原に基づいて農地を占有するので、その占有は、所有の意思のない占有、すなわち他主占有であり、取得時効の要件を満たさない。

　しかし、他主占有の占有者が、自己に占有をさせた者に対して、所有の意思があることを表示した場合には、占有の性質が他主占有から自主占有に転換する（民法185条）。その結果、転換の時点（所有の意思の表示の時点）から、占有者につき、取得時効の進行が開始しうることとなる。

　問題は、この所有の意思の表示は、黙示的なものでもよいかである。この点、小作人がいわゆる農地解放後に、最初に支払うべき地代の支払いをせず、地主も小作人が地代を支払わずに土地を自由に耕作し、占有することを容認していた場合には、小作人から地主に対して所有の意思の表示があったと認められるという判例があり、所有の意思の表示は、黙示的なものでもよいとされている[94]。

　本事例では、Bは、小作人として甲地の占有を開始しているので、その占有は、他主占有である。しかし、Bは、地代を支払っておらず、真の所有者であるAも、その状況を容認していたのであるから、Bは、Aに対して、所有の意思を表示したといえる余地があろう。

(2)　依頼者からの聞き取り

　Bが地代を支払っていない状況をAが容認していたといえるかを中心に聞き取りを行うこととなる。具体的には、Bはいつから地代の支払いを停止したのか、支払いを停止した理由、Bの支払能力（資力）、支払停止についてのAへの通知の有無、支払停止後のAの反応、BとAとの関係、Aからの催告の有無および頻度、Aからの契約解除予告の有無などを聞き取ることとなろう。そのほかは、通常の取得時効と同様である。

94　最判平6・9・13集民173号53頁。

(3) 裁判実務

(ア) 概 要

Bは、①ある時点（自主占有に転換した日）における占有、②前記①から20年経過時における占有、③時効の援用を主張・立証する。これに対し、Aは、抗弁として、Bの従前の占有は、他主占有権原に基づいていたことを主張・立証することとなるが、Bは、所有の意思の表示があったことを主張・立証して、前記①の占有は、自主占有であったことを主張することができる。

(イ) 主 張

(A) 原告Bの主張

所有の意思は推定されるので（民法186条1項）、Bは、①ある時点（自主占有に転換した日）で、甲地を占有したこと、②前記①から20年が経過した時点で占有したこと、③時効の援用を主張・立証すれば足りる。

(B) 被告Aの主張（抗弁）

Aは、Bが前記(A)①よりも前から甲地を占有しており、それは他主占有権原に基づくものであったから、前記(A)①の占有もそれに接続するものであり、他主占有である旨を主張・立証することとなる。

(C) 原告Bの主張（予備的請求）

Bは、BがAに対し、所有の意思があることを表示したことを主張・立証して、Bの占有の性質は、他主占有から自主占有に転換していたから、前記(A)①の占有は、自主占有である旨を主張することとなる。なお、この所有の意思の表示による自主占有への転換の主張は、Aの抗弁に対する再抗弁ではなく、予備的請求原因となる[95]。

(ウ) 立 証

所有の意思の表示があったことについては、時効援用者であるBが立証責任を負う。本事例では、Bの地代不払いをAが容認していたことの立証がポ

---

95 岡口・前掲（注61）257頁を参照。

イントになる。Bとしては、地代の支払停止後もBが甲地を使用していたこと（証拠としては写真や耕作記録等）、地代の支払停止がBの支払能力（資力不足）に起因するものではないこと（証拠としてはBの預貯金通帳や確定申告書等）、地代支払停止後もBとAとの関係が特に悪化していないこと（証拠としては関係者の陳述書等）などの間接事実を積み上げて、立証していくこととなろう。

(4) 登記実務

判決による登記が多いと思われるが、Aから協力が得られる場合は共同申請により所有権移転登記手続を行う。登記原因証明情報については、所有の意思は暫定真実として推定されるところ、登記義務者であるAから登記手続の協力が得られるということは、Aは、Bの所有の意思の存在を争わないということであるから、「所有の意思をもって」との記載で足りるのであれば、あえてBの占有が他主占有から自主占有に転換した旨を記載する必要はないように思われる。また、本事例のような場合、登記原因の日付は、占有開始の日ではなく、Bの占有が自主占有に転換した日であることに注意を要する。

3 新権原

新権原が問題となるのは、次のようなケースである。

〈事例6－4〉 新権原

　Aが所有する土地甲（以下、「甲地」という）を、Bが権原がないにもかかわらず管理していた。Cは、甲地を占有・利用しながら、賃料をBに対して支払っていた。その後、Bは、Aの代理人と詐称して、甲地に関する売買契約をCと締結し、Cは、甲地の所有権についての登記を具備した。Aは、Bを代理人として認めず、Cの所有権取得を否定し、これに対して、Cは、時効により甲地を取得したと主張している。

第2　他主占有から自主占有への転換

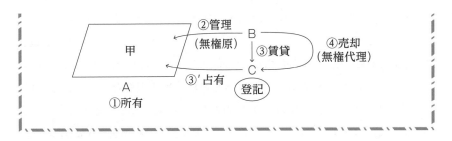

(1)　検討課題

　本事例では、Cは、Bとの間の賃貸借契約に基づき、甲地の占有を開始している。賃借人であるCからすれば、賃貸借契約は、他人が所有者であることを前提とする契約であるから、賃貸借契約を権原とする占有は、所有の意思のない占有、すなわち他主占有である。

　他主占有の占有者が、新たな権原により、さらに所有の意思をもって占有を始めた場合は、占有の性質が、他主占有から自主占有に転換する（民法185条）。その結果、転換の時点（新権原の発生の時点）から、占有者につき、取得時効の進行が開始しうることとなる。

　本事例では、Cは、その後、Aの詐称代理人であるBとの間で、甲地に関する売買契約を締結している。買主であるCからすれば、売買契約は、自己が所有権を取得しようとする性質のものであるから、売買契約は自主占有を基礎づける新権原となる。そして、所有の意思の有無の判断に際しては、契約が有効である必要はないから、Cが、Aの詐称代理人Bとの間でした売買契約が、無権代理を理由に無効であったとしても、他主占有から自主占有への転換が認められる。

　問題は、いつの時点をもって自主占有への転換が認められるかである。通常は、新権原（自主占有の取得原因である権原）の発生時（たとえば、売買契約の締結時）であろうが、本事例のように、真の所有者の無権代理人との間で売買契約が締結された場合には、真の所有者は、新権原の発生（他主占有から自主占有への転換）を知り得ず、取得時効の進行に対して対抗手段をとり

第3章 Ⅵ 占有の承継、他主占有から自主占有への転換

得ないおそれがある。この点、本事例と類似した事案（ある農地につき、管理人のように振る舞っていた者に小作料を支払っていた小作人が、その者を通じてその農地を買い受け、農地法所定の許可を得て所有権移転登記を経由した事例）において、判例は、管理人と称していた者に代理権限がなかったとしても、おそくとも所有権移転登記時には新権原により所有の意思をもって本件土地の占有を始めたものということができるとしている96（所有権移転登記時をもって、自主占有への転換が認められたのは、この判決の事案においては、所有権移転登記がなされたことによって、新権原の発生に何ら関与していない真の所有者にも、その発生につき了知可能性が与えられたといえるからであろうと思われる。この判決は、一般に所有権移転登記を経由しなければ、新権原による自主占有への転換を認めないとする趣旨のものではないのではなかろうか）。本事例においては、Cは、所有権移転登記を経由しているから、民法185条により自主占有への転換が認められることとなろう。

(2) 依頼者からの聞き取り

Bとの間でした、甲地に関する売買契約の締結について詳細に聞き取る。具体的には、売買契約の締結に至る経緯や売買契約書の作成の有無等について聞き取ることになろう。なお、時効取得（新権原による自主占有への転換）のみを主張する場合には、売買契約が有効である必要はないが、売買契約の有効性（本事例であれば、表見代理の可能性）についても一応は検討すべきであろう。そのほかは、通常の取得時効の場合と同様である。

(3) 裁判実務

㋐ 概要

Cは、①ある時点（自主占有に転換した日）での占有、②前記①から20年経過時における占有、③時効の援用を主張・立証する。これに対し、Aは、抗弁として、従前の他主占有権原を主張・立証することとなるが、Cは、新たな権原（自主占有の取得原因である権原）の発生原因事実を主張・立証して、

96　最判昭51・12・2民集30巻11号1021頁。

前記①の占有は、自主占有であったことを主張することができる。
　(イ)　主　張
　(A)　原告Ｃの主張

　所有の意思は推定されるので（民法186条１項）、Ｃは、①ある時点（自主占有に転換した日）で甲地を占有したこと、②前記①から20年が経過した時点で占有したこと、③時効の援用を主張・立証すれば足りる。

　(B)　被告Ａの主張（抗弁）

　Ａは、Ｃが前記(A)①よりも前から甲地を占有しており、しかも、それは他主占有権原に基づくものであったから、前記(A)①の占有もそれに接続するものであり、他主占有である旨を主張・立証することとなる。

　(C)　原告Ｃの主張（予備的請求）

　Ａの抗弁に対し、Ｃは、新権原（自主占有の取得原因である権原）の発生原因事実を主張・立証して、他主占有から自主占有に転換していたから、前記(A)①の占有は、自主占有である旨を主張することとなる。なお、この所有の意思の表示による自主占有への転換の主張は、Ａの抗弁に対する再抗弁ではなく、予備的請求原因となる[97]。

　(ウ)　立　証

　新権原の発生については、時効援用者であるＣが立証責任を負う。本事例においては、甲地に関する売買契約書や不動産登記事項証明書が有力な証拠となろう。

(4)　登記実務

　判決による登記が多いと思われるが、Ａから協力が得られる場合は共同申請により登記手続を行う。本事例においては、Ｃは、すでに売買を原因とする所有権移転登記を経由しているので、登記原因を「年月日時効取得」と更正する旨の所有権更正登記手続を行うことが考えられる。このような登記（登記原因を「年月日売買」から「年月日時効取得」に更正する旨の登記）が認め

---

[97]　岡口・前掲（注61）257頁を参照。

られるかについては、とりわけ本事例においては、すでになされているC名義の所有権移転登記については、詐称代理人Bの関与がうかがわれ、登記義務者であるAの申請意思が欠けている可能性が高いため、慎重な検討を要するが、売買にせよ時効取得にせよ、本事例では物権変動の当事者は同一であるから、更正の前後を通して登記の同一性はあるものと考えられ、また、登記上の利害関係人が登場している場合には、すでにある所有権移転登記の抹消ではなく、当該所有権移転登記を維持したまま登記原因の更正を認める必要性が高い。登記先例によると、「売買」を登記原因とする所有権移転登記の登記原因を「真正な登記名義の回復」に更正することが認められる以上、本事例のような場合に、登記原因を「年月日売買」から「年月日時効取得」に更正することも認められる余地があるように思われる[98]。

上記のような所有権更正登記が認められるとした場合、その登記原因証明情報については、時効取得に関する要件事実の記載も必要となるが、そのうち所有の意思については、暫定真実として推定されるものであるし、また、登記義務者であるAから登記手続の協力が得られるということは、Aは、Cの所有の意思の存在を争わないということであるから、「所有の意思をもって」との記載で足り、あえて新権原により他主占有から自主占有に転換した旨を記載する必要はないように思われる。また、更正後の登記原因の日付は、CがBとの間で売買契約を締結した日となろう。

4　相続と新権原①

相続と新権原が問題となるのは、次のようなケースである。

〈事例6-5〉　相続と新権原①
　Aは、自らが所有する土地甲（以下、「甲地」という）の管理をその子Bに委ねていた。Bが死亡し、その相続人Cが、甲地を引き続き占有・

98　登記研究362号83頁（1992）。

管理し、Dに賃貸しつつ、その賃料をもって生活の糧としていた。Cは、BがAから甲地を譲り受けていたと思っていた。その後、Aが死亡し、その相続人Eが現れ、甲地の所有者は自分であるとCに主張した。これに対して、Cは甲地を時効取得したと主張している。

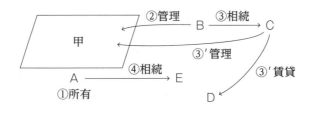

(1) 検討課題

本事例では、Cは、Bを相続しているところ、占有も相続によって承継されるかが問題となる。判例は、これを認めている[99]。よって、Cは、その物の事実的支配やBについての相続開始の了知の有無にかかわらず、甲地に関するBの占有を承継的に取得する。

ところが、被相続人Bの占有は、Aとの間の委任契約（甲地がAの所有であることを前提とする契約）を権原とする占有であるから、所有の意思を欠き、他主占有である。そして、それを相続により承継したCも他主占有者ということになるから、取得時効の要件を満たさない。そこで、被相続人のもとで他主占有だったものが、相続人のもとで自主占有となり得ないかが問題となる。この点に関する判例理論は、次のようなものである。まず、相続を原因とする占有承継の場合においても、相続人が現実にある物を事実的に支配した場合には、被相続人から承継した占有とは別個に、相続人独自の占有を取得することができ、民法187条1項により、自己の占有のみを主張することができる[100]。ただし、相続を契機とした、この相続人独自の占有につ

---

99 最判昭44・10・30民集23巻10号1881頁。
100 前掲（注88）最判昭37・5・18。

いては、所有の意思の有無は不明というほかない。なぜなら、相続は、被相続人の権利義務をそのまま承継させるものであり、それ自体としては、売買のように自主占有を基礎づけるものではないからである。そこで、この相続人独自の占有が所有の意思に基づくものであるときは、相続人は、民法185条の新権原により自主占有をするに至ったものと認められる[101]。そして、相続人独自の占有が、所有の意思に基づくものであるといいうるためには、取得時効の成立を争う相手方ではなく、占有者である当該相続人において、その事実的支配が外形的・客観的にみて、独自の所有の意思に基づくものと解される事情を証明しなければならない[102]。具体的には、相続人が、所有者らしい振る舞いをしてきたこと（たとえば、目的物を現実に使用収益すること、収益を自己のものとすること、公租公課を自己の名義で支払うこと）およびその振る舞いが外部に表示されて権利者が知りうる状態にあったことが、所有の意思の有無についての判断要素となる[103]。

　本事例においては、Cが、甲地について、引き続き占有・管理していたことからすると、甲地についてのC独自の占有は認められるものと思われる。そして、Cが、甲地をDに賃貸して、その賃料を受領し、それを自己の生活の糧として費消していたことからすると、他の事情（たとえば、Cのそのような占有・管理状況をAが認識し得たことや、甲地についての固定資産税をCが納付していたこと）と相まって、Cの独自の占有は、所有の意思に基づくものであると認められる余地があるものと思われる。

　なお、本事例では、Cは、BがAから甲地を譲り受けていた（敷衍すれば、甲地はBの相続財産の一部であり、Cが相続によりその所有権を承継した）と思

---

[101] 最判昭46・11・30民集25巻8号1437頁。なお、この判決および最判平8・11・12民集50巻10号2591頁は、相続が民法185条の新権原にあたると明示しているわけではないことに留意を要する。

[102] 前掲（注101）最判平8・11・12。

[103] 前掲（注101）最判平8・11・12についての三村量一調査官の解説（判解民平成8年度（34事件）931頁）を参照。

っていたが、これは相続人の主観（内心の意思）であるから、善意占有の問題とはなり得ても、自主占有への転換を基礎づけるものではない。もっとも、Cが、そのような内心の意思を前提とする行動をとっていることが外部的にも明らかな場合（たとえば、相続人として相続税を納付したり、相続を原因とする所有権移転登記手続を求めたりしたような場合）には、所有者らしい振る舞いに該当する行動として、所有の意思を基礎づけることもありうると思われる[104]。

(2) **依頼者からの聞き取り**

甲地についてのCの占有状況を詳細に聞き取る。具体的には、Cは、いつから甲地を現実的に占有したか、甲地についての公租公課の納付はどうしていたか、甲地についての使用収益の状況や所有権移転登記手続の状況などはどうかについて聞き取ることとなろう。また、仮に、Cが公租公課を納付していなかったり所有権移転登記手続を求めていなかったりした場合には、そうしなかった理由についても詳細に聞き取るべきである。占有者と真の所有者との間の人的関係等によっては、占有者のそうした不作為が、必ずしも所有者として異常な態度であるとはいえず、所有の意思を否定する事情とならないこともあるからである[105]。そのほかは、通常の取得時効と同様である。

(3) **裁判実務**

(ア) 概　要

Cは、①ある時点（Cが現実の占有を開始した日）での占有、②前記①から20年経過時における占有、③時効の援用を主張・立証する。これに対し、Dは、抗弁として、Cが他主占有者の相続人であることを主張・立証することとなるが、Cは、自主占有事情を主張・立証して、前記①の占有は、自主占有であったことを主張することができる。

104　三村・前掲（注103）928頁・929頁を参照。
105　前掲（注13）最判平7・12・15を参照。

(ｲ)　主　張
(A)　原告Ｃの主張

　所有の意思は推定されるので（民法186条１項）、Ｃは、①ある時点（Ｃが現実の占有を開始した日）で甲地を占有したこと、②前記①から20年が経過した時点で占有したこと、③時効の援用を主張・立証すれば足りる。

(B)　被告Ｅの主張（抗弁）

　Ｅは、Ｃが他主占有者の相続人であること、具体的には、①Ｂの他主占有権原（Ｂを受任者とする委任契約の成立）、②Ｂの死亡、③ＣがＢの相続人であることを主張・立証して、所有の意思の推定（民法186条１項）を排除することができる。

(C)　原告Ｃの主張（予備的請求）

　これに対し、Ｃは、Ｃの事実的支配が外形的・客観的にみて、独自の所有の意思に基づくと解される事情を主張・立証して、所有の意思の存在があること、すなわち、民法185条の「新権原」により自主占有をするに至ったことを主張することができる。なお、この自主占有事情の主張は、Ｃが他主占有者の相続人であるというＥの抗弁を覆滅させて、所有の意思の推定を復活させるものではないので、再抗弁ではなく、予備的請求原因となる[106]。

　(ｳ)　立　証

　相続人の事実的支配が外形的・客観的にみて、独自の所有の意思に基づくと解される事情についての立証責任は、相続人であるＣが負う。具体的には、相続人が所有者らしい振る舞いをしてきたことおよびそれが外部に表示されたことを立証することとなる。たとえば、Ｃが、甲地についての公租公課を納付してきた事実については、その証拠として納税証明書が考えられ、Ｃが、甲地を他に賃貸して賃料を収受してきた事実については、賃貸借契約書や領収証等が証拠として考えられる。また、Ｃが、真の所有者への所有権移転登記手続への協力を求めた事実については、その旨の手紙や関係者の陳

106　岡口・前掲（注61）254頁を参照。

述書等が証拠として考えられよう。

(4) **登記実務**

　判決による登記が多いと思われるが、Eから協力が得られる場合は共同申請により所有権移転登記手続を行う。登記原因証明情報については、所有の意思は暫定真実として推定されるところ、登記義務者であるEから登記手続の協力が得られるということは、Eは、Cの所有の意思の存在を争わないということであるから、「所有の意思をもって」との記載で足りるのであれば、あえて新権原により他主占有から自主占有に転換した旨を記載する必要はないように思われる。また、本事例のような場合、登記原因の日付は、Cが独自の占有を開始した日である。

　なお、仮に、Eが、本件土地について相続を原因とする所有権移転登記を経由していたとしても、当該所有権移転登記を抹消する必要はなく、Eを登記義務者とする時効取得による所有権移転登記を申請することができる（Aについての相続が時効完成前に開始し、その相続による所有権移転登記がなされている場合、相続人であるEは時効完成時の所有者であるから、Cとの関係ではまさに物権変動の当事者である。他方、時効完成後に、Aについての相続が開始し、その相続による所有権移転登記がされている場合については、時効取得者であるCを登記権利者とし、相続人である所有権登記名義人Eを登記義務者とする時効取得による所有権移転の登記は、受理されるとする登記先例がある[107]）。

5　相続と新権原②

　また、相続と新権原については、次のようなケースもある。

〈事例6-6〉　相続と新権原②
　Aは、自らが所有する土地甲（以下、「甲地」という）の管理をBに委ねていた。Bが死亡し、その相続人Cが、引き続き、甲地の管理を行っ

---

[107]　登記研究401号159頁（1995）。

ていた。その際、Cは、Aの所在を知っており、甲地に関する固定資産税をAの代理人として支払っていた。Aは、そろそろ甲地を自ら利用したいと思い、Cに甲地の明渡しを求めたところ、Cは、甲地を時効取得したと主張している。

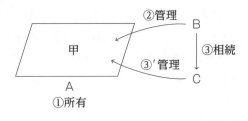

(1) 検討課題

本事例では、Cは、Bを相続している。占有も相続によって承継されるかが問題となるが、判例は、これを認めている[108]。よって、Cは、その物の所持やBについての相続開始の了知の有無にかかわらず、甲地に関するBの占有を承継的に取得する。

しかし、被相続人Bの占有は、Aとの間の委任契約を権原とする占有であるから、他主占有であって、それを相続により承継したCも他主占有者ということになるから、取得時効の要件を満たさない。そこで、被相続人のもとで他主占有だったものが、相続人のもとで自主占有となり得ないかが問題となる。この点については、相続を原因とする占有承継の場合においても、相続人が現実にある物を所持した場合には、被相続人から承継した占有とは別個に、相続人独自の占有を取得することができ、民法187条1項により、自己の占有のみを主張することができる[109]。ただし、相続を契機とした、この相続人独自の占有については、所有の意思の有無は不明というほかない。そこで、この相続人独自の占有が所有の意思に基づくものであるときは、民

---

108 前掲（注99）最判昭44・10・30。
109 前掲（注88）最判昭37・5・18。

法185条の新権原により自主占有をするに至ったものと認められる[110]。そして、相続人独自の占有が、所有の意思に基づくものであるといいうるためには、取得時効の成立を争う相手方ではなく、占有者である当該相続人において、その事実的支配が外形的・客観的にみて、独自の所有の意思に基づくものと解される事情、具体的には、相続人が所有者らしい振る舞いをしてきたことおよびその振る舞いが外部に表示されたことを証明しなければならない[111]。

本事例においては、Cが、引き続き、甲地の管理を行っていることから、甲地についてのC独自の占有が認められる余地はある。しかし、その際、Cは、真の所有者であるAの所在を知っており、また、甲地に関する固定資産税をAの代理人として支払っていたのであるから、所有者らしい振る舞いとはいえず、その占有は所有の意思に基づくものとは認められないものと思われる。

(2) 依頼者からの聞き取り

依頼者からの聞き取りについては、〈事例6－5〉を参照されたい。

(3) 裁判実務

裁判実務については、〈事例6－5〉を参照されたい。

(4) 登記実務

登記実務については、〈事例6－5〉を参照されたい。

6 相続と新権原③

さらに、相続と新権原については、次のようなケースもある。

〈事例6－7〉 相続と新権原③
　A所有の土地甲（以下、「甲地」という）をBが賃借して占有していた。

110　前掲（注101）最判昭46・11・30。
111　前掲（注101）最判平8・11・12。

第3章 Ⅵ　占有の承継、他主占有から自主占有への転換

Bが死亡し、その相続人Cが甲地を占有することになった。賃貸借契約が終了したとして、Aが甲地の明渡しをCに対して求めたところ、Cは時効により甲地を取得したと主張している。

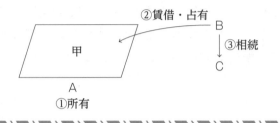

(1)　検討課題

　本事例では、Cは、Bを相続している。占有も相続によって承継されるかが問題となるが、判例は、これを認めている[112]。よって、Cは、その物の所持やBについての相続開始の了知の有無にかかわらず、甲地に関するBの占有を承継的に取得する。

　しかし、被相続人Bの占有は、Aとの間の賃貸借契約を権原とする占有であるから、他主占有であって、それを相続により承継したCも他主占有者ということになるから、取得時効の要件を満たさない。そこで、被相続人のもとで他主占有だったものが、相続人のもとで自主占有となり得ないかが問題となる。この点については、相続を原因とする占有承継の場合においても、相続人が現実にある物を所持した場合には、被相続人から承継した占有とは別個に、相続人独自の占有を取得することができ、民法187条1項により、自己の占有のみを主張することができる[113]。ただし、相続を契機とした、この相続人独自の占有については、所有の意思の有無は不明というほかない。そこで、この相続人独自の占有が、所有の意思に基づくものであるときは、民法185条の新権原により自主占有をするに至ったものと認められ

112　前掲（注99）最判昭44・10・30。
113　前掲（注88）最判昭37・5・18。

る[114]。そして、相続人独自の占有が、所有の意思に基づくものであるというためには、取得時効の成立を争う相手方ではなく、占有者である当該相続人において、その事実的支配が外形的・客観的にみて、独自の所有の意思に基づくものと解される事情、具体的には、相続人が所有者らしい振る舞いをしてきたことおよびその振る舞いが外部に表示されたことを証明しなければならない[115]。

　本事例では、Bが死亡して、その相続人Cが甲地を占有することになったので、C独自の占有が認められる。しかし、Cが、甲地を占有しているとの事実だけから直接に所有の意思を認めることはできない。なぜなら、Cが、甲地の占有を継続するだけでは、従前の賃貸借関係が継続した場合と外形上何ら異なるところがないため、Aが、Cによる甲地の使用に対して何ら異議を述べないことも考えられる。にもかかわらず、単なる占有の継続によって、所有の意思を認めてしまうと、真の所有者の与り知らないところで取得時効が成立する可能性があり、真の所有者の保護に欠ける結果となるからである。よって、本事例においては、Cが甲地について、収益を収受したり、公租公課を負担したり、所有権移転登記を求めたりしたなど、所有者らしい振る舞いを外部に表示したといえる事実がなければ、自主占有への転換は認められないであろう。

　(2)　**依頼者からの聞き取り**

　依頼者からの聞き取りについては、〈事例6－5〉を参照されたい。

　(3)　**裁判実務**

　裁判実務については、〈事例6－5〉を参照されたい。

　(4)　**登記実務**

　登記実務については、〈事例6－5〉を参照されたい。

▷司法書士・新丸和博

114　前掲（注101）最判昭46・11・30。
115　前掲（注101）最判平8・11・12。

●判例索引●

〔大審院〕

大判明41・12・15民録14輯1276頁 …………………………………………192
大判大2・6・16民録19輯637頁 ……………………………………………248
大判大5・11・22民録22輯2320頁 …………………………………………85
大判大6・11・8民録23輯1772頁 …………………………………………91
大判大7・3・2民録24輯423頁 ………………………………13, 97, 157
大判大8・7・4民録25輯1215頁 ……………………………………………123
大判大9・7・16民録26輯1108頁 …………………………………………14
大判大13・10・7民集3巻509頁 ……………………………………………10
大判大14・7・8民集4巻412頁 ……………………………………190, 200, 204
大連判大14・7・19民録18輯856頁 ………………………………………20
大判大15・12・25民集5巻897頁 …………………………………………87
大判昭2・10・10民集6巻558頁 ……………………………………………11
大判昭12・11・17判決全集4輯23号7頁 …………………………………94
大判昭13・4・12民集17巻675頁 …………………………………………91
大判昭14・2・23新聞4390号15頁 …………………………………………236
大判昭14・7・19民集18巻856頁 ……………………………………………25

〔最高裁判所〕

最判昭30・12・26民集9巻14号2097頁 …………………………………194
最判昭33・6・20民集12巻10号1585頁 …………………………………178
最判昭33・8・28民集12巻12号1936頁 ……… 20, 171, 184, 185, 190, 200
最判昭35・7・27民集14巻10号1871頁 … 25, 87, 96, 97, 162, 172, 173, 200
最判昭35・9・2民集14巻11号2094頁 ……………………………………40
最判昭36・7・20民集15巻7号1903頁 …………………20, 97, 187, 190, 204, 219
最判昭37・5・18民集16巻5号1073頁 ……………………248, 267, 272, 274, 279
最判昭38・12・13民集17巻12号1696頁 …………………………………236
最判昭41・6・9集民83号747頁 ……………………………………………251
最判昭41・6・9民集20巻5号1011頁 ……………………………………41
最判昭41・11・22民集20巻9号1901頁 …………………… 97, 170, 185, 190

最判昭42・6・20判時492号49頁 …………………………………………249
最判昭42・7・21民集21巻6号1643頁 …………… 15, 21, 86, 161, 175, 211
最判昭42・7・21集民88号91頁 ……………………………………… 87
最判昭43・3・1民集22巻3号491頁 ……………………………………159
最判昭43・8・2民集22巻8号1571頁 …………………………………193
最判昭43・11・15民集22巻12号2671頁 ………………………………193
最判昭43・12・24民集22巻13号3366頁 …………………………… 85, 222
最判昭44・7・15民集23巻8号1520頁 …………………………………161
最判昭44・10・30民集23巻10号1881頁 ………………… 267, 272, 274
最判昭44・12・18民集23巻12号2467頁 ………………………………161
最判昭45・6・18判時600号83頁 ………………………………… 94, 163
最判昭46・3・30判時628号52頁 ………………………………… 86, 228
最判昭46・11・5民集25巻8号1087頁 ………………… 26, 211, 212
最判昭46・11・11判時654号52頁 ………………………………… 87, 158
最判昭46・11・30民集25巻8号1437頁 ……………… 44, 268, 273, 275
最判昭47・9・8民集26巻7号1348頁 ……………………………… 95
最判昭49・11・22集民113号225頁 ……………………………… 42, 254
最判昭50・9・25民集29巻8号1320頁 …………………………………233
最判昭51・12・2民集30巻11号1021頁 ………………………… 49, 264
最判昭51・12・24民集30巻11号1104頁 ………………………………245
最判昭53・3・6民集32巻2号135頁 ……………………………… 43, 257
最判昭58・3・24民集37巻2号131頁 ………………… 33, 163, 165, 240
最判昭61・3・17民集40巻2号420頁 …………………………… 123, 161
最判平6・9・13集民173号53頁 …………………………… 36, 90, 260
最判平7・12・15民集49巻10号3088頁 ………………………… 166, 269
最判平8・10・29民集50巻9号2506頁 …………………………………193
最判平8・11・12民集50巻10号2591頁 ……………… 50, 268, 273, 275
最判平10・2・13民集52巻1号65頁 ……………… 63, 70, 191, 195, 196
最判平10・12・18民集52巻9号1975頁 ………………………………198
最判平13・7・10家月54巻2号134頁 …………………………… 126, 160

最判平15・10・31集民211号313頁 ……………………………………… 29, 214, 222
最判平18・1・17民集60巻1号27頁 …… 4, 65, 186, 191, 200, 201, 205, 215
最判平24・3・16民集66巻5号2321頁 ……………………… 23, 214, 222, 223

〔高等裁判所〕
大阪高判昭48・7・9判時724号45頁 ……………………………………… 16
東京高判昭50・2・19判時787号69頁 ……………………………………… 45
東京高判昭51・2・9判タ339号267頁 …………………………………… 208
東京高判昭54・12・26判時956号60頁 ………………… 18, 178, 179, 182
東京高判平12・3・22判タ1091号263頁 …………………………… 36, 242
大阪高判平15・5・22判タ1151号303頁 …………………… 38, 245, 246
高松高判平16・10・28金商1248号64頁 …………………………………… 66
福岡高判平18・9・5判時2013号79頁 ……………………………………… 68
東京高判平21・5・14判タ1305号161頁 …………………………………… 69

〔地方裁判所〕
札幌地判昭47・5・11判タ282号359頁 ………………………………… 208
宮崎地判昭59・4・16判タ530号206頁 ………………………………… 228
新潟地新発田支判昭61・9・17訟月33巻8号2031頁 ………………… 46

●執筆者紹介●

(執筆順)

大場　浩之（おおば・ひろゆき）

略　歴　2000年早稲田大学法学部卒業、2002年早稲田大学大学院法学研究科修士課程修了、2003年フライブルク大学（ドイツ）留学（～2004年）、2004年早稲田大学法学学術院助手、2007年早稲田大学大学院法学研究科博士後期課程研究指導終了・博士（法学・早稲田大学）、2007年早稲田大学法学学術院専任講師、2009年早稲田大学法学学術院准教授、2011年マックスプランク外国私法国際私法研究所（ドイツ・ハンブルク）客員研究員（～2013年）、2014年早稲田大学法学学術院教授（現在）

著書・論文等　単著『不動産公示制度論』（成文堂・2010）、単著「登記と時効に関する判例理論の分析」市民と法88号2頁以下（2014）、共著『物権法』（日本評論社・2015）　ほか

梅垣　晃一（うめがき・こういち）

略　歴　2005年司法書士登録（鹿児島県司法書士会）、全国青年司法書士協議会副会長（現在）

著書・論文等　単著「家族によるクレジットカードの偽造・不正利用とカード名義人の支払責任」現代消費者法7号129頁以下（2010）、共著『労働紛争対応の手引』（青林書院・2012）、単著「全青司ノート⑥全青司の労働問題への取組み」市民と法85号114頁以下（2014）、共著『離婚調停・遺産分割調停の実務』（民事法研究会・2015）　ほか

執筆者紹介

三浦　直美（みうら・なおみ）

略　歴　2009年司法書士登録（東京司法書士会）、全国青年司法書士協議会民法改正対策委員会委員、東京青年司法書士協議会会長（現在）

著書・論文等　単著「全青司ノート⑦司法書士の目線で考える民法改正」市民と法86号101頁以下（2014）　ほか

石川　亮（いしかわ・りょう）

略　歴　2004年司法書士登録（千葉司法書士会）、全国青年司法書士協議会民法改正対策委員会委員、同登記法務研究委員会委員、日本司法書士会連合会民事法改正対策部委員（現在）

著書・論文等　単著「全青司ノート①司法書士の目線で考える民法改正」市民と法80号105頁以下（2013）、単著「居住用不動産における配偶者の保護に関する考察」登記情報621号15頁以下（2013）、単著「新不動産法を検証する」登記情報634号38頁以下（2014）　ほか

新丸　和博（しんまる・かずひろ）

略　歴　2011年司法書士登録（鹿児島県司法書士会）、全国青年司法書士協議会生活再建支援推進委員会委員（現在）

時効取得の裁判と登記

平成27年12月17日	第1刷発行
平成28年 1 月25日	第2刷発行
平成29年 5 月15日	第3刷発行
令和 3 年 5 月31日	第4刷発行
令和 5 年 8 月10日	第5刷発行

定価　本体3,300円＋税

著　者　大場浩之・梅垣晃一・三浦直美・
　　　　石川　亮・新丸和博
発　行　株式会社　民事法研究会
印　刷　藤原印刷株式会社

発行所　株式会社　民事法研究会
〒150-0013　東京都渋谷区恵比寿3-7-16
　　〔営業〕TEL 03(5798)7257　FAX 03(5798)7258
　　〔編集〕TEL 03(5798)7277　FAX 03(5798)7278
　　http://www.minjiho.com/　　info@minjiho.com

落丁・乱丁はおとりかえします。　ISBN978-4-86556-054-1 C3032　￥3300E

カバーデザイン　関野美香

信頼と実績の法律実務書

―実務に即対応できる好評既刊書！―

2020年10月刊 相続法の大改正や最新の税制改正、法令に対応させ改訂増補！

ケースブック
不動産登記のための税務〔第9版〕
―売買・贈与・相続・貸借から成年後見・財産管理まで―

第9版では、相続法、家事事件手続法の改正および法務局による遺言書の保管等に関する法律の施行により新たに制度化された配偶者居住権、持戻し免除の推定、特別の寄与等の事例や最新の税法と登記実務を収録！

林 勝博・丹羽一幸 編　編集協力　大崎晴由

（Ａ５判・384頁・定価 4400円（本体 4000円＋税10％））

2017年8月刊 相手方不動産の探索・調査から価値把握までの手法を詳解！

ケースブック
保全・執行のための不動産の調査
―仮差押え・差押えに活かす探索・調査・評価の実務―

勝訴判決を無価値にしないために、鑑定・評価の基礎知識から各種不動産の探索・調査の実務上の留意点までを活用しやすい142のケースにして解説！　民事裁判の証拠資料収集マニュアルとして活用できる1冊！

不動産鑑定士　曽我一郎 著

（Ａ５判・453頁・定価 4620円（本体 4200円＋税10％））

2017年9月刊 難解事例に対する理論的・実務的思考のあり方を示唆！

ケースブック
不動産登記実務の重要論点解説〔第2版〕
―問題解決のための思考回路と実務指針―

平成16年改正不動産登記法下の最新の理論上、実務上で判断の難しい多様な事例に対して、高度な専門家である司法書士、土地家屋調査士は、いかにして結論を導き出すべきか、160ケースにわたり鋭く論及した実践的手引書！

林 勝博 編　大崎晴由 監修

（Ａ５判・488頁・定価 4730円（本体 4300円＋税10％））

2020年5月刊 外国人がかかわる相続登記の基礎知識から実務までがわかる！

ケースブック
渉外相続登記の実務

渉外相続登記に関する適用法令や相続人・相続財産、遺言、添付書面、税務の基礎知識とともに、国・地域ごとの実務上の留意点をＱ＆Ａ方式で解説！　最新の諸外国の法律事情をもとに、13ヵ国の相続登記実務を解説した関係者必携の書！

特定非営利活動法人　渉外司法書士協会 編

（Ａ５判・352頁・定価 3960円（本体 3600円＋税10％））

発行　民事法研究会

〒150-0013　東京都渋谷区恵比寿3-7-16
（営業）TEL 03-5798-7257　FAX 03-5798-7258
http://www.minjiho.com/　info@minjiho.com

司法書士裁判実務大系シリーズ（全3巻）

司法書士法の解釈と裁判例から導かれる具体的な執務のあり方を示す！

司法書士裁判実務大系 第1巻［職務編］

日本司法書士会連合会　編

Ａ5判・421頁・定価 4,400円（本体 4,000円＋税10％）

本人訴訟支援および簡裁代理の理論を探究し、司法書士による裁判実務の指針を示すとともに、司法制度における司法書士制度・司法書士法改正の位置づけ、法律相談・法律判断・倫理等の論点に論及！　第2巻［民事編］、第3巻［家事編］において解説される事件類型別の実務の基礎となる考え方がわかる！

民事事件を事件類型別に整理し、あるべき本人支援型の紛争解決の実務指針を示す！

司法書士裁判実務大系 第2巻［民事編］

日本司法書士会連合会　編

Ａ5判・336頁・定価 3,740円（本体 3,400円＋税10％）

事案の態様に応じた紛争解決手続の選択基準と事件対応に関する基本的な流れを示すとともに、具体的な実務の留意点を書式を織り込み解説！

改正債権法、働き方改革関連法、改正民事執行法などの民事事件に関連する最新法令・運用に対応！

家事事件を事件類型別に整理し、あるべき本人支援型の紛争解決の実務指針を示す！

司法書士裁判実務大系 第3巻［家事編］

日本司法書士会連合会　編

Ａ5判・422頁・定価 4,180円（本体 3,800円＋税10％）

書類作成業務を通じた家事審判・調停における事件対応に関する基本的な流れを示すとともに、具体的な実務の留意点を書式を織り込み解説！

改正相続法、改正民事執行法、後見申立書式の統一などの家事事件に関連する最新法令・運用に対応！

発行　民事法研究会

〒150-0013　東京都渋谷区恵比寿3-7-16
（営業）TEL 03-5798-7257　FAX 03-5798-7258
http://www.minjiho.com/　　info@minjiho.com

登記申請を意識した判決主文を得るために！

不動産登記訴訟の考え方と実務

司法書士　加藤俊明　著

A5判・581頁・定価6,270円（本体5,700円＋税10％）

▶ 判決等による登記申請を実現するために訴訟法上不可欠な「訴訟物」「請求の趣旨」「要件事実」「証拠収集」を、民法と不動産登記法を横断的に整理し、具体的に考え抜いた垂涎の書！

▶ 司法書士のための総合法律情報誌「市民と法」の好評連載を再構成するとともに、債権法・相続法の改正等の最新法令に完全対応！

▶ 不動産登記申請を行う司法書士はもちろん、弁護士、裁判官、登記官にも至便！

本書の主要内容

第1章	不動産登記法63条1項に基づく不動産登記手続請求訴訟における登記請求権
第2章	所有権移転登記手続請求訴訟
第3章	約定担保権・用益権の設定登記手続請求訴訟
第4章	変更・更正登記手続請求訴訟
第5章	抹消登記手続請求訴訟
第6章	債権者代位による登記手続請求訴訟
第7章	抹消回復登記手続請求訴訟
第8章	相続に関連した登記手続請求訴訟
第9章	共有不動産に関する訴訟
第10章	仮登記に関する訴訟
第11章	権利部登記がない場合の訴訟
第12章	未登記物件に対する訴訟
第13章	共有物分割請求訴訟

発行　民事法研究会

〒150-0013　東京都渋谷区恵比寿3-7-16
（営業）TEL. 03-5798-7257　FAX. 03-5798-7258
http://www.minjiho.com/　info@minjiho.com